# 자유화 운동

세계최초 국민자유론

자유대한민국 정상화를 위한 국민 보고서

# 자유화 운동

박찬주·박필규·김기현·유해순·정병욱 지음

자유화 운동은 공산화 저지와 자유통일을 위한 국민운동

제일법규

# 고등학생도 읽는 **자유 정론(正論)**

- 자유화 운동은 자유대한민국을 살리는 운동!
- 공산화 저지와 자유통일 방법을 제시한 책!
- 위기의 대한민국을 위대한 자유대한민국으로 탈바꿈시키는 책!

# －자유화 운동으로 자유대한민국을 다시 찾자.

자유대한민국은 현재 자유화와 공산화 세력 간의 이념전쟁으로 제2의 6.25를 치르고 있습니다. 자유우파는 자유와 진실과 정의에 기초한 자유화 운동으로 남북 자유통일을 희망하고, 종북좌파는 통제와 전체와 평등이라는 허상에 기초한 낮은 단계의 고려연방제(남북연방제로 용어 통일)제를 추진하고 있습니다. 이념전쟁은 겉으로는 피를 흘리지 않지만 이념전쟁에서 지면 생명과 종교의 자유와 재산까지 모두 뺏기는 잔인한 게임입니다.

좌파 정권은 대한민국이 70년간 지켜온 자유민주와 국민주권을 지우고 사회주의적 인민민주로 대체하려고 합니다. 좌파 정권은 국민의 자유를 야금야금 빼앗고 선거개입과 여론 조작으로 부정선거를 자행하여 기본권과 참정권을 유린했습니다. 자유를 삶의 바탕으로 누려온 5천만 자유국민은 좌파독재 치하에서 공산국가에서만 볼 수 있는 토지공유제와 주택 매매 허가제까지 압박을 받으면서 살고 있습니다. 지금의 좌파독재 정권은 일제의 무단강점기 때보다도 더 잔인하게 자유를 억압하고 있습니다.

지금 자유대한민국에는 자유대한민국 정부는 없고, 북한을 대변하는 좌파 정권만이 있을 뿐입니다. 그들은 줄기차게 자유대한민국을 전복하여 북한 중심의 남북연방제를 실현하려고 야당을 배제한 상태에서 선거법을 개정하고 헌법에도 없는 공수처를 만들고 있습니다. 좌파독재가 망가뜨린 자유대한민국을 되찾고 자유우파가 정권을 잡고 자유통일을 달성하려면 자유와 자유화 운동의 개념부터 구체적으로 눈에 보이게 정립을 해야 합니다.

자유는 인류 문명의 뿌리인 자율(自律)과 자연(自然)과 자유자재(自由自在)입니다. 자유는 행복의 기초이며 평안을 누리는 과정이며 승리의 최종 상태다. 자유는 영육의 생명이며 활동의 호흡이며 모든 법의 불문율이다. 자유를 누릴 때는 자유의 가치를 모르지만, 자유가 희박해지면 글 한 줄 쓰는데도 망설이고 주저합니다. 목숨을 걸고 글을 쓰는 세상이 오기 전에 이 책으로 자유수호의 경각심을 주고자 합니다.

자유화 운동은 공산화저지부터 공산국가에 자유화 운동 전도까지 다양하다. 자유화 운동의 큰 그림의 1단계는 대한민국 공산화를 저지하여 위대한 대한민국 되찾기 운동, 2단계는 남북연합 자유화 운동으로 자유통일 달성과 북한동포 구출 운동, 3단계는 자유화 운동을 공산국가에 수출하여 인류문명을 건강하게 선도하려는 한류 운동입니다.

자유화 운동 1단계인 대한민국 공산화를 저지하고 위대한 대한민국을 되찾기 위한 자유화 운동은 ①좌파 정권이 자행하는 공산화를 저지하고 주사파 정권을 조기에 붕괴시키는 국민운동 ② 민주화의 탈을 쓰고 공산화 운동을 한 가짜 민주화 세력과 종북 세력이 저지른 적폐를 청산하여 자유대한민국을 되찾는 국가 부흥운동 ③ 주사파 정권 붕괴 이후에 국가의 5대 기능을 자유개념으로 바로잡는 정상화운동 ④ 인위와 통제와 압제로 잃어버린 자유와 시장의 효율을 되찾고 저마다 자기 사명을 찾는 인성회복 운동입니다.

이 책은 좌파 정권 3대(代)가 망쳐 놓은 위기의 대한민국을 자유화 운동으로 위대한 대한민국으로 회복시킬 목적으로 집필했습니다. 〈자유화 운동〉 단행본은 자유가치를 일깨우는 계몽(啓蒙)서이자 자유대한민국 회천(回天) 설계도이며 우리 후손들이 자유 세상에 살게 하려는 지침서입니다.

제1장에서는 자유체제가 빠르게 무너지는 대한민국의 암울한 현상 진단과 배경분석과 전망까지 절박한 심정으로 있는 그대로 기술하고. 제2장에서는 좌파 정권이 무너뜨린 자유민주체제 회복을 위해 자유의 가치와 자유화 운동의 본질과 체계를 정리했고, 제3장에서는 자유화 운동의 행동 강령 정립을 위해 전쟁원칙에서 자유화의 행동법칙을 최초로 세워 보았습니다.

제4장에서는 오래 산다는 상징물인 10장생(長生)을 통해서 개인이 자유인으로 살아가는 지혜와 방법을 살펴보았고, 제5장은 자유화와 공산화의 실체를 극명하게 비교해보고, 3대(代) 좌파 정권이 분해한 자유대한민국을 자유화의 기술로 자유를 부활시키는 방안을 정리했으며, 제6장은 자유화 운동을 추진하는 주력 세력인 자유인과 시민단체와 자유수호 어

깨동무 전사들의 정신과 행동강령과 위기의 대한민국을 위대한 자유대한민국으로 전환하는 방법론을 제시했습니다.

이 책은 행동하는 자유우파를 위한 정신의 무기입니다. 공산화를 저지하고 자유대한민국을 지키려는 애국심으로 쓴 혈서입니다. 자유화와 공산화의 사실 비교를 위해 사실에 기초한 원초적인 표현도 있지만 비폭력 평화와 좌우 진영 융합을 대전제로 합니다. 전체를 다 읽지 못하고 부분을 보고 대한민국과 인류를 살리려는 자유화 정신을 폄하하지 말기를 바랍니다.

이 책에는 그동안 자유의 개념을 토의하고 자유화 운동을 설계한 자유수호 어깨동무 회원님들과 대한민국 정상화 위원들의 자유화에 대한 지혜와 방법도 함께 녹아 있습니다. 붕괴 직전의 자유대한민국을 회생시키고 구국의 염원을 담은 이 책이 대한민국의 존폐(存廢)를 걱정하는 모든 한국인에게 전도되길 바랍니다.

2020년 2월 22일, 박필규 씀

## – 자유는 하늘의 본성이며 자유화는 시대적 사명입니다.

지금 자유대한민국은 자유우파와 좌파독재가 극한 이념전쟁을 하고 있습니다. 이념 전쟁은 단순한 당쟁이 아니라 패하면 권력뿐만이 아니라 생명까지 내놓아야 합니다. 지금 좌파독재의 낮은 단계의 고려연방제(남북연방제로 용어 통일) 시도는 자유 침탈행위입니다. 이런 위중한 시기에 《자유화 운동》이라는 시대적 명제를 담은 책이 자유우파에게 희망과 용기를 주고 있습니다.

신바람과 흥취(興趣)가 많은 우리에게 자유를 주면 못 할 게 없습니다. 자유는 누구도 해칠 수 없는 우리의 생명이고, 자유는 개인부터 기업과 국가까지 건전한 방향으로 나가게 만드는 신비의 영역이며, 자식과 손주에게 물려줄 최고의 선물입니다. 자유로운 미래와 풍요한 인간 세상은 이웃과 함께 누릴 수 있는 최고의 희망입니다.

《자유화 운동》이라는 책은 좌파독재가 파괴한 자유체제를 회복하는데 큰 지혜와 지침을 제공하고 있습니다. 자유화 운동은 대한민국의 공산화(중국 속국화와 남북 연방제)를 저지하는 국민운동이며 자유인과 자유우파 시민단체가 자유이념으로 함께 싸우자는 캠페인입니다. 자유화 운동으로 대동단결하여 위기의 대한민국을 위대한 자유대한민국으로 탈바꿈시킵시다.

자유화 운동의 성장 동력은 자유민주와 시장경제입니다. '자유민주'는 '민주'가 '자유'에 의해 제어되고 조율되는 합리적 다수결의 시스템이고, 시장경제는 인류가 추구해온 가장 공정하고 자율적인 경제체제입니다. 그동안 시장경제 원리에 충실하고, 한미동맹을 기초로 서방의 경기 호조를 활용한 자유대한민국은 세계 10대 경제대국으로 성장한 반면, 자율시장을 무시하고 통제경제를 시행한 북한은 세계 최악의 빈곤한 집단이 되었습니다.

자유화 운동의 기초는 튼튼한 안보입니다. 국가는 국민과 주권과 영토로 구성된 거대한 조직으로 국민과 국가의 생존보장을 우선으로 합니다. 국가안보가 무너지면 국가도 국민도 종교도 여성과 약자의 자유도 사회정의도 존속하지 못합니다. 그런데도 좌파정권은 북한의 대남적화전략은 변함이 없는데, 평화라는 가면을 쓰고 9.19 군사합의로 무장을 해제하는 반역 짓을 했고, 공산화를 의미하는 남북연방제를 노골적으로 추진하고 있습니다. 이제 자유화운동으로 무너진 대한민국을 다시 찾아야 합니다.

자유대한민국 정상화라는 시대적 사명완수를 위해 자유의 가치를 아는 모든 자유인과 시민단체는 자유수호 어깨동무 연대를 하고 《자유화운동》 깃발 아래 함께 뭉칩시다. 하나로 뭉쳐서 좌파독재와 싸웁시다. 자유화 통일을 이룰 때까지 전진합시다.

국회부의장, 이주영 의원
이주영

## – 자유화 운동으로 반국가 세력을 축출합시다.

나라지킴이 고교연합은 자유민주와 시장경제를 신봉하는 애국시민단체입니다. 대한민국의 무궁한 발전을 가로막는 반(反)국가, 반사회적 단체의 활동을 저지하는 데 앞장서왔습니다. 반역자가 생기면 달려갔고, 공산화를 저지하고자 집단 삭발도 했고 노구를 이끌고 집회 현장에서 풍찬노숙도 했습니다. 이제 나라지킴이 고교연합은 창립 2주년을 맞아 심기일전하여 위기의 대한민국을 위대한 자유대한민국으로 정상화시키는 데 일조를 하고자 합니다.

좌파 정권은 평등하고 공정하며 정의로운 나라를 약속했지만 그들은 헌법에 명시된 자유를 제거하여 국민의 기본권을 제한하려고 했고, 북한의 인권유린과 종교 탄압에 대해서는 침묵했으며, 법치와 시장 자율성을 깨트려 위대한 자유대한민국을 위기의 한국으로 만들었습니다. 이런 위중한 시기에 애국시민 단체의 운동 방향과 설계도면을 담은《자유화 운동》이라는 책이 발간되었습니다.

《자유화 운동》은 우리가 그동안 투쟁하면서 확신했던 자유가치와 위대한 대한민국 부활 지침을 담고 있어서 추천합니다. 자유화 운동은 자유헌법으로 자유대한민국을 지키자는 캠페인이며, 진실과 양심과 자유헌법으로 국가정의를 회복하려는 국민운동입니다. 자유화 운동은 공산화 무리들의 거짓의 성벽을 무너뜨려 우리들의 자유의 성전(聖殿)을 함께 지키려는 구국운동이며, 북한동포와 공산국가의 현생 인류에게 자유와 정의를 전도하려는 인류문명 부흥운동입니다.

나라지킴이 고교연합의 '반국가 세력 축출 운동'은 자유통일헌법을 무기로 한반도 전체를 자유체제로 구축하려는 자유화 운동과 그 맥(脈)을 함께 하고 있습니다. '반국가 세력 축출 운동'이 자유의 가치로 종북좌파와 좌파독재가 훼손한 국가를 다시 정비하자는 운동이라면, 자유화 운동은 북한 노동당과 주사파 일당과 종북 무리의 공산화를 반대하고 저지하는 운동입니다. '반국가 세력 축출 운동'과 자유화 운동은 공산화 무리들과 목숨을 걸고 싸워서 우리의 자유와 북한 동포의 자유까지 함께 찾으려는 범국민 운동입니다.

나라지킴이 고교연합 회원을 위시한 애국시민 여러분!
'반(反)대한민국세력 축출 운동으로 자유대한민국을 정상화하고, 자유화 운동으로 공산화를 저지합시다. 그리하여 후손들이 자유롭고 풍요한 세상에 살 수 있도록 아직도 남아 있는 열정과 신명을 다 바칩시다. 감사합니다.

나라지킴이 고교연합 회장 김일두

Content

Content

## 제3장 자유화 운동의 10대 행동법칙

Content

## 제6장 자유대한민국 정상화를 위한 자유수호 어깨동무 캠페인

# 제1장
# 위기의 자유대한민국
# 진단과 전망

　다수가 우려하는 일은 일어나지 않고, 다수가 예측하는 불행은 반전이 된다. 그러나 주사파 정권의 공산화를 위한 집요함이 다수의 우려보다 더 큰지 대한민국은 공산화 방향으로 가고 있다. 주사파 정권은 선전선동과 공짜 퍼주기 정책으로 국민을 속이면서, 밖으로는 남북연방제와 중국 복속작업을 서두르고 있다.

　주사파 정권은 북한의 남조선 총독부처럼 북한 통전부의 지시를 받고 그대로 움직이는데도 김정은은 핀잔을 주고 조롱한다. 주사파 정권은 직속상관에게 혼이 나고도 복종하는 부하처럼 북한만 바라보고 퍼주려고 한다. 문재인은 중국 폐렴이 온 세계를 위협하는데도 중국인 입국 금지 조치도 13일 이상 늑장을 부렸고, 마스크 300만장과 500만불 조공도 모자라서 문재인은 중국 공산당에 충성하는 남한성(南韓省) 당서기(書記)처럼 처신하고 있다.

　주사파 정권이 4+1의 좌파 연합으로 연동형 비례선거법과 공수처법안과 검경수사권 조정법안까지 통과시켜 문재인의 독재 시대를 열어준 것은 겉으로는 좌파 장기집권을 위한 것처럼 보이지만 실제는 남북연방제 추진을 위한 사전 작업이다.

　지금 대한민국은 공산화 직전인데 자유우파는 뭉치지 못하고 4분5열 갈라져 싸운다는 것은 지금의 공산화 위기 상황을 제대로 모르기 때문이다. 자유우파가 사는 길은 우파통합과 혁신이다. 70년 공산화 공작에 가려졌던 비밀의 일부를 공개한다.

# 1. 진단
### —자유대한민국은 어디로 가고 있는가?

**■ 종북주사파에 의해 공산화로 가고 있는 자유대한민국**

3대(代) 좌파 정권은 오래전부터 공산화를 추진해왔다. 사기 탄핵 이후로 3대 좌파 정권은 국민을 전혀 의식하지 않고 오래전부터 준비한 자기들만의 공산화 길을 걷고 있다. 시장을 파괴해 놓고도 경제가 좋아졌다고 하고, 안보를 파탄시키고 북한에 조롱을 당하면서도 평화 시대가 왔다고 자랑한다. 그들은 실패하면 모든 것을 잃는다는 것을 알기에 더 노골적인 반역 행위를 한다.

권력기관을 장악한 주사파 정권은 남북주사파(북한 노동당과 종북주사파)와 연대하여 남북연방제를 합법적으로 추진하려고 총선 압승을 시도할 것이다. 이제 4.15 총선은 국회의원 선거가 아니라 자유체제 수호 자유화 세력과 남북연방체제 추진 공산화 세력과의 이념 및 체제 대결이 될 것이다. 4.15 총선에서 자유우파가 지면 다수를 폐인으로 만드는 공산화의 길로 갈 것이다. 국민 다수는 남북연방제 추진이 자유체제를 죽이는 공산화의 길이라는 것을 모르고 있는데 군 수뇌부는 나서지 않고 정치적 중립이라는 방어막 뒤로 숨어 있다.

북한의 인질이 된 자유대한민국. 자유대한민국은 북한에 비해 경제력은 70배, 군사력 또한 압도적 우위다. 그런 자유대한민국을 찬탈한 주사파 정권은 난폭한 운전으로 세계로 뻗어가던 자유민주체제의 도로를 함정으로 만들고 신호체계를 바꾸어 혼선을 빚고 있다. 온전한 곳이 하나도 없다. 3대 좌파 정권은 기존 자유민주체제 질서를 다 붕괴시킨 상태다. 자유민주체제를 지키려는 자유우파 연합은 남북주사파 세력에게 밀려서 6.25 전쟁 때의 최후의 낙동강 전선을 연상시키고 있다. 자유우파연합이 4.15 총선에서 지면 대한민국 국호를 내려놓아야 한다. 자유화 운동으로 위기의 대한민국을 구해야 한다.

우리민족끼리 명분으로 남북연방제를 추진하는 주사파 정권. 주사파 정권의 국정 파탄과 국정 농단의 중심에는 남북연방제 추진이라는 밑그림이 있다. 개헌 시도, 판문점 선언과 9.19 군사합의, 전작권 전환 추진, 지방선거 개입과 선거공작, 사회주의자 조국과 토지공유제 주창자인 추미애 법무장관 임명, 6.25 전범인 김원봉을 국군의 뿌리라는 망언, 문재인 정권의 남북 관련 단어(남북 대화, 남북 평화, 남북 공조, 남북 경협)와 반일 카드는 모두 연방제를 위한 수단이다.

남북연방제 카드를 고수하는 남북주사파 연대. 남북 주사파 연대는 남한의 주사파와 북한 노동당의 협조체제를 말한다. 남북연방제는 물과 기름의 조합이고 천사와 악마의 결합이다. 촛불정변으로 권력을 잡은 주사파 정권은 남북연방제를 쉽게 추진할 수 있는 지방분권화를 위해서 권력의 핵심부가 지방선거에 개입했다. 남북연방제라는 공산화 괴물을 투입하기 위해서 그들은 민주주의의 근간을 깨뜨렸고, 안보를 해체하고 있다. 비례 연동제 선거제도로 강한 야당의 출현을 근본적으로 막아버렸고, 연방제의 걸림돌을 제거할 목적으로 공수처 법안을 통과시켰다. 자유대한민국은 껍데기만 남고 종북·주사파 일당이 대한민국의 속살과 심장을 파먹고 있다. 자유우파는 남북연방제는 공산화임을 폭로하여 공산화를 저지해야 한다.

### ■ 김일성 주체사상파인 주사파가 점령한 대한민국.

청와대를 점령한 주사파. 그들은 집권초기부터 적폐청산을 원거리에서 통제했고 행정부의 자율성을 뺏고 일일이 통제했다. 국무회의를 무력화 시키고 삼권분립을 와해시켰다. 심지어 국영기업과 대기업까지 청와대 눈치를 보도록 압력행사를 했다. 국회조차 이미 무력화되었다. 제1야당 은 정부와 여당을 견제할 어떤 정치력도 없어 보이고, 여당은 청와대 부속기구로 전락을 했는지, 조국 사태 때에도 침묵했다. 국민 다수는 청와 대를 주사파 일당이 점령했다는 사실도 모르고 있다.

국가의 모든 기능을 장악한 주사파. 김문수 자유통일당 대표의 글1에 의 하면 80년 초부터 주사파 운동권은 해마다 수십만이 배출되었고, 그들은 사회 각계각층으로 침투하여 입법, 사법, 행정, 교육, 문화, 방송, 예술, 경 제계, 기업까지 모든 기능을 장악했다고 한다. 주사파는 대한민국을 부정 하고 조선민주주의인민공화국이 한반도에서 정통성이 있는 국가로 생각 하는 김일성 주체사상 신봉주의자들이다. 주사파는 전대협, 한총련과 지

---

1) 언론계로 들어간 운동권은 언론노조를 결성하여 지금 KBS, MBC, SBS, 한겨레신문, 경향신문을 붉게 물들였고, 고시에 합격하면 민변, 우리법연구회, 국제인권법연구회를 결성하여, 대법원장과 헌법재판소와 법원, 검찰, 청와대, 서울시와 각급 지방자치단체 까지 장악했고, 교사가 된 운동권은 전교조를 결성하여 어린 학생들을 붉게 물들이고 있다. 영화계로 진출하여 운동권 영화를 만들고 문화예술계도 주사파가 석권했다.

하비밀 지도조직인 혁명정당을 통해서 조직을 운영했고, 통혁당, 인혁당, 남민전 등 김일성의 남조선혁명노선을 따르는 지하혁명당 활동으로 외연을 확장했다. 주사파는 촛불정변을 주도하여 대한민국의 권력을 잡았다.

대한민국을 파멸로 몰고 가는 주사파. 국가는 자유와 인간존엄성과 국익 명분으로 생존과 번영을 추구하는 조직이다. 국익은 국민을 자유롭고 풍요롭게 만드는 국가의 정의이자 국가 목표인데, 주사파 정권은 위장평화를 명분으로 안보를 파탄내고, 시장원리를 무시하여 경제를 망가뜨렸다. 경제민주화와 소득주도 성장이라는 이상한 마술로 보이지 않게 사회주의를 거의 완성했다. 어쩌면 상부 권력구조는 사회주의 접목 단계를 지나 공산사회체제로 접어들었는지도 모른다.

규제와 통제라는 칼로 경제를 파탄 내는 주사파. 소득주도성장은 마차가 말을 끄는 사회주의 정책이고, 주52시간 근무 제도는 획일적으로 노동시간을 규제하여 기존의 산업 시스템을 망쳐놓은 전체주의 공산정책이다. 분양 상한가 규제로 공급을 줄여서 아파트 가격과 부동산세를 상승시켜 국민을 괴롭히고 있다. 주사파 정권의 무능과 위선과 허상의 인기정책으로 많은 국민이 생업을 잃고 분사(憤死) 직전이다. 굶는 사람이 생기고, 자유 우파 유튜브는 표현의 자유마저 억압받고 있고, '우파유죄'라는 형틀로 옥죄임을 당하고 있다.

황소를 마음대로 부리는 코뚜레 역할을 하는 주사파. 거대한 소를 꼼짝 못하게 하는 게 코뚜레인데, 코뚜레는 북한 입장에서 보면 주사파이고, 주사파 정권에서 보면 공수처다. 굴레는 코뚜레와 쇠고삐를 연결하고 조

## 황소(대한민국)를 다스리는 쇠고삐는 누가 잡고 있는가?

이는 줄인데 비유하면 남북연방제와 감시체계다. 뱃대끈은 배를 조이는 도구인데 민노총에 비유할 수 있고, 워낭은 소의 움직임을 감시하는 도구인데 전교조에 비유할 수 있다. 아무리 힘이 센 황소도 농부가 쇠고삐를 당기면 코뚜레에 고통이 가해져서 당기는 쪽으로 움직이듯, 대한민국이라는 황소는 쇠고삐를 잡은 북한이 코뚜레 역할을 하는 주사파를 조종하는 대로 움직인다. 당신의 코에 코뚜레를 채워서 누가 조종한다면 어떻게 되는지 상상을 해보라.

### ■ 내전 상태로 진행중인 자유대한민국

지금의 대한민국은 자유체제를 수호하려는 자유우파와 자유체제전복 세력인 종북좌파 간의 내전(內戰) 상태다. 종북·주사파 일당이 다수의 국민을 속이고 권력을 찬탈한 자체가 내란(內亂)이었고, 북한과 몰래 도모하여 북한을 위한 정책을 펴고, 대놓고 자유대한민국을 파괴하는 행위는 외란(外亂)이다. 좌파 정권은 가짜 뉴스와 속임수로 권력을 찬탈했고, 권력을 지키려고 지방선거 선거공작까지 벌인 무도한 무정부 상태임이 드러났다. 지금의 자유대한민국은 국체와 국격을 상실한 국난 상태다. 현재의 자유 자유대한민국은 정권 싸움이 아니라, 자유화 세력과 공산화 세력 간의 전쟁 상태다.

자유우파와 종북좌파간의 정면충돌로 생기는 내전은 당사자 외에는 누구도 말리지 못하기에 전쟁보다 치명적이다. 자유우파는 자유대한민국을 지키려는 애국 국민세력이고, 종북좌파는 북한과 손을 잡고 우리민족끼리 살자는 남북연방제 세력이다. 북한 정권이 조기에 무너져야 내전도 멈출 것이다.

이념전쟁은 겉으로는 피를 흘리지 않지만 이념전쟁에서 지면 인간존엄성과 종교의 자유와 재산까지 모두 뺏기는 잔인한 게임이다. 우파는 아메바가 2분법으로 분열하듯 무수하게 분열하고 있는 반면 조직의 쓴맛을 아는 좌파는 일사불란하게 뭉치고 있다. 자유우파가 이념전쟁인 총선에서 이기려면 우파 통합으로 자유우파는 한 선거구에서 후보자 한 명만 내야 한다. 대동단결을 해야 산다.

이념전쟁에서 이기는 길은 사상전 승리와 자유화 운동이다. 종북좌파의 반자유와 연방제 모순과 위선을 무너뜨려야 한다. 종북 좌파가 무너지지 않고 총선 승리로 권력을 유지하면 그들은 지방분권과 고려연방제 개헌과 미군철수까지 관철할 것이다. 그리하면 남북 전쟁이전에 동서 내전부터 일어날 것이다. 불행의 씨앗은 뿌리기 전에 버려야 한다. 그 길은 자유 우파가 대동단결하여 총선에서 압승하는 것이다.

## ■ 종북좌파에게 자살당하는 자유대한민국

좌파 정권은 비리를 수사하는 검찰 조직을 와해시키는 법치파괴를 자행하면서 징벌과 형벌과 규제 중심의 법안을 일 년에 평균 7천개씩 찍어내고 있다. 법을 지키지 않으면서 법을 만들고 있다. 그들은 정책과 법안과 세금부여까지 공장에서 벽돌을 찍어내듯이 제조한다. 이삿짐센터를 이용하지 않고 이사를 하면 위법이 되는 나라가 되었다. 4명 중 1명이 전과자인 나라다. 좌파 정권이 토지공유제에 이어서 주택 거래 허가제까지 슬그머니 내놓은 것은 좌경화 수준을 확인하는 행위다. 그들은 모든 것을 인위적으로 통제할 수 있다고 믿는다. 국민이 숨도 제대로 쉴 수 없는 강제의 나라로 만들고 있다.

북한의 인민위원회를 닮아가는 자치위원회. 요즈음 동자치센터(동사무소)에 가면 행정 조직과 별도의 자치위원회가 있다. 북한의 인민위원회를 모방한 조직 같다. 지역을 잘 아는 주민이 참여하자는 명분이지만 말단 동 단위조직부터 장악하려는 공산화 조직구축의 원리다. 자유우파는 천부인권이자 자연권인 자유를 기초로 시장경제를 정착시켜 정의롭고 풍요한 세상을 만들려고 하는데, 종북좌파는 통제와 분배로 더불어 사는 세상을 만들겠다고 국민연금을 앞세워 기업사냥을 하고, 국가 세금으로 개인에게 급여를 주는 공산국가 형태를 이미 추진하고 있다.

미세 먼지로 서서히 죽어가는 자유대한민국. 우리가 보는 미세먼지는 중국의 해안가 공장 지대에서 날라 오는 중금속 가루와 독성이 있는 매연이다. 미세먼지는 암을 유발한다. 미세먼지는 담배 연기를 마시는 것보다 더 해롭다. 오염먼지는 누구나 강제로 피워야 하는 신종 담배다. 대한민국은 어린아이도 하루에 5~6 개비의 담배를 피우는 저강도의 개스실로 변했다. 오염 먼지로 조기 사망자가 증가하고, 어린아이가 메마른 기침을 하는데도 환경단체는 침묵이다. 인간의 양심이 병들고 정의가 죽은 사회다.

보이지 않게 죽음을 부르는 '중국발 중금속 먼지'를 경계하자. 고농도 중금속 먼지는 정말로 목이 따갑고 눈이 침침하다. 눈이 칼에 찔리는 고통을 느낀다. 가래가 끓는다. 먼지 때문에 균형감각마저 잃고 메스껍고 울렁거린다. 호흡기가 예민한 사람은 현기증을 느낀다. 집중이 어렵다. WHO는 미세먼지로 인한 사망자가 한해 7백 만명으로 발표하고 있다. 미세먼지로 인한 질병은, 정작 본인은 왜 질환에 시달리고, 사망하는지를 잘 모른다. '중국발 중금속 먼지'의 폐해가 심각한데도 좌파 정권은 중국에 대해서 개선책을 요구하지도 못한다. 중국 폐렴보다 더 무서운 것은 중국발 중금속 먼지다.

자유우파의 시대적 사명은 자유대한민국을 지키고 구하는 일이다.
어느 시대나 위기에 처한 나라를 구한 것은 민초들이었다. 부당 탄핵에 태극기를 든 것도 애국 국민이었고. 3년 이상 아스팔트에서 공산화 저지를 위해서 싸운 것도 애국 국민이었다. 2019년 8.15 집회 때부터 국가가 없으면 종교의 자유도 없다는 것을 깨닫고 대규모 집회가 시작되었다. 이제는 민초들이 집회뿐만이 아니라 지역별로 선거감시단을 구성하고, 전철과 버스 대합실과 공원으로 피켓(종북척결, 자유화 운동, 공정선거)을 들고 나가서 계몽한다. 밥벌이에 바쁜 직장인들도 주사파 정권의 국가 파괴행위와 국정농단을 체감하고 거리로 나오고 있다.

중국 눈치를 보느라 우한 폐렴 늑장 대응으로 피해가 커지면 자유화의 물결이 봇물 터지듯 터질 것이다. 주사파 정권 하수인과 부역자들도 도 망을 칠 것이다. 자유우파 한 명 한 명이 이순신이고 이승만이며 박정희 다. 조금만 더 자신감을 갖고 힘을 냅시다.

## 2. 분석
### – 공산화 직전인 자유대한민국

현재 주사파가 점령한 자유대한민국을 그냥 두면 공산화 된다. 공산화는 대량 살상을 의미한다. 좌파 정권은 월남 패망 과정(내부교란, 분열조장, 평화협정, 땅굴침투)을 통해서 안보해체 방법을 찾고, 베네수엘라의 사회주의 과정(경제를 어렵게 할수록 정권을 지지하는)을 통해서 남북 경제를 평준화시켜서 남북 연방제를 앞당길 연구를 하고 있다. 남북 연방제는 공산화를 의미하고 공산화는 대량 숙청을 의미한다. 지금 대한민국이 걷는 길이 죽음의 길임을 구체적인 예를 들어서 제시하고자 한다.

**■ 남침을 지속하는 북괴 대남공작의 손을 인식하지 못하고 있다.**

한국을 움직이는 보이지 않는 3가지 손이 있다. 시장경제의 손, 자유의 손, 대남공작의 손이다. 시장경제의 손은 그냥 두어도 수요와 공급법칙 따라 시장이 움직인다는 신비의 손, 자유의 손은 인간이 갈망하는 진실과 진리의 천사의 손이다.

대남공작의 손은 북한 정권 수립 이후로, 자유대한민국을 보이지 않게 조종하고 파괴해온 악마의 손이다. 현재 자유대한민국을 움직이는 것은 북한 통전부라고 해도 과언이 아니다. 그런데도 대다수 한국인은 이를 모르고 있거나 대충 감을 잡으면서도 인정하려고 하지 않는다. 너무도 무서운 일이기 때문이다.

70년 동안 자유대한민국을 조종해온 북한 통전부의 대남공작의 손. 북한의 통전부는 대남공작의 기지다. 1948년 북한 정권 수립 후 북한은 한 번도 쉬지 않고 대남 공작을 해왔다. 예술과 사상계와 종교까지 북한 대남 공작의 손을 뻗고 있다. 일부 종교 지도자의 이상한 북한 비호 발언, 북한을 감싸는 위정자와 북한에 우호적인 페미니즘 작가, 골수 주사파 일당은 다 대남공작의 보이지 않는 손에 따라 움직이는 아바타다. 자유 우파 유튜버는 4.19, 5.18, 세월호 사건 등 한국에서 일어난 굵직한 사건은 다 북한의 대남 공작 팀이 직·간접적으로 개입했다고 믿고 있다. 의심받기 싫으면 관련 자료를 다 공개하면 된다.

통전부가 조종하는 대남공작의 손은 음모의 손, 국익을 해치는 악마의 손, 원인을 쉽게 파악할 수 없는 이상한 손이다. 대남공작은 도구와 간첩으로 가동이 된다. 금융기관 해킹과 컴퓨터 랜섬웨어 오염은 북한의 도구에 의한 공작이다. 대남공작의 지령을 받고 움직이는 간첩들만 5만(실제는 50만) 이상으로 추정하고 있다. 다수의 북한 공작원이 고정 간첩의 계정을 이용하여 인터넷과 SNS상으로 침투하여 활동하고 있는 것으로 보고 있다. 무수한 예산투자가 필요한 주민등록호 뒷자리 바꾸기도 예사롭지 않다.


■ **좌파 정권은 이미 북한에 투항한 상태라는 것을 모르고 있다**

문재인 정권이 정책을 시행하고 제도를 변경한 것은 겉으로는 남북 연방제 추진이지만 실제는 북한에 항복하고 투항하기 위한 것임이 드러났다. 문재인은 그동안 다양한 형태(좌경 인사 전진 배치, 정치적 선언을 통한 투항, 군사적 투항, 개헌을 통한 투항, 경제 파괴를 통한 투항, 국회를 통한 합법적 투항)의 북한에 투항하는 의지를 표출했다.

문재인은 촛불정변으로 집권하자마자 청와대를 주사파 일당들로 채우고 북한에 퍼주기를 하면서 북한에 투항 의지를 보였다. 1) 문재인 정권은 세계제일의 원전기술과 유효한 발전능력을 포기하고 탈원전을 추진한 것은 북 핵에 절대로 맞서지 않겠다는 핵 투항이었고 2) 평창 올림픽에서 문재인은 김여정 앞에서 신영복을 존경한다고 하면서 정치적·이념적 투항 의사를 선포했고, 3) 항복 문서와 다름이 없는 9.19군사합의로(국회 동의도 구하지 않고) 노골적인 안보 해체로 군사적 투항의지를 보여주었다.

문재인은 경제 파탄을 통한 공산사회주의로의 투항을 추진하고 있다. 문재인 정권은 경제 원리를 몰라서 경제를 파탄 시킨 게 아니다. 베네수엘라처럼 배고프게 할수록 정부의존도가 높아진다는 것을 알고 약자 지원을 명분으로 그동안 1,200만 명에게 공짜 지원을 했다. 마차가 말을 끄는 해괴망측한 소득주도 성장이론으로 경제를 참담하게 파탄시켰고, 소득주도 정책의 최고책임자를 주중대사로 북경에 보냈다. 공산사회주의로의 전향과 투항의지를 명백히 밝힌 것이다.

문재인 정권이 집권직후부터 헌법을 파괴하고 헌법개정을 추진한 것은 합법을 빙자한 투항행위였다. 헌법 개정안 전문에 5.18정신을 삽입했다. 공개도 못 하는 유공자들을 감히 기미독립선언서 33인의 의사와 같은 반

열에 올려놓자는 기획이다. 개헌안 헌법 제1조에 '자유대한민국은 지방 분권화국이다'를 추가 명시하여 연방제 추진을 암시했다. 자유민주주의에서 '자유'를 제거하여 국민의 기본권과 국가의 안전과 자유민주 기본 질서를 위한 국가안보의 헌법적 근거를 무너뜨리겠다는 발상까지 들어가 있다. 이는 헌법을 파괴하고 북한에 투항하겠다는 의지를 집권초기부터 명백히 밝힌 것이다.

문재인 정권은 국회를 통한 합법적인 북한 투항의지를 표출했다. 헌법 개정이 어려워지자, 문재인 정권은 비례 연동제 선거법으로 좌파 정당 연합을 도모했고, 공수처 법안 통과로 연방제의 걸림돌을 제거하고 바로 공산화로 가려는 길을 열었다. 이는 선거로 국회를 장악해서 합법적으로 연방제 개헌으로 북한에 투항하겠다는 의지를 표출한 것이다. 연방제 개헌이 되면 자유대한민국의 생명은 자동으로 소멸된다.


■ **다수의 국민이 거짓 통계와 선동과 조작 연출에 속고 있다.**

여론조작은 실체를 허상으로 만드는 악질 행위이고 선거부정이다. 5.9 대선 전에도 드루킹으로 여론을 조작했고, 집권을 해서도 여론을 조작하여 80%의 지지도를 조작했다. 국민 다수는 전자개표기와 사전 투표에 대한 불신이 크다. 문재인 정권의 실제 지지율을 40% 대로 억지로 유지하려고 하는 것은 전자개표기와 사전 투표의 조작 가능성을 알고 있기 때문이다. 정말로 집단 광기다. 경제성장률이 1%대로 추락했는데 경제가 정상이란다. 썩은 냄새가 진동하는 측근 비리 수사를 노골적으로 방해하고 검찰 인사를 단행했다. 공산국가에서도 볼 수 없는 만행이다.

## ■ 체제 변화에 공포를 느낀 국민은 자유대한민국을 떠나고 있다.

공산체제로 갈지 모른다는 체제변화 불안과 공포에 다수 국민이 자유대한민국을 떠나거나 문재인 탄핵 집회에 동참하고 있다. 그동안 추미애의 토지 공개념, 조국의 자유를 뺀 개헌 조항 발표, 국민연금으로 대한항공의 경영권을 뺏는 작태, 문재인의 북한 인정 발언과 굴종적 태도, 조국 전 법무부장관의 위선과 비리는 국민 다수를 분노하게 한다. 청와대 앞에서 철야농성을 해도 아예 귀를 막고 쳐다보지도 않는다.

경제 성장률은 1% 대인데, 예산 증가율은 10%가 넘는다. 인구는 줄어드는데 공무원은 매년 증가한다. (인구 2천명의 면소재지에 공무원이 16명) 정부 예산 증폭만큼의 세금징수율도 증가한다. 좌파 정권의 비리와 모순이 폭탄처럼 쏟아지는데도 탄핵소추안도 발의를 못 하는 국회는 참으로 이해하기 어렵다. 부당한 일에 침묵한다. 이대로 가면 국가보안법이 폐기되고 헌법 개정을 거쳐 공산 연방제를 추진할 태세다. 공산 연방제를 막으려면 총선에서 자유우파 야당이 압승해야 한다. 피 흘려 지켜온 대한민국이 위태롭다. 그 위태로움을 있는 그대로 표현도 할 수 없다.

## 3. 대응
### – 자유대한민국 정상화를 위한 기초 개념

국가의 기능이 마비된 자유대한민국의 현주소.

2017년 탄핵 이후로 자유대한민국은 국가 기능의 대부분이 망가지고 마비된 상태에 있다. 안보는 무장공비가 군인보고 항복을 요구하는 다급한 상태이고, 퇴보하는 경제는 마차가 말을 끄는 무인지경(無人之境)이며, 적을 돕다가 국제무대에서 외면 받는 외교는 분해된 시계를 바람으로 조립하는 수준이며, 좌파 무죄, 우파 유죄 처분을 하는 사법부는 조선조 당파 싸움에서 이긴 자가 패자들에게 가하는 참살(慘殺) 수준이다. 20대 국회는 탄핵으로 이미 사망 상태인데, 사망 신고도 못 하고 1석이라도 더 차지하려고 국민을 더 못살게 하고 있다.

안보는 강도가 경찰에게 총을 버리라고 하는 적반하장(賊反荷杖) 형국.

북한은 미국에 의해 포위된 상태에서 마지막 항복을 강요받는 상황이다. 북한은 어떤 형태로든 붕괴할 수밖에 없다. 좌파 정권은 항복 수준의 9.19 남북군사합의, 그리고 한반도 전쟁억제와 한미동맹 유지에 기여하는 한미연합훈련 중단 및 축소, 또한 한미연합전력의 약화를 초래하는 전시작전통제권 조기 전환 추진 등 안보역량을 약화하는 짓만 했다. 임명직 권력에 익숙한 고위직 장성은 자기 자리 고수를 위해서 거짓 증언도 주저하지 않는다. 정보본부장이라는 자는 이동발사대 관련 사실과 반대로 증언을 했다. 땅굴 관련해서도 군이 사실과 다르게 말을 하고 있다고 보는 게 중론이다. 이제 안보분야부터 정상화해야 한다.

국방안보 분야 정상화 방안은 9.19 남북군사합의를 즉각 폐기하고, 파괴된 모든 군사 방어시설을 합의 이전 상태로 복구하며, 대북 감시정찰임무를 정상화하여 대북 경계태세를 강화해야 한다. 9.19 남북군사합의 과정과 시행에 따른 안보 파괴현상을 낱낱이 밝힌 백서(白書)를 작성하여 상부의 명령을 따른 행위일지라도 명백한 이적행위를 저지른 자들을 처벌하여 국방의 지엄한 책무를 일깨우는 본보기로 삼아야 한다. 북한 핵 폐기 이전에는 더 이상의 군비축소와 전시작전통제권 전환 논의를 멈추고, 한미동맹을 강화함으로써 오로지 대한민국 국체(國體)를 보존해야 한다.

국방백서는 2016년 이전 상태로 돌아가야 한다. "북한의 상시적인 군사적 위협과 도발은 우리가 직면한 일차적인 안보위협이며 특히 핵·미사일 등 대량살상무기(WMD), 사이버 공격, 테러 위협은 우리 안보에 큰 위협이 된다. 이러한 위협이 지속되는 한, 그 수행 주체인 북한 정권과 북한군은 우리의 적이다."라고 명확하게 명시해야 한다.

경제는 달구지가 소를 끌고 가는 본말(本末)이 전도된 사회주의 형국.
문재인 정권 출범 후 소득주도성장 정책에 따른 최저임금 인상으로 자영업과 제조업을 붕괴시키고 있다. 혁신을 말하면서 혁신의 대상이 되고 있다. 임금을 적게 받더라도 일을 하고 싶은 노동시장을 붕괴시켰다. 주52시간 근로시간제한으로 더 일을 하고 싶은 열정을 좌절시키고 있다. 소득주도 성장이 아니라 세금으로 소득주도 성장의 폐단을 수습하고 치다꺼리 하는데 예산을 낭비하고 있고, 법적 근거가 없는 예산이 4조가 넘고, 육아 지원 예산 2조를 포함한 100조 예산이 총선 매표용도라는 비난을 면치 못하고 있다.

경제 분야 정상화 방안은 자율 시장과 법치의 회복이다. 3만불 시대의 국민은 국가가 자율권을 주면 무엇이든지 능히 발전을 시킬 수 있다. 자율권을 보장했다면 벌써 5만불 시대로 진입했을 것이다. 사회주의 경제 정책으로 초래된 위기를 극복하는 것은 시장의 자율회복이다. 시장에 맡기고 지나치는 것만 통제하면 된다. '타다'를 비롯한 4차 산업을 적극 육성하며, 탈원전 정책은 바로 폐기해야 한다.

외교는 산 닭을 주고 죽은 닭을 사는 등신외교.
문재인 정권의 외교는 종북, 친중, 반일, 반미 정책으로 고립무원을 초래했다. 문재인 정권은 북한에는 무조건 퍼주기 행태를 보이고, 중국에는 굴종적 태도를 취하며, 일본과는 반일운동을 벌이고, 노골적인 한미동맹 이탈행위로 자유대한민국은 어느 국가로부터도 환영받지 못하는 외톨이 국가가 되었다.

그동안 자유대한민국의 안보와 경제발전에 도움을 준 미국선택이 생존 처방전인데, 문재인 정권은 겉으로는 친미를 하면서 속으로는 친중을 하고 있다. 이대로 두면 한미일 협력관계는 물론이고 한미동맹마저도 크게 손상되고 최악의 경우에는 주한미군 철수까지도 거론될 수 있다. 주한미군 철수는 우리나라 국부(國富)의 치명적 손상을 의미한다. 외교분야 정상화 방안은 북한 굴종과 중국 사대주의로부터 탈출하는 것이다.

## 주사파 일당의 시녀로 추락 중인 입법부와 사법부

공수처 법안과 비례연동제 선거법 개정은 1987년 10월 27일 국민 투표로 개정한 현재의 자유통일 헌법을 무너뜨려 공산 연방제로 가는 토대를 구축하기 위함이다. 좌파 정권의 지방선거 개입과 선거공작은 지자체가 북한과 바로 연대할 수 있는 지방분권을 합법적으로 구축하기 위해서였다. 비례연동제 선거법 개정으로 좌파 연대를 시도하는 것은 남북연방제 개헌에 필요한 200석 이상 확보가 필요하기 때문이다. 자유우파가 좌파 정권을 몰아낸다면 명예혁명이고, 좌파 정권의 입맛대로 사회주의 헌법을 만든다면 자유우파는 자유를 잃게 되는 무혈항복이 되는 셈이다.

20대 국회는 위헌 탄핵으로 오래전에 수명을 다했다. 국회는 자기들끼리 의석을 나누어먹겠다고 비례연동제 선거법을 통과시킬 정도로 국정농단 민폐조직이다. 이런 국회는 해체가 정답이다. 국가 정상화 위원회와 국민이 나서서 새로운 시스템을 짜야 한다. 국민이 주인이 되는 의회를 위해서 자유우파가 21대 총선에서 압승하여 국회의원 소환 제도를 부활하고, 공익 기관에서 국회의원 평가를 전담하고 공개해야 한다.

문재인 정권 출범 후 법치의 중심인 사법부는 사라졌다. 정권이 원하는 대로 판결을 해주고 있다. 작년 11월 영국에서 레가툼 세계번영지수를 발표하였는데 한국의 사법부 독립성 항목의 점수가 0.47로 나왔다. 이것은 OECD 국가 중 최하위권에 속한다. 지금 자유대한민국에는 공정한 사법부는 없다고 보면 된다. 국가 권력의 견제와 균형을 유지하는 삼권분립 원칙은 무너졌다.

## 진실 보도를 외면하는 언론 꼭두각시들

좌파 정권은 언론과 여론 기관을 장악하고 사실과 다른 허상으로 국민을 속이고 있고, 긴급히 대처할 일이 생기면 청와대 국민청원을 이용하여 광장 여론을 형성하여 치고 빠진다. 민주노총 산하 언노련이 방송사를 장악한 지 오래다. 언노련은 방송의 주인처럼 방송의 모든 것을 통제한다. 북한 관련 비판 기사는 바로 차단한다. 정의로운 기자들도 언노련의 눈치를 보느라 진실을 외면한 지 오래다.

거의 모든 방송이 가짜뉴스로 박근혜 사기탄핵에 앞장을 섰고, 지금은 국민의 알 권리를 무시하고 정치의 하수인이 되어 거짓을 유포하고 있다. 여론 조사가 여론을 호도(糊塗)하고 있다. 엉터리 여론으로 심성이 착한 국민을 속이고 있다. 편향된 모집단 1천 명의 여론으로 진실인 양 속인다. 여론조사 기관도 총선 후에는 중간평가를 받게 된다.

통계조작과 여론 호도는 또 하나의 부정선거다. 모집단 1만명 이하의 여론조사는 공포하면 안 된다. 좌파 성향의 언론 매체들이 정권의 편에 서서 국민의 알 권리를 무시한 것은 고전이고, 이제는 노골적으로 여론을 왜곡하고, 우파 유튜버는 통제하고 있다. 방송이 북한과 중국 수준으로 가고 있다. 국가가 정상화되면 언론부터 제 기능을 회복해야 한다. 자유수호 어깨동무 연맹은 자유수호 사이버 광장(http://army.2pyo.net)과 연대하여 실시간에 긴요 사안을 무료로 전파하고, 필요한 여론조사가 있으면 버튼만 눌러서 동참하는 시스템을 개발했다.

## 반자유와 반인륜(동성애)을 지도하는 패악집단 교육부

좌파 정권은 초등학생들에게 사상교육을 하고 있다. 중고등학교 학생들이 배우고 있는 역사 교과서는 건국 및 산업화 세력을 폄하하는 좌편향적 내용, 즉 이승만대통령과 박정희 대통령의 업적은 지우고 실책과 과오만 들추는 내용이 포함되어 공평하고 올바른 교육이 되지 않고 있다. 새 윤리교과서에는 자유가 빠진 민주주의가 수록되었고, 한국사 교과서에는 북한 정권이 유엔이 인정한 유일 정부인 것처럼 교묘한 연결을 했다. 또한 학생인권 조례를 시행하는 학교에서는 초등학생 임신, 낙태, 동거, 동성애, 강간 등은 물론이고, 학생들에 의한 교권 침해로 인하여 교사들이 교단을 떠나는 수가 많아지고 있다. 자사고와 특목고가 폐지될 운명이다.

국가의 모든 기능이 정상이 아니다. 자유화 운동으로 이상해진 국가 기능을 바로 잡아야 한다.

## 4. 대책
― 자유화 운동으로 자유대한민국을 살리자.

### ■ 문재인 정권의 실체부터 정확하게 알자.

주사파가 점령한 대한민국은 생매장(生埋葬) 상태다. 피를 흘려 지켜온 자유대한민국을 파괴하고 북한과 손을 잡고 새로운 세상을 만들겠다고 시도한다. 좌파 정권은 자유를 제거한 개헌 시도, 항복 수준의 남북 군사 합의, 절차를 밟지 않은 상태의 적국 체류, 선거 개입 등 무수하게 헌법을 위반했다. 통치자라도 법에 근거하지 않으면 어떤 조직도 함부로 만들지 못하는데 좌파 정권은 헌법에 없는 공수처 법안을 통과시켰다.

좌파 정권은 북한 당국의 공식 초청장 대신 비자만 받아도 방북 승인을 내주는 방안과 개인의 북한 여행 허용 방안을 검토하고 있다. 비자 방북 승인과 개인의 북한 여행이 허용되면 고정간첩들이 수시로 북한을 드나들 수 있고 유사시 북한 여행자가 인질이 된다. 하늘은 방북 활동의 위험성을 알고 바이러스 준동으로 모든 음모를 차단하고 있다.

구한말에 총 한번 안 쏘고 나라를 잃었다. 좌파 정권의 공산 연방제를 저지하지 못하면 총 한번 안 쏘고 핵을 가진 북한에 먹힌다. 주체사상과 공산주의 이론으로 무장한 주사파 일당들은 국민을 속여서 권력을 잡았고 장기집권을 위해 몸부림을 치고 있다. 주사파와 종북 하수인들을 조기에 무너뜨리고 길은 자유화 운동으로 국민 다수가 들고 일어나서 좌파 정권의 독재와 억압을 응징해야 한다.

문재인 정권의 국정운영의 핵심은 공산화 추진이다. 문재인 정권만은 우리 힘으로 끌어내려야 우방도 우릴 도울 수가 있다. 문재인 정권이 각종 헌법 기관과 언론과 여론과 통계를 장악하고 총선에서 압승하여 연방제 개헌을 한다면 합법적으로 자유민주체제는 전복당하고 사회주의 공산체제로 가게 된다. 연방제를 입에 담는 자는 자유대한민국 생존의 적으로 규정하고 응징을 해야 한다.

우리는 문재인 이후의 정치 지도를 살펴야 한다. 문재인이 자신의 자충수로 퇴진을 하더라도 공산화 세력은 그대로 남아있다. 앞으로 10년 정도는 공산화 세력이 죽지 않고 설칠 것이다. 자유화 물결로 공산화 세력을 합법적으로 차단하고 척결해야 한다. 자유화 운동으로 국민의 주권을 지켜야 한다.

압제당하고 죽기 싫으면 일어나 공산화 집단과 싸우자. 지금 300여명의 전 정권 고위 인사들이 공포의 수용소에 감금 되어 있다. 야금야금 다 잡혀가기 전에 일어나 문재인을 끌어내려야 한다. 좌파 정권은 북한에 미쳐서 무정부 상태를 초래했다. 우리 힘으로 끌어내리지 못하면 누구도 서방도 돕지 못한다. 다수가 일어나 문재인을 국법의 감옥소에 가두어야 한다. 그러지 못하면 자유우파는 야금야금 반강제 수용소에 갇히게 된다. 엄살이 아니다. 주사파 일당에게 질식당하기 전에 자유화 운동으로 그들이 구축한 악마의 성(城)을 파괴하자.

## 민주화 운동의 참과 거짓 분석

가짜 민주화 운동의 본질은 공산화 운동이었다. 정치철학자이자 볼셰비키의 지도자였던 레닌(1870-1924)은 "공산혁명이 성공할 때까지 '민주화'란 단어를 포기해선 안 된다"고 했다. 가짜 민주화 세력은 레닌의 지침을 그대로 이용했다. 그들은 민주화 운동가로 둔갑하여 공산화 운동을 한 것이다. 자유화 운동은 자유롭게 풀어주는 방향으로 문명을 진보시켰고, 가짜 민주화 세력은 민주주의 탈을 쓰고 선동과 조작으로 권력을 잡고 자유민주와 시장경제의 반대 방향으로 국민의 삶의 질과 문명을 퇴보시켰다. 80년대부터 본격화된 민주화 운동의 최종 상태는 지금 문재인 정권이 보여주는 무능과 위선과 패착(敗着)이다.

그들은 독재와 반대되는 민주화라는 고급 언어를 독점하고, 민주화라는 간판을 걸어놓고 공산화를 추진했다. 민주와 민족이라는 접두어가 붙는 곳에는 공산화 코드가 뒤로 숨어 있는 경우가 많았다. 떼거리로 뭉쳐서 자유화 선구자들을 괴롭히고, 다수결의 절차를 표방하면서 안으로는 기율을 이유로 운동권 조직을 노예 다루듯 옥죄고 기계처럼 다루었다. 그들은 북한 노예체제를 닮아가고 있다.

82년부터 북한의 소리방송을 듣고 난수표를 받아 적으면서 본격적으로 배출된 그들은 목적을 위해서는 모든 수단을 정당시했다. 폭동마저도 민주화 운동으로 둔갑시켰다. 살인과 유서 강요도 주저하지 않았다. 자유우파의 유튜브 방송이 제시한 가짜 민주화 세력에 대한 체계적이고 과학적인 내용이 이를 증명한다. 인품이 괴팍해도 함께 일을 할 수 있지만, 사상이 다르면 함께 살지 못한다. 북한 정권을 비호하고 옹호하는 자들은 어떤 형태로든 정리를 해야 한다. 일단 자유화 물결이 일어나면 가짜들이 위축이 되거나 전향을 할 것이다. 이념 전쟁은 분위기 싸움이다. 밀리면 절벽으로 떨어지는 정글의 게임이다.

## ■ 자녀와 손자에게 직접 반공 교육을 하자.

공산사회주의 악령에 속지 않도록 반공교육을 하자. 자식과 손자들이 무슨 책을 보고 있고 무슨 교육을 받는지 살펴보자. 사회, 윤리, 국사 교과서를 자세히 보면 좌파 정권이 무슨 짓을 하고 있고, 대한민국을 어떻게 개조하려고 하는지 그 의도가 보인다.

좌파 정권은 북한과의 공산연방제를 목표로 하면서도 유럽식 사회주의 냄새가 나도록 포장을 한다. 그러나 자유의 가치를 제대로 알면 공산사회주의와 전체주의는 악마의 논리라는 것을 깨닫게 된다. 자유의 가치가 정립되어 있으면 공산주의 이론이 허상임을 알게 된다. 50만도 안 되는 종북·주사파 일당들이 자유대한민국을 유린하고 있다는 것을 국민 다수가 깨닫기 시작했다.

야생 기러기 사육과정과 공산화 과정이 닮았다. 사육사는 야생 기러기를 잡아와 발을 묶고, 일정기간 굶겼다가 서서히 먹이를 주어 먹이에 길들여지게 하고, 기력이 회복되면 날개 죽지를 제거하여 날지 못하게 한다. 기러기 사육사는 먹이를 주면서 알을 뺏고 마지막에는 죽여서 고기로 먹는다.

공산주의자들은 야생 기러기를 포획하듯 거짓 선동으로 순진한 국민의 환심을 사서 정신적 포로로 잡고, 권력을 잡으면 정보시스템을 장악하고, 고의로 경제 시스템을 파탄시켜 다수가 배고프게 만들고, 국가 세금으로 공짜 혜택을 제공하여 무기력하게 만들고, 급기야는 좌파 정권을 비판하지 못하도록 차별 금지법을 만들어 입을 다물게 한다. 국민을 노예화하는 작업을 추진하고 있다.

기러기가 자유라는 야생을 잃고 길들여지듯이, 오늘의 청년 실업자는 무기력하게 살고, 해고자는 일정기간 고용수당으로 산다. 경제 시스템을 고의로 깨트리고, 취업을 어렵게 하면 약자인 빈곤층과 노인층부터 지지한다고 보기에 그들은 단순한 아르바이트 성격의 일자리 창출을 위해 국가 보조금을 살포한다. 젊은이 일자리는 줄고 노인 일자리만 증가한다. 국가 세금을 살포하여 표를 얻으면서 그들을 지배하려고 한다. 기러기 사육사가 먹이를 주면서 고기와 알을 뺏는 이치와 같다. 국민은 야생 기러기가 사육되는 과정처럼 자유를 뺏기고 있다.


■ **자유대한민국 자유화 운동으로 위기의 자유대한민국을 구하자.**

거대 조직일수록 규칙과 시스템을 갖추어야 한다. 조직이 혁신을 반복하지 않으면 속절없이 썩는다. 자유대한민국은 온전한 부분이 하나도 없다. 대형 게이트가 매일 터진다. 운동권 일당들이 대학교 내 자치권을 행사하듯 국가 예산을 자기들 마음대로 사용한 게 드러나고 있다. 2002년 끼리끼리 아파트를 분양했고, 비리의 손길은 더 대담해져서 저축은행 비리를 거쳐서 이제는 불법대출, 불법 펀드, 가상화폐 특구 지정 등 비리가 진동한다. 권력 비리로 소수 위정자와 특정 지역 인사들이 반사 이익을 취하고 있다.

자유화 운동의 무기는 헌법의 방패와 안보의 창이다. 자유대한민국은 남북주사파 연대(북한 노동당과 종북·주사파)의 협공으로 70년 이상을 시달려왔다. 휴전 이후에도 북한은 9천 건 이상의 정전법을 위반했고 무수하게 도발했다. 북한 정권은 자유대한민국의 철천지원수다. 그런데 권력을 잡겠다고 북괴와 야합하는 무리가 있었다. 고위 공직자였던 자가 北 선전매체인 '우리민족끼리'를 팔로우하고, 전교조 집단은 좌편향 전체주의 사상 강요와 반일감정을 주입하고 있다. 안보의 심장마저 멈추기 직전인데 9.19 군사합의의 부당성에 대해서 아직도 장성들은 침묵한다. 위기 때마다 나라를 구한 의병 정신을 되찾아야 할 때가 왔다.

### 자유화 운동으로 자유대한민국을 살리자.

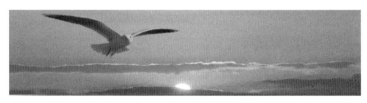

1. 주사파가 점령한 대한민국은 가매장 상태

2. 민주화 운동의 참과 거짓 분석

3. 공산주의 악령에 속지 않도록 반공교육

4. 자유화 운동의 무기는 헌법의 방패와 안보의 창

# 제2장

# 대한민국 정상화를 위한
# 자유와 자유화 운동 본질 이해

1789년 프랑스대혁명에서 제창한 자유, 평등, 박애의 이념은 두 갈래로 분파되었다. 서방 진영은 '개인의 자유'를 기본이념으로 삼고 '가장 개인적인 것이 가장 창조적'이라는 신념하에 경제성장과 문명의 발전을 이루었고, 소비에트연방, 동구, 중국, 북한 그리고 일부 중남미 국가들은 '평등'을 이념으로 삼고 '함께 일하고 함께 나눈다는' 슬로건으로 뛰었지만 그들은 빈곤과 질병이 창궐하는 세상을 만들었다. 위선적이고 무도(無道)한 중국공산당이 해체되지 않는 것은 공권력으로 개인의 자유를 강제로 짓밟고 침해하기 때문이다.

자유화 운동은 공산화 저지 운동이다. 안보 분야의 자유화 운동은 파탄 난 안보의 복구이고, 정치 분야의 자유화 운동은 국민 중심의 정치를 펴는 것이며, 경제 분야의 자유화 운동은 자율시장으로 돌아가는 것이다. 외교 분야의 자유화 운동은 사대주의 탈출이며, 교육 분야의 자유화 운동은 전교조 해체다.

주사파 정권은 선거부정으로 파국과 종말로 치닫는데도 지지도가 폭락하지 않는 것은 좌파의 감성적 담론과 공짜 지원에 젊은이들마저 속고 있다는 반증이다. 공짜 지원은 공산화를 위한 치명적인 유혹이다. 공산화를 저지하기 위해 자유인이 공산주의자들을 한 칼에 제압할 수 있는 자유 가치라는 보검과 자유화 운동이라는 정신의 무기를 만들어 널리 사용을 하도록 도식(圖式)을 했다. 흩어진 자유는 무기력하다. 서로 어깨동무하고 공산주의자들과 싸워야 한다.

# 1. 자유(自由)란 무엇인가?

세계 철학자가 말하는 자유란?

자유란 전 세계 인류가 추구하는 공동의 가치이자 천부인권에 해당하는 인간 고유의 기본권이다. 중세 유럽의 스콜라 철학을 대표하는 이탈리아의 신학자인 토마스 아퀴나스는 신(神)이 자유롭기 때문에 인간도 자유가 부여된다고 주장했다. 네덜란드의 철학자인 스피노자( 1632~1677)는 한 사물이 자기 본성의 필연성에 따라 존재하고 움직일 때 그 사물은 자유롭다고 보았다. 프랑스의 계몽사상가인 루소(1712~1778)는 자유는 인간이 자연 상태에서 지니는 속성이고 오직 개인에게만 존재한다고 보았다.

독일의 철학자인 칸트(1724~1804)는 자연과 자유를 각기 다른 세계의 원리로 보았다. 독일의 철학자인 헤겔(1770~1831)은 자유를 '절대정신'의 속성으로 보았고, 독일의 경제학자인 마르크스( 1818~1883)는 자유는 특정 목적을 위해 계획적으로 적용하고 활용함으로써 자연과 사회에 대한 지배력을 늘려가는 수단으로 보았다. 마르크스주의의 자유는 정의(定義)부터 인위적이다.

진정한 자유는 개인의 권리를 강조한다. 모든 인간은 존엄하고 평등한 인권을 갖는다. 성문법에 의하지 않고는 자유를 제한하지 못한다. 인간의 자유를 위해 견제와 균형이라는 권력분립으로 권력을 통제하고, 자유로운 경제활동 보장을 위해 시장경제는 존중되어야 한다. 법률적 자유는 국가의 헌법과 법률에 의하여 보장된 개인적 자유 또는 시민적 자유를 의미한다. 국민의 법률적 자유에는 보통 신체의 자유, 재산의 소유·처분의 자유, 언론·출판·결사의 자유, 거주·직업의 자유, 신앙과 양심의 자유 및 통신의 비밀 등이 보장되고 있다.

자유는 '국가로부터의 자유(freedom from state)'와 '국가로의 자유 (freedom to state)'라 할 수 있는 정치적 자유도 있다. 정치적 자유는 국민이 공개적이며 공정한 재판을 요구할 권리와 선거 및 피선거의 권리와 국민투표에 참여하고 대표를 선출하여 정부를 구성할 권리를 갖는 자유다. 경제적 자유와 사회적 자유는 기회의 평등이라는 기반 위에서 실현될 때 실질적이고 현실적으로 존립할 수 있다. 국민의 법률적, 정치적 자유를 실현하려는 이념이 민주주의이다. 이처럼 자유와 민주주의는 실과 바늘 같은 존재다. 공산주의 국가에서 자유는 존재하지 않는다.


## ■ 자유는 인류 문명을 발전시킨 자율과 자연과 자유자재의 뿌리다.

자유(自由)는 스스로 움직이는 자율(自律)이다.
자유를 있는 그대로 풀이하면 '스스로 말미암다'가 된다. '말미암다'는 원인을 만들고 스스로 지어서 시작한다는 의미가 있다. 자(自)는 눈을 번쩍 뜬 형상이고, 유(由)는 밭에서 싹이 나는 형상이다. 자유를 풀어서 말하면 스스로 눈을 떠서 시작한다는 뜻이다. 알은 스스로 깨고 나와야 병아리가 되고, 자유의 소중성 또한 스스로 깨쳐야 삶의 보물이 된다.

스스로 시작한 것은 태초의 하나님과 진리와 마음과 인연이다. 자유는 '빛이 있어라 하니 빛이 있었다'의 진리의 경지이고, 마음이 곧 자신임을

# 자유(自由)란 무엇인가?

스스로 재(自)는 눈(目)을 뜨는 형상

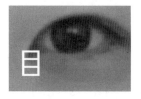 

말미암을 유(由)는 밭(田)에 싹이 나오는 형상

아는 각성의 경지이다. 원초적인 자유는 스스로 선택하고 스스로 지키는 자율이다. 자유는 자신이 짓고 누리는 보물이다.  자유는 ①오묘하게 저절로 생겨난 자유, ②하고 싶은 것부터 하는 의지적 자유, ③하기 싫어도 행하는 정신적 자유까지 다양하다.

자유(自由)는 걸림이 없는 자연(自然)이다.

스스로 시작하는 자유(自由)와 스스로 존재하는 자연(自然)은 그 본질이 같다. 자연은 스스로 존재하고 스스로 짓고 지은 대로 이루어진다. 자유는 통제와 간섭 받지 않고 자기 본성의 필연성에 따라 존재하고 이루어진다. 자연과 자유는 그 본성이 닮았다. 자연의 자유는 있는 그대로 두는 자유, 특정 목적과 계획적으로 의도하지 않는 자유, 적용과 활용을 목적으로 하지 않는 자유다. 욕심과 탐욕을 부리면 주어진 자유마저 잃을 수 있다.

자연은 순리와 순서를 따르기에 인위가 없어도 얻음이 있다. 자연의 자유는 있는 그대로의 자유, 그의 자유를 그에게 주는 정의, 침묵과 여유로 현상을 인위적으로 악화시키지 않는 조화, 인간을 신격화(神格化)하지 않는 이성과 자제력이다. 영웅과 연예인을 맹목적으로 추종하면 자기도 모르게 그의 포로가 된다. 어떤 관계로부터 자유롭고자하면 그가 추구하는 원칙과 정신과 공덕을 따라야 한다.

있는 그대로의 자유는 지은대로 보여주는 인과응보, 구속과 제한이 없는 열린 세계, 작위(作爲)가 없는 사필귀정, 지은 것만큼 가져가는 공덕과 보은과 사랑과 헌신의 세계다. 자연의 자유는 에너지처럼 보이지 않지만 그 계산은 정교하다. 지은대로 가져가는 자연의 자유를 깊게 연구하면 진영 간의 대립을 해소할 수 있다.

자유(自由)는 능숙 능란한 자유자재(自由自在)다.
자유는 하고 싶은 소망의 영역보다 할 수 있다는 자유자재의 영역이다. 실용적 자유는 아는 것보다 행동하는 영역이다. 기능적인 자유를 허용하고 숙달하면 스스로 걸림 없이 자유자재(自由自在)한 완숙의 경지로 진보한다. 자유는 본래의 에너지를 온전하게 발휘하게 하여 최고조에 이르게 한다. 그래서 자유를 주면 능히 못 할 게 없다. 자연의 자유는 있는 그대로가 이미 자유자재한 상태이고, 인간은 준비하고 노력하며 숙달해야 자유자재한 능숙한 자유에 이르게 된다.

자유에는 공짜가 없다. 자유는 하늘이 준 권리이지만 쟁취해서 얻어야 하고 스스로 지켜야한다. 스스로 시작한 자유, 공덕으로 만든 자유도 자유를 보호하고 지키지 않으면 자유는 소멸한다. 물질과 꽃향기 10 리를 가고, 사람향기는 3천 리를 간다. 꽃향기를 다 맡으려면 10리길을 걸어야 하고, 사람향기를 알려면 3년 동행을 해야 한다.

자유의 적은 나태와 교만과 탐욕과 무책임이다. 나태하고 교만한 사회주의자는 공짜 자유가 있다고 상상하고 국민의 삶을 어렵게 한다. 탐욕스럽고 무책임한 자가 권력을 잡으면 힘으로 다수의 자유를 짓밟고 부정선거마저 저지른다. 다수의 주권행사를 방해하는 부정선거는 엄벌에 처해야 하고, 법치를 깨면서 부당한 부(富)를 취하는 자는 징벌해야 한다. 남의 자유를 제한하고 공정한 질서를 깨부수는 자는 공공의 적으로 규정하고 응징해야 한다.

자유는 혁신을 통해서 발전한다. 유인은 오늘보다 내일이 나아지기를 바라고, 이미 아닌 것들을 정리하고 혁신하기를 바란다. 자유는 생각의 폭만큼 자유롭고 활동한 만큼 자유롭다. 혁신은 아무도 생각하지 못한 방법을 찾았을 때 생기고, 혁신적 자유는 하기 싫은 일을 기분 좋게 할 수 있을 때 생긴다. 크게 포용하는 자유주의자는 반대자와 정적(政敵)도 즐겁게 수용하지만, 공산주의자는 태도불량자까지 관심법으로 처형한다.

자유는 홀로 지키지 못한다. 국민의 자유는 역량이 많고 미래지향적인 통치자를 만나면 그 자유가 무한대로 확장되고, 독재자를 만나면 노예처럼 자유를 몽땅 뺏길 수도 있다. 인류의 역사는 자유를 위해 싸워온 발자취이고, 인간의 행복은 자유를 찾고 누리는 과정이다. 자유는 행복의 근본이며 지키고 누려야 빛나는 보물이다. 개방적인 지도자는 국민의 자유를 허용하면서 풍요한 세상을 만들고, 독재자는 국민의 자유를 제한하고 통제하여 가난한 세상을 만든다. 자유의 보물은 위정자에 의해 깨지고 상처입기 쉬운 유리그릇이다. 그래서 자유는 자유의 가치를 아는 자유의 전사(戰士)들이 어깨동무하고 함께 발굴하고 지켜야 한다.

자유와 책임은 뗄 수 없는 짝이다.

시공의 제약을 받는 인간에게 무한 자유는 허용되지 못한다. 자유 또한 서로 엇물려 있어서 누가 더 큰 자유를 가져가면 누군가는 자유를 잃게 된다. 국가는 최대다수의 최대 행복을 위해서 법으로 방종을 규제하고, 조직은 규정으로 구성원의 일탈을 통제한다. 서로의 자유를 보호하기 위해서 자유에는 책임이 따른다. 서로가 자유로운 세상에 살려면 저마다 자유에 따르는 책임을 다해야 한다. 자유만 있고 책임이 없는 세상은 동물의 세계다.

자유와 평등은 말과 마차의 관계다.

자유롭게 하면 개인 능력 차이로 불평등과 배아픔이 생기게 마련이다. 자유로운 생산이 낳은 높은 효율과 잉여가치로 뒤처지는 사람을 도우면 함께 앞으로 나갈 수 있다. 말은 마차를 끌 수 있지만 마차는 말을 끌지 못한다. 자유는 평등을 견인할 수 있지만 평등은 자유를 이끌지 못한다. 미국의 정치가이자 독립 운동가였던 패트릭 헨리(1736년~1799년)는 '자유가 아니면 죽음을 달라'는 명언을 남겼고, '자유의 창가에서는 평등을 바라볼 수 있으나, 평등의 창가에서는 자유를 바라볼 수 없다'고 일갈했다.

자유라는 말이 평등이라는 마차를 끌어야 한다. 평등 가치를 앞세운 자

## 자유와 평등은 말과 마차의 관계다.

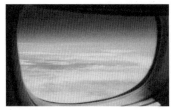

자유의 창가에서는 평등을
바라볼 수 있으나,

평등의 창가에서는 자유를
바라볼 수 없다

자유라는 말이 평등이라는
마차를 끌어야 한다.

평등 가치를 앞세운 자유규제는
2인 3각 달리기

유규제는 2인 3각 달리기처럼 기능의 제한으로 창의력과 생산력을 떨어뜨려 모두를 가난하게 만든다. 자유의 원리에 맡기면 자기 에너지만큼 활동하면서 진보하지만, 평등의 원리에 맡기면 재능과 장점이 많은 사람마저 의욕을 잃고 나태해져서 모두가 퇴보하게 된다.

## 2. 자유화 운동은 무엇인가?

인류 역사 속의 자유화 운동의 유래.

자유화의 시조는 모세다. 기원전 13세기경의 고대 이스라엘의 지도자였던 모세는 호렙산에서 노예로 있던 히브리 민족을 해방하라는 음성을 듣고 이집트로 돌아와 협력자 아론과 함께 그들을 구출하였으며, 시나이산에서 십계명을 받았다. '약속의 땅'인 가나안으로 들어가기 위해, 이스라엘 백성들의 지도자가 되어 40여 년 간 광야를 유랑하지만, 가나안 땅으로 들어가지는 못한다.

기원전 5세기에 불교를 창시한 석가모니는 정신의 자유화를 추구한 성자였다.

인도의 간디는 비폭력 불복종 운동으로 인도를 영국으로부터 독립시켰고, 폴란드의 자유연대노조를 이끌었던 바웬사는 폴란드 공산정부와 맞서서 1천만 노동자를 움직였고, 1983년 노벨 평화상을 수상하고 90년 대통령이 되어 공산주의 중앙집권경제체제를 자유시장경제로 전환했다. 바웬사가 1천만 노동자의 자유혁명 의장이었다면, 대한민국 공산화를 저지하고 국민혁명을 주도할 자유혁명 의장(議長)은 누구일까? 그 출현을 기다린다.

공산주의 국가에서의 자유화 물결과 운동 사례

2차 세계 대전 이후에 동유럽에 수많은 공산국이 탄생했다, 그러나 공산주의 국가의 국민에게는 자유와 민주주의가 없었다. 공산주의 정권은 국민의 개인생활을 배제하고 독재정치를 시행했다. 1985년 소련의 공산당 서기장 미하일 고르바초프가 페레스트로이카라는 개혁과 개방을 선언하자, 1980년대 말부터 1990년 초까지 동유럽 공산주의 국가에서는 자유와 민주주의를 향한 물결이 일기 시작했다. 이 당시 발생한 혁명의 물결은 동유럽과 기타 지역의 공산정권을 붕괴시키는 촉매제가 되어 인접국가로 도미노 현상으로 번지게 되었고, 이 자유의 물결을 지칭하여 '국가들의 가을'이라고 불렀다.

그보다 앞서 자유화에 대한 횃불을 가장 먼저 든 나라는 체코였다. 1968년1월 공산국가에선 좀처럼 생각할 수 없는 자유화의 봄바람이 불었다. 공산정권이 수립된 이래 23년 만에 맛보는 자유의 입김이었다. 공산주의 독재자 노보트니가 실각하고 47세의 알렉산드르 두브체크가 정권을 잡자 20여년 간 국민 사이에 공포의 상징처럼 되어있던 비밀경찰을 해체했고 전임자들의 실정을 낱낱이 파헤쳤으며 당의 민주화와 언론의 자유를 단행했다. 그러나 체코의 자유화 물결은 시작한지 200여일 만에 소련의 탱크에 의해 무참하게 짓밟히고 말았다. 체코의 자유화 운동은 비록 소련에 무력진압에 의해 실패를 맛보기는 했지만 전 세계에 자유의 소중함을 일깨우는 중요한 전환점이 되었다.

그러다 동구권에 다시 한번 기회가 찾아왔다. 소련 공산당 서기장 고르바초프의 페레스트로이카를 선언하자 위성 공산국들이 자유와 민주주의를 찾게 되는 절호의 기회가 도래했다. 1989년 6월, 폴란드 인민공화국이 붕괴되면서 바웬사가 이끄는 자유노조연대가 선거에서 압승하여 자유를 찾았다. 그러자 인접국인 헝가리, 동독, 불가리아, 체코슬로바키아, 루마니아에서도 연쇄 자유화 혁명이 일어났다. 1991년 말 소련이 해체되자 그동안 소련의 연방국으로 있던 11개국과 발트 3국이 독립국가로 재탄생했고, 이 여파로 인해 1990년~1992년 사이 알바니아와 유고슬라비아에서는 공산주의가 폐지되는 데 지대한 영향을 미쳤다.

동유럽의 자유화 물결은 다른 공산국가에도 파급되어 에티오피아, 남예멘, 몽골 등에서도 공산주의를 폐지시키는데 크게 기여했다. 중국에서도 1989년 천안문 사태를 통해 자유화 물결이 일어났지만 공산정권의 무력진압으로 실패하고 말았다. 현재 지구상에서 공산 일당 독재체제를 유지하고 나라는 중국, 쿠바, 라오스, 베트남, 북한이다. 이들 나라 중에서 가장 자유가 없는 나라가 북한이다. 자유가 없는 북한 인민은 자유라는 말의 의미조차 모른다.

■ **자유화 운동은 공산화저지부터 공산국가 자유화 운동 전도까지 다양하다.**

자유화 운동의 큰 그림의 1단계는 대한민국 공산화를 저지하고 위대한 대한민국 되찾기 운동, 2단계는 남북연합 자유화 운동으로 북한동포 구출과 자유통일, 3단계는 자유화 운동을 공산국가에 수출하여 인류문명을 선도하려는 한류 운동입니다.

자유화 운동 1단계인 대한민국 공산화 저지와 위대한 대한민국 되찾기 운동은 ①좌파 정권의 공산화를 저지하고 주사파 정권을 조기에 붕괴시키는 국민운동 ② 민주화의 탈을 쓰고 공산화 운동을 한 가짜 민주화 세력과 종북 세력이 저지른 적폐를 청산하여 자유대한민국을 되찾는 국가 부흥운동 ③ 주사파 정권 붕괴 이후에 국가의 5대 기능을 자유개념으로 바로잡는 국가 정상화운동 ④ 인위와 통제와 압제로 잃어버린 시장경제의 효율을 되찾고 저마다 자기자리로 돌아가는 사명감 복원 캠페인입니다.

■ **자유화 운동은 국가의 5대 기능을 자유가치로 정상화시키는 국민운동이다.**

자유화 운동은 가짜 민주화세력(종북세력)이 망가뜨린 위기의 자유대한민국을 위대하게 탈바꿈시키는 프로젝트이며, 종북 세력이 파괴한 자유대한민국을 확고부동한 자유체제로 정상화시키는 절차이며, 시간 개념의 자유화 운동은 문재인 정권 이전 상태로의 회귀이다. 국가 기능을 편의상 안보, 정치, 경제, 외교, 교육 분야만 한정하여 자유화 운동의 방향을 살펴보자.

①안보의 자유화 운동은 위장평화로 파탄 난 안보를 원상복구하고 자유통일을 추진하는 국가생존 운동이며, ②경제의 자유화 운동은 규제와 세금 살포로 침몰중인 경제를 시장자율의 회복으로 경제대국을 완성하는 경세(經世) 운동이며, ③정치의 자유화 운동은 좌파 정권의 독재와 만행이 자초한 무정부·무법천지를 법치사회로 회복시키는 정풍(整風) 운동이다.

④외교의 자유화 운동은 좌파 정권이 종북정책으로 자초한 외교 고립으

로부터 한미동맹 회복과 친중 사대주의로부터 탈출을 통한 생존외교 운동이며, ⑤교육의 자유화 운동은 북한을 찬양하고 공산사회주의 이념을 심어주는 법외 노조인 전교조를 해체하여 진리와 자유민주와 시장경제 교육으로 순수인성과 자율의식을 회복시키는 계몽운동이다.

자유화 운동은 촘촘하고 구체적인 도면보다도 먼저 자유의 가치를 아는 자유인과 자유수호 전사(戰士)들이 쉽게 이해할 수 있는 자유화 개념과 목표의식과 추진 방법이 필요하다. 자유의 가치를 아는 모든 자유 수호 전사들이 자유화 운동으로 뭉쳐서 자유대한민국을 되찾고 북한 동포를 해방시키며 나아가 공산국가에 자유를 전도하자.

### 자유화 운동은 무엇인가?

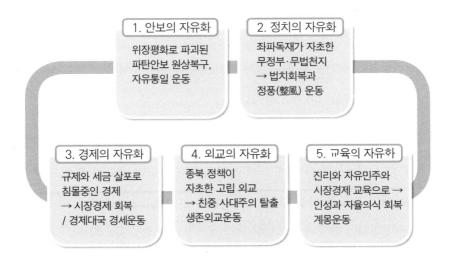

1. 안보의 자유화
위장평화로 파괴된 파탄안보 원상복구, 자유통일 운동

2. 정치의 자유화
좌파독재가 자초한 무정부·무법천지 → 법치회복과 정풍(整風) 운동

3. 경제의 자유화
규제와 세금 살포로 침몰중인 경제 → 시장경제 회복 / 경제대국 경세운동

4. 외교의 자유화
종북 정책이 자초한 고립 외교 → 친중 사대주의 탈출 생존외교운동

5. 교육의 자유하
진리와 자유민주와 시장경제 교육으로 → 인성과 자율의식 회복 계몽운동

## 3. 자유화 운동은 인성(人性) 회복운동

자유화 운동의 제1장은 인간의 원초적인 자유본성을 회복하는 캠페인이다. 인간의 성품인 인성은 기본권이 보장되고 자유스러울 때 평안하고 해맑고 주저함이 없다. 어려서 자유본성을 무시당하고 지나치게 통제하고 간섭하면 심성이 비뚤어진다. 사회주의 국가의 국민은 자유와 공짜를 교환하면서 심성은 약해지고 인성은 인위적이며 영성은 조악(粗惡)해진다. 인간의 자유본성만 깨우쳐주면 공산주의자들에게 속지 않는다.

인간의 자유 본성과 가족사랑을 깨트리는 공산국가의 현주소.
평등한 인간세상을 만들 수 있다는 공산주의 망상가들은 인간의 자유본성을 뺏어가고 문명을 파괴하고 퇴보시켰다. 그들은 부자들의 부(富)를 뺏어서 나누어주려고 했고, 약자와 노동자와 농민과 촛불을 앞세워 권력을 찬탈했고, 공산화를 위해서는 모든 수단을 정당화했다. 그들이 남긴 것은 폐허와 무질서와 증오심이었다.

지구촌에는 국가를 부정하는 무리가 있다. 공산주의자와 딥스테이트다. 이들은 신세계 질서와 세계 단일 정부를 목표로 한다. 국가를 없애고 세계를 단일 정부를 만들겠다고 한다. 이들은 겉으로는 신세계로 유혹을 하면서 실제는 마약과 동성애와 테러와 전쟁으로 인종 청소를 하고 가정까지 파괴하려고 한다. 과대망상 지배 욕구에 빠져서 개인의 자유를 뺏어가는 공산무리를 경계해야 한다.

중국인과 중국에 복지혜택을 주려는 친중 위정자를 경계해야 한다. 자유는 하늘이 부여한 천부인권이며 인류가 함께 영원히 공유할 가치다. 이렇게 소중한 우리의 자유가 소수 위정자의 사적인 탐욕과 중국의 이익을 위해 암약하는 친중 인사와 불순한 목적으로 잠입한 외국인에게 유린당해서는 안 된다. 중국인 2,200만 명에게 복수 비자로 마음대로 한국 방문의 길을 터놓았고, '긴급복지지원법'까지 만들어놓았다. 우한 폐렴 치료 목적으로 중국인이 한국에 오면 보상을 해야 할 지경에 이르렀다.

공산사회주의자들은 자유를 배격하고 인간본성에 반하는 체제이기에 신(神)이 경영을 해도 성공하지 못한다. 지렁이도 밟으면 꿈틀거리는데, 좌파 정권은 자유를 지우고 공산 연방제를 추진하려고 했다. 그들의 반역적인 행적을 종합한다면 돌부처도 놀라서 돌아앉을 것이다 자유화 운동은 하늘이 준 선물인 자유를 위선자와 공산사회주의자에게 뺏기지 말자는 각성이다. 자유화 운동으로 우리의 주권을 지키자.

자유화 운동은 인성회복 운동이다.

자유화 운동의 기초는 인성 회복 운동이다. 많은 사람이 개체로 살아가면서 이해관계와 생각의 차이로 부딪히며 상처입고, 자유경쟁 체제에서 인성이 굽어지거나 침해를 받기도 한다. 생명체는 천적(天敵)에게 그의 생명과 자유를 침해당하고 뺏기듯이, 인간 또한 이러저러한 이유로 타인에게 자유를 침해당하고 혹은 상호 합의하에 자기 자유를 제한하기도 한다. 개인에게 자유화 운동은 자기가 원하지 않는 것을 상대에게 요구하지 않고, 자신 또한 상대로부터 부당한 통제와 간섭을 받지 않길 바라며, 남을 통제하고 간섭하면 자신도 구속당함을 깨닫는 각성 운동이다.

인류문명은 자유를 찾고 증진시켜온 발자취다. 인류역사는 불리한 환경을 이기면서 자유를 확장하고 새로운 자유를 찾아서 싸워온 기록이다. 인류 문명은 국민의 자유주권을 보장하고 확대할 수 있는 자유민주와 시장경제 쪽으로 진보해 왔다. 그러나 공산국의 위정자는 인민을 도구로 생각하고 억압하고 통제해왔다. 좌파 정권은 국민의 자유를 줄이고 통제하는 쪽으로 가고 있다. 국민의 자유를 통제하는 정치는 정치가 아니라 폭정(暴政)이다.

모든 종교는 인간을 자유롭게 한다. 불교는 어디에 구속받지 않고 스스로 자유로움을 찾고 마음의 자유를 누리자는 종교다. 불교의 해탈은 정신적으로 자유를 찾은 상태다. 기독교의 '진리가 자유롭게 하리다' 이는 모든 자유사상의 진원지다. 인류 최초의 자유는 복음에서 나왔다. 불완전한 인간은 진리를 통해서 자유롭고 구원을 받는다. 불변의 교리다. 그러나 사이비 종교에 대한 맹신과 북한 노예체제의 공포에 굴종하는 것은 자기정체성과 자기의 자유를 바치는 행위다.

모든 문학과 예술의 중심은 자유화다. 문학 작품이 추구하는 최고의 경지는 자유다. 인류의 문학 작품은 자유로운 상상과 현실에 대한 냉엄한 통찰과 미래의 풍요와 희망을 기록한 기록물이다. 문학 작품에는 사랑 이야기와 모순 고발과 고난극복 과정도 많지만 결국은 자유로운 행복을 얻기 위한 과정이다. 동영상 문화가 발달을 해도 문명의 기초는 자유로운 글쓰기다.

자유대한민국을 지키려는 행위 자체가 문학이고 예술이다. 이제는 자유지킴 글과 호국운동마저 목숨을 걸어야 하는 세상이 되었다. 예술은 국경이 없지만 예술인(종교인)에게는 국가가 있다. 예술인은 실용적 생산에 승부를 걸고, 자유인은 절제와 자유체제 사랑으로 승리하자. 인간은 자유롭게 생각하고 활동하며 저마다 자기의 재능을 살려서 풍요를 누리고 인류에 공헌하길 희망한다. 인간은 누가 통제하고 억압하면 기(氣)가 죽고 자발적 의욕과 의지마저 사라진다.

인성회복을 하려면 아래의 행동 덕목이 필요하다.

하나, 진실로 자기 정체성 유지하고 자기 고유성을 회복하라.
인성의 기초는 진실이다. 진실한 영육에 행복한 자유가 있다. 한국인은 예로부터 진솔하고 자존감과 자유 본성이 강한 종족이었는데 비교경쟁에 시달리면서 거짓이 일상화 되고 공산사회주의가 준동하면서 거짓이 목적달성을 위한 수단이 되었다. 거짓은 허깨비로 존재하게 만들고 거짓의 끝은 불행이다. 세상을 움직이는 원리는 하나이기에 참과 거짓은 공존하지 못한다.

맹목적으로 남을 추종하면 진실한 자아와 있는 그대로의 자유를 잃는다. 연예인과 특정 정치인을 맹목적으로 좋아하는 것은 자기파괴 행위다. 인간숭배와 신격화는 마지막에 실망과 분노를 남긴다. 남과 비교하지 않는 태도로 자기 고유성을 지키고, 존경하는 사람이 있으면 그의 원칙과 태도와 정신을 배우자.

둘, 걸림 없는 마음으로 자유를 누리고, 큰마음으로 평온한 행복을 찾자.
자유는 행복의 수단이며 행복의 최종 상태다. 자유가 없으면 행복도 없다. 자유는 어디에 묶이지 않는 마음, 두려움을 모르는 마음, 욕심 없는 마음이다. 자유는 탐욕과 성냄과 어리석음을 극복한 상태, 자아를 놓아버린 무아의 상태, 간섭하지도 간섭을 당하지도 않는 상태다. 자유로운 상태에서 생기는 행복은 남까지 자유롭게 한다. 자유는 자연이 발아시킨 새싹, 간섭은 씨앗 속에 씨앗을 심는 꼴이다. 자기 에고에 잡히면 행복한 자유는 없다. 자유로워지고 싶으면 진실과 정의를 회복하고, 행복해지고 싶으면 각성의 각막(角膜)으로 미망을 벗기자.

셋, 가족사랑으로 진정한 자유와 행복을 누리자.

인류 문명의 기본 축은 가족과 국가다. 인류문명이 만든 최고의 걸작은 가족과 국가다. 가족은 인류문명과 문화를 생산하는 기본 단위이고, 문명을 이어가는 가장 자연적이고 이상적인 공동체다. 개인은 가정이 평온해야 자유롭다. 가정의 평온은 가족사랑에서 생긴다. 가족 단위가 무너지면 국가도 무너진다. 국가는 가정을 모체로 하고 가정은 국가의 보호 속에 존재한다.

공산주의는 기존 자유민주체제의 견고한 성을 무너뜨리기 위해 가정과 국가를 부정한다. 공산사회주의자들은 성소수자마저 지배하고자 동성애를 반대하지 않는다. 동성애는 가정과 인류의 근본 질서를 깨뜨리는 행위다. 진정한 국가라면 성소수자가 정상을 되찾도록 도와주어야 한다.

넷, 자유로워지고 싶으면 자기를 이기고 절제하자.

자유는 의지에서 나오고 자기의 노력만큼 자유롭다. 목숨을 걸 의지가 있으면 누구도 자기 자유를 침해하지 못한다. 자유국가의 의사결정은 국민 주권에서 나오고 개인의 자유는 자기 의지에서 나온다. 자유는 감으면 감기고 그냥 두면 풀리는 태엽이다. 콩을 심은 곳에 콩이 나듯 자유는 자유를 통해서 온다.

당당하지 못하면 자유롭지 못하다. 자유(自由)를 풀이하면 자기마음대로 하는 방종(放縱)이 아니라 자기를 이기고 절제할 때 생기는 선물이다. 자유는 자기 행동을 반듯하게 할 때 생기고 유지된다. 진정한 자유는 자기 마음대로 하는 게 아니라 자기를 이겨서 고고함을 유지하는 경지다.

좌·우 진영을 하나로 화해시킬 영성 자유를 찾아야 한다.
대한민국이 8.15 광복 이후 서방이 2백년이 걸린 자유 시스템을 짧은 기간에 발전을 시킨 것은 생각과 사상의 유연성 때문이다. 지금은 인류가 경험하지 못한 극도의 대립(자유와 반자유)으로 서로를 무모하게 파괴하고 있다. 이제 서로가 살려면 자유분방한 기질과 극단을 평화롭게 화해시키려는 중용의 지혜를 찾아야 한다.

서로가 살려면 다른 종교를 포용하듯이 다른 생각도 포용해야 한다. 마음은 빛처럼 순간 이동을 하고, 마음은 울타리 없이 광대하여 모든 세상을 담으며, 마음은 비우는 만큼 더 담는다. 문제는 권력의 맛을 본 위정자의 마음은 좁고 추하여 쉽게 바꾸지 못한다. 주인인 국민이 뭉쳐서 위정자를 통제해야 한다.

## 4. 안보 분야의 자유화 운동은 파탄안보 원상복구와 자유통일운동

3.1 독립운동은 일제의 강권 통치로부터 주권과 자유를 찾기 위한 투쟁이었고, 6.25 전쟁은 공산침략으로부터 자유를 지키려는 세계전쟁이었으며, 5.16은 무능한 장면 정권에 의한 방종 사회를 바로잡기 위한 혁명이었다. 지금의 자유민주체제 수호를 위한 자유화 운동은 공산화 저지를 위한 문재인 좌파 정권과의 비폭력 전쟁이다.

안보(安保)는 안전보장의 준말로 국가를 지키는 생존전략이다.

안보는 영토보전과 국가 계속성 유지를 위한 국가 최고의 기능이며, 적보다 센 힘을 유지하는 군대의 과업이다. 안보는 국민의 생명과 재산을 지키기 위한 총력전이며, 국민의 자유를 지키고 보장하는 안보집단의 사명이다. 전쟁이 국민의 자유를 지키기 위해 공산화를 시도하는 적을 압살하는 행위라면, 안보는 그 전쟁을 뒷받침하는 일체의 행위다. 안보의 기본은 한미 동맹이며 안보의 최종 목표는 부국강병으로 자유화 통일을 달성하는 것이다. 자유화 통일이 되면 안보의 자유화와 자주화가 동시에 달성된다.

안보의 자유화 운동은 파탄안보 원상복구와 자유통일 추진 운동이다.

안보의 자유화 운동은 자유대한민국의 자유체제를 지킬 수 있도록 긴요하고 긴급한 군사조치부터 하고, 헌법에 명시된 대로 자유화 통일을 뒷받침 하는 것이다. 국가 차원의 안보의 자유화 운동은 동맹외교로 국가와 국민을 자유롭게 하는 기본프로젝트, 적 우위의 군사력으로 적을 이겨서 북한 동포까지 해방하는 일이다. 좌파 정권이 무너뜨린 안보를 원상복구하기 위해서 국방부에 압력을 행사하여 주적 개념을 살리고 군기강 쇄신 차원의 정신교육을 하게 해야 한다.

안보의 자유화를 위해 우선적으로 조치할 과업은 이러하다.

하나, 자유통일 이전에 군비축소와 방어시설 파괴를 중단하라.

파괴된 시설은 긴급 복구하라. 헌법 66조에는 통치자는 국가의 독립, 영토 보전, 국가의 계속성과 헌법을 수호할 책무를 지닌다고 명시하고 있다. 좌파 정권은 남북 관계 개선을 이유로 자유대한민국의 안보를 철저하게 깨뜨렸다. 좌파 정권은 자유진영에서 이탈하여 공산권으로 붙으려고 집요하게 시도하고 있다. 북한이 핵을 포기하지도 않았고 적과 대치 상태인데도 남북 긴장완화를 이유로 군비를 축소하고, 용사들의 평일 외출과 휴대폰 사용을 허용했다. 이는 이적행위다.

안보정책은 인기 영합의 대상물이 될 수 없다. 인기에 영합하는 위정자들 때문에 병력 자원이 감소해도 복무기간을 단축하고, 국방예산을 삭감하여 복지로 전환하느라 안보를 계속 약화시켜왔다. 인구 감소로 병력 감소가 불가피하다면 복무기간을 연장하고 기계화부대보다 감소 편성된 부대부터 줄여야 한다.

둘, 9.19 군사합의부터 파기하라.

안보가 무너지면 더 이상의 자유는 없다. 좌파 정권은 민족공조라는 허상으로 주적 개념을 지웠고, 한미일 협력체계를 흔들고 고립무원을 자초했다. 9.19 남북군사합의 이행, 전작권 조기 전환 추진, 한미연합연습·훈련 축소 및 폐지 등으로 군인마저 생존을 보장하기 어려운 지경이 되었다. 항복 문서와 다름이 없는 9.19군사합의로 방어체계마저 파괴되어 국민의 생명과 재산마저 지키기 어려운 총체적인 위기를 맞았다. 현실적인 안보의 자유화 운동은 9.19군사합의를 바로 파기하고 한미연합훈련을 재개하는 것이다.

셋, 대북 감시정찰임무를 정상화하여 대북 경계태세를 강화하라.
국민은 좌파 정권이 위장평화 놀음으로 대북 경계의식이 무너졌고, 개방된 전방 통로와 땅굴과 목선으로 불순분자가 많이 잠입했다고 보고 있다. 예비역부터 감시의 눈으로 보안목표를 살피고 주변 동정을 살피자. 애국시민 단체는 국방부에 전국 검문검색활동으로 국민의 안보 불안을 해소할 것을 청원하고 요구해야 한다.

문재인 정권이 그동안 보여주고 시행한 안보정책은 국민을 속이기 위한 위장평화였다. 위장평화는 북한에 종속되려는 술수이고 대국민 기만이다. 좌파 정권이 기를 쓰고 연방제로 가려고 하는 것은 북한처럼 장기집권으로 결정권과 분배권을 쥐려는 권력욕구 때문이다. 북한 정권의 문재인 비난과 시리즈 조롱은 남북연방제 세력의 노골적인 음모를 감추고 또 다른 도발을 위한 위장교란이다. 남북주사파 연대는 서로 좋아하는 관계를 노출하면 안 되기 때문에 겉으로는 이미 갈라진 것처럼 행동한다.

넷, 군기강을 쇄신하고 정신교육 부활로 정신 무장을 강화하라.

군은 군다워야 한다. 민주주의에 군대는 필요해도 군대에 민주주의는 허용하면 안 된다. 남북군사합의로 평화를 앞세우는 군대가 되었다. 군대 민주화까지 번져서 용사들마저 퇴근시간, 자유로운 외출, 위수지역 해제, 휴대폰사용, 1700시 일과 이후 시간 보장으로 심지어 부대에 늦게 도착한 부식 차의 쌀가마도 대대장과 간부들이 나르는 한심한 지경이라고 한다. 군대는 국가의 자유화를 위한 무력행사 집단이지 민주화를 위한 오락 집단이 아니다. 용사의 평일 외출과 휴대폰 사용을 중지하고 정신교육을 재개해야 한다. 국방백서에 주적 개념을 다시 명시해야 한다. 주적 개념을 지우면 국가보안법이 무력화될 수 있고, 주적이 없는 군대는 일당을 받고 일을 하는 용병 노동자와 다르지 않다.

군은 정신교육을 부활하고 월남 공산화 이후에 벌어진 종족 살상 행위를 가르쳐야 한다.

월맹은 월남 패망 후 군인과 경찰, 그리고 공산화에 기여한 주요 간첩과 협조자까지 즉결처분으로 인간 사냥을 하고 땅굴에 매장했다. 사상 개조라는 명분으로 20년 이상 인권유린을 했다. 공산화 이후 월남 인구를 반으로 줄였다. 그래서 지금도 월남에는 노인이 없고 젊은이만 많다. 월맹은 공산화에 성공하자마자 화폐개혁을 단행하여 월남의 기존의 돈을 휴지로 만들었고 사유재산은 몰수했다. 공산화로 자유체제가 무너지면 똑같은 살인게임이 진행된다. 하이에나는 코끼리를 분해해서 먹는다.

홍콩의 젊은이가 피를 흘리면서 저항을 하는 것은 자유를 잃는 게 두렵기 때문이다. 자유를 잃고 신음하는 신장, 위구르, 티베트를 눈으로 보았기 때문이다. 우리도 우리에게 주어진 자유를 지키려면 월남이 패망하여 생명과 자유를 잃은 사례를 가르쳐야 한다.

## 안보의 자유화 운동은 파탄안보 복구와 자유통일 운동

**안보 원상 복구/자유통일**

**4** 군기강을 쇄신/정신교육 부활

**3** 대북 감시정찰과 대북 경계태세를 강화

**2** 9.19 군사합의부터 파기하라.

**1** 자유통일 이전에 군비축소와 방어시설 파괴를 중단하라.

## 5. 정치 분야의 자유화 운동은 법치회복과 정풍(整風)운동

정치는 국민의 자유를 보장하고 향상시키는 활동이다.

인류의 정치는 국민의 자유와 정의와 효율을 향상시키는 쪽으로 진보해 왔다. 좌파 정권은 진보를 내세우면서 거짓과 선동으로 국민을 지속적으로 속여서 권력을 유지하려고 한다. 부정선거가 드러났는데도 비리를 감추려고 수사를 중지시키고 있다. 이는 악령들의 삼권분립 훼손이다.

정치는 국민의 자유와 행복을 보장하는 조직인데 정치가 안보와 경제에 개입하면 안보와 경제를 파탄내고, 정치가 의학(질병)에 개입하면 진실을 가리고 무고한 사람을 죽인다. 정치 분야의 자유화는 위정자의 입법 활동 충실과 통치자의 삼권분립 준수다.

하나, 정치의 자유화 운동은 기풍을 바로 잡는 정풍(整風)운동이다.

국민은 그 나라 위정자의 수준만큼의 자유를 누린다. 위정자의 병든 이념은 국민의 자유를 줄이거나 박탈한다. 정치는 국내 정치와 대외 정치로 구분할 수 있다. 국내 정치는 주도권 싸움의 정당 정치라면 대외정치(외교)는 국가 생존을 위한 동맹정치다. 좌파 정권의 국내 정치는 조선조 당파싸움 수준이고, 대외 정치는 청개구리 수준이다. 버려야할 북한은 끌어안고, 가까이 해야 할 미국을 멀리하면서 분노를 사고 있다. 겉으로는 친미인척 하면서 반미 단체를 앞세워 추잡한 반미를 하고 있다.

좌파 정권은 국제 정세에 둔감하여 국익을 해치고 있다. 이란과 남미처럼 반미 국가는 망하거나 빈곤국가로 추락을 했는데도 반미 정책을 고수하고, 오랜 기간 한반도를 집어먹으려는 중국과 붙으려고 한다. 독사의 입속으로 혀를 넣는 꼴이다. 민초들이 나서서 위정자의 활동을 국익 기준으로 분별하고 자기만을 위해서 허세를 피우는 위정자는 내치는 정풍 운동을 펼쳐서 대한민국을 바로 잡아야 한다.

둘, 국내 정치의 자유화 운동은 법치 회복이다.

법치는 모든 자유의 근간이다. 자유민주체제에서 자유는 법치(法治) 안에서의 자유를 말한다. 법치 밖의 자유는 폭력이다. 법치가 무너진 상태의 자유는 무질서이며 동물적인 행위다. 법이 무너지면 자유는 존재하지 못한다. 대다수의 자유국가는 성문헌법을 갖고 있고 헌법에 명시된 것이라면 악법도 지키려고 한다. 법치가 무너지면 자유도 번영도 존재하지 못하고, 누구도 살지 못하는 무법천지가 된다.

좌편향 판사들이 법을 농간하는데 국회는 규제 중심의 법을 통과시키고 있다. 신규 법안의 90%가 국민을 규제하고 자유를 통제하려는 내용들이다. 명분을 앞세워 놓고 실제는 집단과 단체의 이익을 위한 꼼수 법안이 많다. 공공의 자유와 이익을 위해서는 반국가 세력의 정보는 공개되어야 하는데, 테러방지 법안도 개인정보를 침해한다는 이유로 반대가 심했다. 공산화로 접어든 주사파 정치를 응징하고 자유화로 방향을 바꾸려면 법치가 선행 되어야 한다. 정치가 바로서지 못하면 국가의 모든 기능이 퇴보한다.

국가의 핵심 기능은 안보와 법치와 시장경제다. 자유민주체제는 헌법과 법률과 규정에 의해 굴러간다. 인류는 법치를 위해서 무수한 세월을 싸워왔지만 아직도 공산국가와 사이비 종교는 법치를 무시하고 인간이 법치 위에서 군림한다. 법의 정신(精神)은 다수의 자유를 보장하기 위해 자유를 제한하는 자를 규제하는 행위를 정당시한다. 국민의 자유는 엄격한 법치체제에서만 보장된다.

공산체제는 법치가 아닌 독재자의 의지인 인치(人治)로 자유를 억압한다. 전체주의와 획일주의를 주장하는 공산사회주의에서 자유는 반동으로 규정된다. 공산체제의 헌법은 당의 지시보다 그 규제력이 약하다. 공산체제는 당과 수령의 지시가 법보다 우선한다. 중국 당국의 지시는 헌법과도 같은 규제력을 갖고 있다. 북한 헌법은 인민민주주의 헌법이라고 부르다가 2009년 헌법에서 공산주의를 빼고 사회주의 헌법이라고 부른다. 북한 헌법에서 공산주의를 제거한 것은 공산주의에 대한 반감과 저항 요소를 줄이기 위한 대남 공작 차원의 술수다. 북한은 헌법 위에 노동당규약이 있다. 노동 규약이 실질적인 북한인민 통제 규범역할을 한다.

셋, 자유통일 헌법을 고수하자.

좌파 정권은 2018년 4월에 헌법 개정을 시도했다. 국민을 사람으로 대체하고, 자유민주주의에서 자유를 삭제하고, 자유대한민국은 지방분권 국가를 지향한다는 것을 추가하려고 했다. 지방 분권은 연방제 통일을 염두에 둔 조항이다. 지방분권이 허용되면 시군구가 북한과 직접 통상교섭을 할 수 있다. 주사파 정권이 2018년 6월 13일 지방 선거에 청와대가 개입한 것은 남북연방제 추진과 무관하지 않다.

좌파 정권은 간첩을 잡는 대공 분야를 제거하고, 국방 백서에서 북한을 주적에서 삭제하여 보안법은 있으나 집행 기관이 없어서 사문화된 법이 되었다. 간첩을 잡아도 기소할 근거와 기관이 없다. 국가 보안법 유명무실화는 자유대한민국의 법치를 파괴하려는 술수다. 법치가 무너지면 그 국가는 좌파 패거리 사조직으로 변한다.

문재인 정권이 기를 쓰고 통과시킨 공수처법안은 반헌법적이고 3권 분립을 파괴하는 독재기구다. 미친개가 사람을 무는 공수병(恐水病)보다 무서운 인권유린 법이다. 좌파 정권은 공수처 없이도 정적을 제거하고 인권을 유린했다. 공수처가 생기면 바로 공산체제로 직행한다. 엄살이 아니다.

넷, 헌법과 법치를 깨는 위정자는 심판하자.
주권자인 국민은 위정자의 말과 글을 보지 말고 그의 행동을 보자. 위정자가 얼마나 자유의 가치를 알고 그 자유를 지키기 위해 법을 따르는지를 점검하자. 자유인은 자유의 가치를 지킬 위정자를 뽑아야 한다. 위정자가 선택을 받은 뒤에 자유의 가치를 지키지 못하면 탄핵을 하거나 응징해야 한다.

공짜 유혹으로 표를 산 종북 주사파는 권력을 잡으면 권력 과정의 모순을 감추고 지배력을 강화하고자 직권남용으로 법치를 깨뜨린다. 이제 나라가 발전하려면 법치를 깨는 자들 — 직권남용 위정자, 독재 권력, 공정하지 못한 수사, 기소권 남용 검찰, 자기 마음대로 판결하는 판사 등 — 을 국민이 응징할 수 있어야 한다.

지시와 지령을 따르느라 자유롭지 못한 종북과 친중 인사는 선별해서 응징하자. 자유대한민국의 자유민주체제가 급격하게 무너진 것은 북한 대남공작과 그 공작에 올가미를 당한 자들의 소행 때문이다. 어둡고 배고픈 시절에 적성(敵性) 국가의 돈과 기타 지원을 받은 자들(아직도 전향하지 않은 주사파와 친중 인사)이 독버섯처럼 피어나 한국 사회를 음흉하고 괴기스럽게 만들었다. 3%의 레닌주의 종자들이 97%의 러시아 차르체제를 붕괴시킨 사례를 연구하고 자유민주체제를 지키기 위해서 한국에서 암약하는 3%의 종북·주사파 일당들을 경계하고 난동을 막아야 한다.

## 정치의 자유화 운동은 법치회복과 정풍(整風)운동

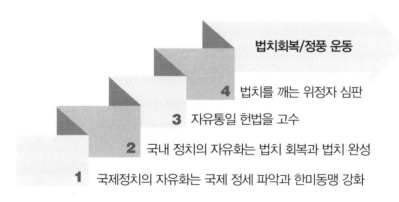

법치회복/정풍 운동

4 법치를 깨는 위정자 심판

3 자유통일 헌법을 고수

2 국내 정치의 자유화는 법치 회복과 법치 완성

1 국제정치의 자유화는 국제 정세 파악과 한미동맹 강화

## 6. 경제 분야의 자유화 운동은 시장경제회복과 경제대국 경세(經世)운동

경제는 풍요한 자유를 생산하는 시스템이다.

경제는 인재교육과 고용, 생산과 소비, 금융으로 인간의 자유를 생산한다. 융성한 경제가 자유도 융성하게 한다. 자유민주체제는 저마다 노력한 만큼 보상을 받고, 경쟁에 처진 사람은 국가가 선택적 복지로 채워주는 시스템이다. 이익을 따라 움직이는 경제는 인간이 인위적으로 통제하지 못한다. 사회좌파가 망하는 것은 통제할 수 없는 경제를 통제하려고 하고, 인간의 소유 본성을 무시하여 인간의 의욕을 상실시키기 때문이다.

경제 자유화 운동은 시장자율성 회복과 생산성 향상 활동
자본주의(자유민주체제) 경제는 보이지 않는 손이 움직이는 자동 시스템이다. 경제는 수요와 공급에 의해서 자율적으로 돌아가는 생명체다. 자유민주체제의 경제는 시장에 맡기고 특이한 경우(재난과 재해와 공황)만 정부가 개입하여 막힌 곳을 해소시킨다. 서로 필요해서 생산하고 소비하는 자유 시장에 공명심과 지배 욕구에 눈먼 관료와 인기정책으로 표를 사려는 정부가 개입하면 시장은 죽어서 보복을 한다.

경제의 자유화 운동은 시장자율 회복과 경세(經世)운동이다. 경세운동은 경제를 통한 세상 다스리기다. 경세운동은 그의 것을 그에게 주는 공정한 시스템의 정립이며, 정부가 시장 개입을 최소화 하는 것이다. 보이지

않게 움직이는 경제는 사람의 판단으로 통제하지 못한다. 경제를 인위적으로 민주화한다는 경제민주화는 경제공산화를 의미한다. 경제의 자유화가 없으면 조직과 개체의 자유와 풍요도 없다. 베네수엘라처럼 인기정책으로 경제가 무너지면 더 이상의 자유는 없다. 베네수엘라 국민처럼 쓰레기장을 뒤지지 않으려면 경제를 시장에 맡기는 경세운동을 펼쳐야 한다.

하나, 경제 자유화의 목표는 시장경제회복과 부국강병 완성이다.

경제와 안보는 뗄 수 없는 관계다. 자본주의 체제는 경제를 위해 안보를 희생하고, 공산국가는 안보중심의 예산편성으로 경제를 희생시켰다. 그래서 소련이 붕괴했다. 배고픈 상태에서 자유는 존재하지 않는다. 인간은 물질과 정신의 결합체이기에 배고픈 상태에서 자유롭지 못한다. 3일만 굶으면 참을 수 있는 인간이 없다. 프랑스 대혁명과 러시아 혁명과 소련 붕괴는 배고픔을 해결하지 못해서 일어난 폭동이다. 북한도 그대로 두면 쓰러지게 되어 있다. 북한 정권을 경제적으로 돕는 것은 북한의 노예체제를 더 연장시키는 죄악이다. 도우려면 북한 동포를 직접 도와야 한다.

기업 경제의 자유화 운동은 그의 노력을 그에게 돌려주는 정의다. 자유민주체제는 시간 사용 형태가 저마다 다르다. 종업원은 고용주를 위해서 일을 하는 것처럼 보이지만 궁극적으로는 자기를 위한 시간 사용이다. 시간 사용의 보상이 자기에게로 돌아가기 때문이다. 공산사회주의에서의 시간은 당과 전체를 위해서 사용된다. 공산국가의 인간은 기계처럼 프로그램 된 대로 움직이지만 자기 보상이 없다.

둘, 과도한 세금을 부과하면 경제가 추락한다.

경제는 인간이 통제할수록 망가진다. 복지라는 명목으로 중산층과 기업과 부자에게 과도한 세금을 부과하면 경제가 추락하고 부자들은 해외로 이탈하고 중산층마저 무너진다. 좌파 정권은 학의 다리가 길다고 오리다리에 맞추어 잘랐다. 공산사회주의 이념에 잡힌 좌파 정권은 주 52시간 제도를 채택하여 노동의 탄력성을 제한했다. 건설 노동자는 52시간으로 통제하더라도 지식산업은 집중해서 일을 해야 하는데 융통성마저 차단하여 다수의 소득을 줄였다. 반일 감정 조장으로 국제 무역의 흐름을 깨뜨렸고, 과격노조와 지나친 규제와 간섭으로 기업의 생산시스템을 깨트렸으며, 좌파는 표가 되는 쪽에만 분배 정책을 펴기에 경제와 금융 시스템을 파괴한다.

공산 체제의 경제는 학은 다리가 길다고 자르고 오리는 다리가 짧다고 강제로 늘리는 인위적 경제체제다. 공산 체제 경제는 이론부터 허상에 기초하고 있다. 구소련의 경제는 획일적 관료와 주인의식이 없는 노동자들에 의해서 왼쪽 신발만 찍어내기도 했고 필요한 물품은 항상 부족했다. 생산성도 없이 미국과 군비경쟁을 하다가 경제가 거덜 나서 망했다. 중국의 경제는 공산당이 기획하고 공산당 차원에서 비효율 투자를 하느라 천문학적인 부채에 허덕이고 있다. 주인의식이 없는 공산국의 인민들은 손해와 이익개념이 없기에 생산 현장의 비효율과 모순을 보면서도 방치한다.

셋, 통계를 속이거나 조작하지 마라.

경제 자유화 운동은 진실에 기초한다. 경제 관련 통계를 속이면 그 나라

경제는 망하게 된다. 모든 경제 지표가 하향 추세인데 좌파 정권은 고용지수가 좋아졌다고 말한다. 불리하면 전(前)정권 탓으로 돌린다. 사회주의 경제정책으로 경제파탄을 초래하고 있다. 경제민주화는 공산주의 경제 원리이며, 체제가 다른 남과 북이 손을 잡고 추진하는 평화경제는 민족번영의 길이 아니라 공동쇠퇴의 길이다. 공산경제는 소수가 권력유지를 위해서 국가를 거지로 만들고, 좌파 정권의 경제민주화는 생산보다 높은 분배로 한국 경제를 빠르게 추락시켰다.

공산체제는 자유민주체제를 이기지 못한다. 몇 년 전 홍콩 북쪽에 있는 심천 단체 관광을 갔다. 식당에 들렀는데 고양이만한 쥐가 돌아다니자 관광객은 기겁을 했지만 중국 식당 종업원은 웃기만 했다. 퇴근 때가 되자 손님이 있어도 퇴근을 했다. 자발성이 없는 공산체제는 자본주의를 이길 수 없는 이유를 보았다. 공산주의 국가인 중국, 러시아, 북한의 경제는 자동적으로 붕괴한다. 공산사회주의는 천사와 사심이 없는 인공지능이 동반 경영을 해도 그 결과는 빈곤과 어둠이다. 공산체제는 인간의 자유와 소유본성을 무시한 허상의 시스템이기 때문이다.

넷. 반시장 정책의 모순과 피폐를 기록으로 남겨라.
베네수엘라의 마두로 정권과 주사파 정권의 공통점은 직권남용과 반자유시장 정책으로 국가를 피폐하게 했다는 점이다. 소득주도 성장은 세금주도 성장이고, 주 52시간 근무 정책은 경제구조의 탄력성만 해치고, 기업 자본의 선순환 구조를 막아버렸다. 돈과 피는 돌고 돌아야 생기가 도는데, 좌파 정권은 인위적인 정책으로 기업 자본의 흐름을 막았다. 좌파 정권은 경제 붕괴로 반드시 망한다. 이 땅에 반자유시장이 다시는 발을 붙이지 못하도록 좌파 정권의 반자유시장 정책의 모순과 피폐함을 기록을 남겨두어야 한다.

## 경제의 자유화는 시장경제회복과 경제대국 경세(經世)운동

시장경제회복/경세운동

**4** 반시장 정책의 모순과 피폐를 기록하라.

**3** 통계를 속이거나 조작하지 마라.

**2** 과도한 세금을 부과하면 경제가 추락한다.

**1** 경제 자유화의 목표는 시장경제를 통한 부국강병 완성

## 7. 외교 분야의 자유화 운동은 친중 사대주의 탈출과 생존외교 운동

자유는 그 무엇에 잡히지 않는 상태다. 좌파 정권은 북한과 중국에 잡혀서 헤어 나오지 못하고 있다. 북한과 중국에 기울어진 외교로 한미 동맹은 심각한 균열이 생겼고 국제적 고립을 자초했다. 약소국이 외교에 실패하고도 생존한 사례는 없다.

사상(思想)의 자유화 운동은 공산사회주의 이념 탈출.

신영복을 존경한다는 자는 공산주의자임이 확실하다. 공산주의자는 더불어 함께 잘 살 수 있다는 위장된 망상을 높게 세우고, 거짓과 감시, 선전과 선동, 보복을 전략의 기초로 삼는다. 공산주의자에겐 양심도 정의도 없다. 오로지 지배 권력과 일당 독재라는 목표만 존재한다. 말하는 것과 행동이 반대다. 사람중심이라고 하면서 사람을 도구로 삼고, 공정해야 할 법마저 사유화시켜 공산화의 도구로 삼는다. 세상이 어지러운 것은 공산주의자들의 지배욕구 때문이다. 공산주의자는 목표를 위해서는 사람도 함부로 죽이고 죽인 뒤에는 단견을 무적으로 죽음을 미화시킨다. 사유화 운동으로 공산주의 이념에서 탈출하게 해야 한다.

외교의 자유화 운동은 종북 및 친중 사대주의 탈출과 생존외교 운동

트럼프는 종교를 탄압하는 중국을 악의 제국이라고 규정하고 북한 노동당과 중국 공산당은 교체의 대상이라고 했다. 공산권 국가는 지금도 종

교탄압을 하고 있고, 공산국의 인민은 공산악마의 통제 속에 살고 있다. 공산주의 실패는 이미 역사가 검증을 했고, 사회주의를 추구했던 베네수엘라의 폐해를 보면서도 권력에 미친 자들에 의해 아직도 공산주의를 실험하고 있다. 우리가 살려면 공산국을 멀리하고 서방과 긴밀한 연대를 맺는 생존외교술을 발휘해야 한다.

하나, 북한 굴종과 중국 사대주의로부터 탈출하라.

북한에 포용을 베풀면 북한이 변한다고 믿었던 햇볕정책은 다 망상과 만용의 산물이다. 주사파 정권은 처음 보는 세상을 보여주겠다는 공약 외에는 모든 공약을 어겼다. 국가 파탄과 매국 행위는 1천여 가지가 넘는다. 국가 파괴와 무장해제와 고용참사라는 악행을 저지르고도 50년 장기집권을 주장한다. 자유체제에서 자유를 제거하고, 중국과 미국 사이에서 양다리를 걸쳐놓고 반미세력을 앞세워 중국 쪽으로 건너가려고 무단히 애를 쓰고 있다. 반미를 하고 중국에 붙은 이란은 거지국가로 가고 있다.

둘, 신종 매국노(賣國奴)인 친중 세력을 경계하라.

중국의 시진핑이 4.15 총선 전에 방한할 것으로 예상했지만 중국 폐렴이 모든 것이 무산될 것이다. 일반국민은 중국의 한반도 지배야욕을 모르고 중국이 경제적으로 뗄 수 없는 우방으로 인식한다. 국민에게 〈중국의 한족(漢族)은 역사 이래로 우리 한족(韓族)을 침략하고 괴롭혀왔고 지금도 주변국을 복속시키려는 악령은 계속되고 있다〉는 것을 가르쳐야 한다.

현재 중국에서 벌어지고 있는 인명경시와 인권유린을 예로 들어 경각심을 심어주어야 한다. 최근 중국에서 씽크홀에 사람이 빠졌을 때 사람을 구하지 않고 추가 붕괴를 막겠다고 레미콘을 불러서 사람을 생매장시킨 인권유린 사례가 있었다. 2004년 사스도 세균 연구소의 실수로 유출이 되었고, 지금 중국에서 창궐하는 우한 폐렴도 중국 인민군이 운영하는 국립생물안전성연구소에서 균이 발원된 것으로 서방 외신은 밝히고 있다.

우한 폐렴은 그 시발점이 수상하다. 우한 폐렴의 진원지라고 하는 하난 수산물 시장에 대한 역학 조사도 없었고 초기 무방비 상태로 방치를 했고 방역 대응이 엉성했다. 그래서 중국 공산당이 골치 아픈 현안 문제를 덮고 정치적 위기를 벗어나고자 변종 생물학 균을 고의로 유출했다는 음모론(진실 규명 전까지만 음모론이 성립)까지 나돈다.

우한 폐렴이 독재자 3인의 위기 상황에서 창궐했다. 시진핑이 미·중 무역 전쟁에서 패배, 경기 몰락과 은행 부도 사태, 홍콩과 대만 독립 문제 등 정치적 악재에 시달릴 때 우한 폐렴이 발생하여 화살을 피하고 있고, 북한 김정은은 유일체제에 반발하는 분위기와 정권붕괴 징조가 여러 곳에서 노출되었고, 북한 핵 폐기를 위한 강제 사찰 직전 상태에서 우한 폐렴을 이유로 국경을 막아버렸다.

문재인 좌파 정권은 권력 비리가 쏟아지는 시기에 우한 폐렴 공포로 모든 이슈가 묻히고 있다. 문재인은 우한 폐렴 초동 조치 단계에서 중국인 입국 금지조치도 안 하고 중국 관광객을 환영한다고 했다. 문(門)을 열어 놓고 우한 폐렴의 공포를 이용하는 분위기였다. 우한 폐렴이 독재자 3인의 우환(憂患)을 잠시 거두어가는 것처럼 보이지만 우한 폐렴이 독재자 종말의 이유가 될 것이다. 인권유린국인 중국에 굴종하는 친중 무리들의 종말도 곧 다가올 것이다.

중국 공산당은 비리와 인권 유린의 기지다. 중국의 인권 유린은 도를 넘어서고 있다. 중국에서 시작한 파룬궁은 기(氣)수련의 한 종류로 불교와 도교의 사상을 겸비하고 선사 문화를 기초로 인간의 건강을 향상시키기 위한 심신수련법이면서 종교다. 파룬궁은 중국 내에서 신자 수가 1억 여 명을 넘어섰고 중국 정부는 체제 전복을 우려해 파룬궁 신자들을 억압해 왔다. 중국 정부는 수십만 명의 파룬궁 수련자들을 강제 노동교양소를 보내 고문하고 사형을 집행하는 등 박해하고 있다. 또한 수련자들은 중국 정부가 파룬궁 수련자들의 장기를 적출하고 있다고 증언이 쏟아져 나오고 있다.

중국은 성장을 멈추고 내리막길로 가고 있다. 공산주의는 30년을 주기로 패망한다. 2021년은 공산당 소멸의 분기점이다. 중국 공산당이 망할 수밖에 없는 이유는 다양하다. 중국은 주변국 지배 야욕이 강하여 주변국이 모두 적개심을 품고 등을 돌린다. 그런데도 중국에 붙으려는 자들은 악령이다. 외교의 자유화 운동은 북한 굴종과 중국 사대주의로부터 벗어나는 것이다.

셋, 나쁜 위정자가 매국노로 변신하는 과정을 추적하라.

북한과 중국은 국가관이 없는 위정자를 포섭하여 자기들 충견으로 만든다. 중국은 국가가 결심하면 인접국의 위정자를 포섭하여 아바타로 부린다. 아바타를 앞세워 티벳과 신장 웨이우얼(위구르)을 무력으로 점령했다. 배고픈 시절에 적성(敵性)국의 지원을 받은 친중 인사들은 한국 사회를 음흉하고 괴기스럽게 만들었고 한국의 중국 예속화를 위해 노력하고 있다. 80년대부터 중국을 오가던 정치인은 한국 경제에 도움을 주려고 접근한 게 아니다. 자기 이익을 위해서 국가를 파는 매국노 짓을 했다. 매국노 인명사전을 만들어야 한다.

넷, 문재인과 그 하수인들의 독재만행을 기록으로 남겨라.

인류 역사상 적을 돕느라 자국민을 피폐하게 만든 자는 문재인이 처음이다. 미전향 주사파 일당은 북한의 지령을 수행하는 충견들이다. 이들이 저지른 자유대한민국을 조각내어 북한에 헌납하려던 반역 행위를 용서할 수 없다. 적폐청산을 명분으로 자유체제를 노골적으로 파괴한 행위와 그들 곁에서 부역한 자들은 꼼꼼하게 식별하여 처단해야 한다. 종북과 친중 위정자를 식별하여 징벌해야 한다.

## 외교의 자유화는 친중 사대주의 탈출과 생존외교운동

**친중 사대주의 탈출과 생존외교**

**4** 독재만행을 기록으로 남겨라.

**3** 위정자가 매국노로 변신하는 과정을 추적하라.

**2** 신종 매국노(賣國奴)인 친중 세력을 경계하라.

**1** 북한 굴종과 중국 사대주의로부터 탈출하라.

# 8. 교육 분야의 자유화 운동은 자율의식 회복과 계몽운동

교육은 재능발견과 숙련으로 자유의 질을 높인다.

교육은 가르쳐서 삶을 더 자유롭고 풍요하게 진보시키는 모든 활동이다. 교육이 국가와 조직의 미래를 좌우한다. 교육은 전통과 예절을 아는 인간으로 육성하고 공동체가 요구하는 기능인으로 만드는 과정이다. 교육(教育)은 가르치고 길러주는 과정, 훈련은 몸으로 배우고 익히는 교육이다. 인류가 발전한 것은 교육훈련의 힘이다. 콩나물은 물을 먹고 자라고 인간은 교육훈련으로 성장한다. 교육은 자기를 알게 하고 책임감을 갖도록 생각하게 하는 국가의 사업이다.

교육훈련은 깨우쳐주는 계몽과 잠재력과 기량을 육성시키는 계발이다.

계몽은 같은 입장에서 자발적으로 느끼게 하는 기술이 중요하다. 상대적 우위에서 계몽을 시키지 못한다. 세 살 버릇 여든까지 가고, 조기에 가르친 건전한 가치관이 그 사람의 삶을 좌우한다. 학생은 미완의 상태이고 얼마든지 발전할 수 있는 상태다. 교육은 저마다의 소질과 개성과 창의성 계발에 목적을 두고, 체험생활교육과 전인격 교육에 중점을 두어야 한다.

교육의 자유화 운동은 저마다의 소질과 개성과 창의성의 계발이다. 반복 수련과 체험과 노력 없이 잠재력을 계발하지 못한다. 생각의 틀이 미완인 상태의 학생에게 어떤 특정한 사상을 인위적으로 주입해서는 안 된다. 건전한 가치관 형성과 세상을 보는 눈을 키워주어야 하고 스스로 진보하도록 역량을 계발하게 해야 한다.

유엔 아동권리 헌장2에는 아동의 자유권도 존중하는데 우리나라의 진보를 앞세우는 전교조는 조기에 좌편향 교육을 주도하고 강요하여 학생이 교사를 부정하는 인헌고등학교 사태가 터진 것이다. 2020년 교과서에는 자유민주주의에서 자유가 삭제된다. 자유가 빠진 괴물 민주주의는 인간을 노예로 추락시킨다. 자유가 아니면 죽음을 달라고 했다. 자유의 소중함을 제대로 교육하지 못하면 고난이 반복된다.

교육은 인간의 보편적 가치와 역사와 자유의 기술을 가르치는 영역이다. 어떤 교육도 동성애를 정당화할 수 없다. 자연의 이치와 하늘의 섭리에 반하는 것을 인권교육이라는 이름으로 가르치는 것은 만행이다. 남성과 여성은 본질적으로 다르지만 차별받지 않는다. 교육의 기본은 자유에 입각하여 기본과 창의성과 응용력을 가르쳐야 한다. 진정한 교육은 배우는 게 아니라 자기 것으로 익히는 활동이다. 교육훈련의 필요성을 자발적으로 각성하기는 어렵기에 제도적으로 반복훈련을 시켜야 한다.


■ **자유의 개념은 학교에서 단계별로 가르쳐야 한다.**

---

2) '모든 아동은 독립된 인격체로 존중받고 차별받지 않아야 한다. 또한 생명을 존중받고 보호받으며 발달하고 참여할 수 있는 고유한 권리가 있다'고 아동의 자유권을 명시하고 있다. 9개 항목 중 7번 항목엔 '아동은 자유롭게 상상하고 도전하며 창의적으로 활동하고 자신의 능력과 소질에 따라 교육받을 권리가 있다' 9번 항목엔 '아동은 자신의 생각이나 느낌 등을 자유롭게 표현할 수 있으며, 자신에게 영향을 주는 감정에 대해 의견을 말하고 이를 존중받을 권리가 있다'고 명시했다.

현재 학교에서 자유의 개념조차 가르치지 않고 있다. 학생인권조례는 학생들의 인권 침해방지를 목적으로 출발을 했지만 그 부작용은 교권을 마비시키고 있다. 교단을 떠나는 교사들이 증가하고 있다. 군 인권센터가 군 지휘관의 지휘권을 침해하는 부작용과 유사하다.

전자 장비가 자기장(磁氣場)의 영향을 받는 것처럼 인간은 이념과 환경과 영성의 영향을 받는다. 빠르게 현대화되고 자유민주화 과정을 거치면서 빈부 차이의 빈틈으로 공산사회주의 사상이 침투하여 지금의 혼란한 세상을 만들었다. 이제는 자유 수호 어깨동무 캠페인으로 자유개념과 생활 속의 자유 실천 방법을 가르쳐야 한다.

하나, 자유화 운동 초급 과정 – 기초질서 교육과 함께 자유의 기초과정 교육
초등학교에서는 기초질서 교육을 하면서 자유의 기본 성격과 특징을 생활 속에서 찾고 느끼도록 해야 한다. 자유는 자기 마음대로 하는 게 아니라 서로가 자유로울 때 자기도 자유롭다는 것을 지도해야 한다. 친구가 욕을 하면 자기도 기분이 나빠지고, 부모님 마음이 불편하면 자식도 불안하고 불편해진다는 것을 가르쳐서 인간의 느낌은 서로에게 영향을 주고 있다는 것을 깨닫게 해야 한다. 초등학교 수준에서 생활 속에서 일어나는 상황을 예로 들어서 자유는 그냥 주어지는 게 아니라 노력으로 얻는다는 것을 체험시켜야 한다. 자유는 서로 엇물려 있기에 서로 존중하고 기초 질서를 지켜야 한다는 것을 빨리 깨우쳐 주어야 한다.

둘, 자유화 운동 중급 과정 – 역사 속의 자유와 헌법 속의 자유 교육
중학교에서는 자유의 기본 개념 정립을 위해 역사속의 자유화 운동 사례와 헌법 속의 자유를 가르쳐야 한다. 인류가 자유라는 근대 개념을 찾은

것은 프랑스 대혁명 이후이며, 지금도 지구촌 인구의 반 이상이 제도와 체제의 모순으로 자유를 누리지 못하고 있다. 북한처럼 독재자 1인이 절대 권력을 가지면 2천 5백만이 노예로 살게 된다. 공산사회 체제에는 자유와 기회라는 사다리가 존재하지 않는다.

기록된 인류 문명 중에 자유와 복지 관련 최초 경전은 홍익인간이다. 홍익인간은 자유와 평등과 호혜의 원칙이 담긴 인류 최초의 자유경전이다. 수메르문명의 길가메시 이야기가 더 오래된 기록물이지만 인간을 다루지 않고 신(神)만 다루고 있다. 우리 조상은 홍익 문명의 시조(始祖)다. 우리 조상의 홍산 문명은 황화 문명보다 3천년 앞선다. 중국이 한반도를 지배하기 위해 술수를 부리지만 공산체제는 자유민주체제를 이기지 못한다. 그들이 말하는 평등과 공정과 정의는 자기들끼리의 특권 구축을 위한 눈속임 기만에 불과하다.

셋, 자유화 운동 고급 과정- 자유체제와 공산체제 비교분석하는 교육
고등학교에서는 자유체제와 공산체제를 비교해서 가르쳐야 한다.


## ■ 자유체제는 겉으로는 불평등하게 보이지만 공정과 정의로 진보하는 체제다.

자유체제는 개인의 능력과 개성을 존중하여 마음껏 활동하고 인류를 위해 봉사하게 하는 체제다. 방법의 불평등을 통해서 무한대로 진보하게 하는 체제다. 공산체제는 능력자의 자유를 통제하여 함께 곤궁에 빠뜨려 가난으로 평등해지는 악의 체제다. 자유는 자유로운 이동과 평형이 조화

를 이루는 호수다. 호수는 새로운 물이 들어오면 파동을 치면서 평형을 이룬다. 세상은 서로가 엇물려 있다. 자유는 서로가 조화를 이룰 때 온전하다.

자유민주체제는 하늘로부터 공평하게 부여받은 자유 권리를 인정하고 누구라도 재능을 펴고 자기가 기여한 만큼 돌려주는 공정한 체제다. 자유체제는 저마다의 재능과 소질을 보장하여 삶의 질을 높이고, 경쟁에서 뒤처진 사람을 선택적 복지로 보상하면서 함께 잘 살도록 보장하는 체제다. 공산사회체제는 평등한 풍요를 이야기 하면서 개인의 자유를 뺏고 절대 권력시스템을 구축하여 다수를 억압하는 군주제다. 북한은 1인 독재자를 신처럼 신격화하는 신정(神政)체제다.

### ■ 공산사회주의는 기회의 평등을 말하지만 불평등 노예체제다.

19세기에 등장한 공산주의는 소수의 권력자와 자본가들이 부와 생산도구를 다 차지하는 것에 대해 반발하여 등장한 허상의 평등 이론인데, 공산사회주의는 소수가 다수를 지배하는 괴물 불평등 사회를 만들었다. 공산사회주의는 인간을 도구로 삼는 노예체제다. 사회주의는 번영을 약속하지만 가져다주는 것은 빈곤이고, 사회주의체제는 기회의 평등을 약속하지만 소수가 결정권과 분배권을 쥐고 도구처럼 부리는 인권유린 체제다. 중국은 1%가 99%를 지배하는 불공정 체제이고, 북한은 독재자 1인이 2천 5백만을 노예로 부리는 극도의 불평등 지옥사회다. 종북좌파 정권은 북한의 독재체제를 닮아가고 있다.

공산사회주의는 과정의 공정을 말하지만 불공정하고 불의한 체제다. 소련은 붕괴되었지만 공산주의 시스템은 그대로 러시아를 지배하고 있다. 러시아가 소련 붕괴 이후 기존 공산당의 상부구조를 청산하지 못하고 그들의 자식이 권력을 승계했기 때문이다. 권력의 원리를 아는 위정자들이 권력 주변부에서 기회를 납치한다. 주사파 정권의 설계자들은 대명천지에 살면서 용과 붕어와 가재를 구분하고, 입만 열면 거짓말을 하고, 그 거짓말과 악행을 덮기 위해 사법질서를 농단하며, 보란 듯이 비리를 저지르고 특권을 누렸고, 구역질나는 행위를 서슴지 않았으면서 처벌을 피하려고 범죄방탄 정권을 시도하고 있다.

## 교육의 자유화는 자율의식 회복과 계몽운동

**자율의식 회복/계몽운동**

4 자유 수호 어깨동무 캠페인

3 고급 과정 – 자유체제와 공산체제 비교분석

2 중급 과정 – 헌법 속의 자유 교육

1 자유화 운동 초급 과정 – 기초질서 교육과 함께 자유의 기초과정 교육

## 9. 헌법이 보장하는 5대 자유 요약

헌법이 보장하는 5대 자유 요약은 권영성의 《헌법학원론》을 발췌하고 참조하였습니다.

### 1. 신체의 자유

헌법 제12조 1항에 '모든 국민은 신체의 자유를 가진다'라고 명시하여 신체의 자유를 보장하고 있다. 신체의 자유는 인신(人身)의 자유라고도 한다. 신체의 자유는 정신적 활동을 보장하는 자유이면서 인간의 시원적(始原的) 요구인 동시에 인간생존을 위한 최소한의 조건이다. 신체의 자유가 보장되지 않으면 그 밖의 자유나 권리의 향유는 말할 것도 없고, 인간의 존엄성 유지와 민주주의 그 자체의 존립마저 불가능하다.

헌법은 국가권력의 남용으로 신체의 자유가 침해되지 않도록, 체포·구금 등에 관한 법률한정주의와 죄형법정주의 및 적법절차의 보장(제12조 1항), 고문의 금지와 불리한 진술거부권(제12조 2항), 영장제도와 적법절차(제12조 3항), 변호인의 조력을 받을 권리와 국선변호인제도(제12조 4항), 구속이유 등 고지제도(제12조 5항), 구속 적부심사제(제12조 6항), 자백의 증거능력제한(제12조 7항), 형벌법규 불소급의 원칙과 일사부재리의 원칙(제13조 1항), 연좌제의 금지(제13조 3항), 신속한 공개재판청구권(제27조 3항), 형사피고인의 무죄추정의 원칙(제27조 4항), 형사보상청구권(제28조) 등 구체적인 조항이 있다.

신체의 자유는 입헌주의 헌법이 보장하는 기본적인 자유다. 신체의 자유는 인간이 자연법상 당연히 누리는 천부적 · 초국가적 자연권이다. 그러나 국가적 안전이나 질서유지를 위하여 불가피한 경우에는 최소한의 범위 안에서 제한이 가능한 상대적 자연권이다. 신체의 자유는 자연인인 인간의 권리이므로 외국인도 그 주체가 될 수 있다. 신체의 자유는 그것이 국가권력에 의하여 불법적으로 침해될 때는 그 침해의 배제를 요구할 수 있는 것이므로, 국가에 대한 개인의 소극적 · 방어적 권리이다.

## 2. 종교의 자유

헌법 제18조 1항은 모든 사람은 사상, 양심 및 종교의 자유에 대한 권리를 가진다. 이러한 권리는 스스로 선택하는 종교나 신념을 가지거나 받아들일 자유와 단독으로 또는 다른 사람과 공동으로, 공적 또는 사적으로 예배, 의식, 행사 및 선교에 의하여 그의 종교나 신념을 표명하는 자유를 포함한다. 종교의 자유에는 자신의 종교 또는 신념을 바꿀 자유와, 자기 혼자서 또는 남들과 함께, 공공연히 또는 은밀하게, 강론, 행사, 예배 및 의식이라는 형태로 자기의 종교 또는 신념을 밝히는 자유가 포함된다.

종교의 자유는 내면적인 신앙의 자유와 외면적인 종교적 행위의 자유로 구분된다. 신앙의 자유는 사람이 어떤 종교든지 믿고 싶은 것을 믿고, 믿고 싶지 않은 것을 믿지 않는 자유이다. 종교적 행위의 자유는 신앙을 여러 가지 형태로 외적으로 표현하는 자유를 의미한다. 이러한 자유에는 행위의 내용에 따라 예배의 자유, 종교적 집회 · 결사의 자유, 종교교육의 자유, 선교의 자유 등 종교적인 여러 활동의 자유가 포함된다. 이 개념은 인류의 자유 획득 과정에서 오랜 역사가 있으나 근세까지만 해도 널리 실현되지 못했으며, 오늘날조차 전 세계적으로 완전히 실현되고 있다고 말하기 어렵다. 이것이 근대헌법이나 권리장전에서 규정되고 보장된 것은 이 자유를 획득하기 위한 오랜 투쟁의 결과다.

## 3. 양심의 자유

헌법 19조에는 '모든 국민은 양심의 자유를 가진다'고 규정되어 있다. 양심의 자유는 원래 윤리적 사항에 대한 신념을 의미하지만, 현행헌법상으로는 이에 국한하지 않고 사상의 자유를 포함한다(통설). 우리 헌법에는 '모든 국민은 양심의 자유를 가진다'고 규정되어 있는데(제19조), 그 내용으로는 내심으로 무엇을 결정하는 자유(양심형성의 자유)와 결정한 내용에 대하여 침묵을 지키는 자유(양심유지의 자유), 그리고 양심에 반하는 행동을 강제당하지 않는 자유로 나누어볼 수 있는바, 그 보장의 정도와 방법은 각각 다르다. 양심의 자유와 관련하여 신문기자의 취재원에 관한 묵비권과 양심상의 집총거부(執銃拒否), 그리고 사죄광고의 위헌성 문제가 논의된다.

양심의 사전적 의미는 어떤 행위에 대하여 옳고 그름, 선과 악을 구별하는 도덕적 의식이나 마음씨다. 선과 악을 나누는 이분적 시각자체가 의문시되는 주장이 있다는 것을 고려하면, 양심을 정확히 정의 내리는 것이 어려운 일이다.

## 4. 결사의 자유

헌법 제21조 1항에 '모든 국민은 집회 · 결사의 자유를 가진다'고 명시하고 있다. 역사적으로 보면 매스미디어에서 제외된 국민이 주체적으로 표현하는 수단으로, 집회 · 집단행진 · 집단시위 운동 등을 활용해 왔다. 오늘날 민주국가에서는 언론 · 출판의 자유 이외에 집회 · 결사의 자유를 보장하고 있다.

집회·결사의 자유의 법적 성격은 주관적·공권적인 동시에 제도보장의 성격을 모두 가지고 있다. 집회·결사의 자유의 주체는 자연적 권리가 아닌 국민의 권리이므로 외국인은 포함되지 아니한다. 그러나 내국의 법인은 포함된다.

집회의 유형으로는 목적의 관점에서 본 정치집회와 비정치집회가 있고, 장소의 관점에서 본 옥내집회와 옥외집회, 사적 장소와 공적 장소의 집회가 있다. 그리고 행동적 관점에서는 공개집회와 비공개집회로 구별되고, 또 정적집회(靜的集會)인 일반적 의미의 집회와 동적집회(動的集會)인 집단행위 등으로 나누어볼 수도 있다.

집회자유의 내용에는 적극적으로 집회를 개최하는 자유, 집회를 사회(司會) 또는 진행하는 자유, 집회에 참가하는 자유 등이 포함된다. 또, 소극적으로는 집회를 개최하지 않을 자유와 집회에 참가하지 않을 자유가 포함된다. 다만, 집회에서의 연설이나 토론은 언론의 자유에 속한다.

결사의 자유는 단체의 결성·불결성, 단체에 가입·탈퇴·불가입 등에 공권력의 간섭을 받지 않을 자유와 단체로서의 의사를 형성하고, 그 의사를 실현하기 위한 제반활동이 포함된다. 집회의 자유는 개별 시민이 자신의 의사를 표현하는 자유이고, 결사의 자유는 사적 결사의 성립·해체·가입·탈퇴 등에 국가가 강제하지 않는 적극적·소극적 자유를 가리킨다.

결사의 자유 역시 국가 안전 보장과 질서 유지 등을 이유로 제한될 수 있다. 특히 결사의 자유는 민주주의에 있어서 불가결하고 매우 빈번히 이용되며, 공공질서에 미치는 영향도 크기 때문에 국가에 의해 더 많은 규제를 받을 가능성이 있다. 우리나라에서 결사의 자유를 규제하는 법률로는 국가 보안법, 형법, 국가 공무원법, 지방 공무원법, 사회단체 등록에 관한 법률 등이 있다.

## 5. 표현의 자유

헌법 22조에 '모든 국민은 언론 · 출판의 자유와 집회결사의 자유를 가지며 모든 국민은 학문과 예술의 자유를 가진다'고 명시해 '표현의 자유'를 보장하고 있다. 하지만 개별 법률에는 표현의 자유 침해 행위에 대해서 별도 처벌 규정은 없다

표현의 자유 권리에는 간섭을 받지 않고 의견을 지닐 자유와, 무슨 수단을 통해서거나 그리고 국경과는 무관하게 정보와 사상을 추구하고 얻고 또 전달할 수 있는 자유가 포함된다. 세계인권선언의 내용을 구속력 있게 만들기 위해 1966년 유엔이 채택한 '시민적 · 정치적 권리에 관한 국

제협약(B규약)'에서는 사상·표현의 자유에 대하여 아래와 같이 서술하고 있다. 이 국제협약에는 우리나라도 가입하여 1990년 7월 10일자로 규약이 발효함과 동시에 이를 이행할 의무가 생겼다.

표현의 자유는 언론 출판의 자유와는 어떤 관계이며 그 범위는 어디까지인가? 권영성은 "표현의 자유는 사상이나 의견을 외부에 표현하는 자유로서 개인적 표현의 자유인 언론·출판의 자유와 집단적 표현의 자유인 집회·결사의 자유를 총칭하는 개념이다.

그러므로 표현의 자유는 언론·출판의 자유보다 넓은 개념이다"라고 말한다. 미국 헌법은 어떤 경우든 표현의 자유를 제한할 수 없다고 명시하고 있다.

# 제3장
## 자유화 운동의 10대 행동법칙

### -자유화 운동을 위한 조직과 자유인의 행동 법칙

　목숨보다 소중한 자유지만 자유가 없는 공산체제에서 살아보지 못한 사람에게는 자유 자체가 개념(槪念)적인 덕목이다. 자유의 가치를 법칙과 형상으로 구체적으로 정리하고 교육으로 가슴에 심어주어야 공산주의 강권통치와 자유억압과 공권력의 횡포를 모르고 곱게 자란 젊은 자유인의 영육(靈肉)에 조금이라도 각인(刻印)이 됩니다.

　자유라는 개념을 이론적으로 말하면 추상적으로 흐르고 생활에 접목하기 어렵지만 자유의 본질을 법칙으로 정리하면 이해와 기억이 용이하고 공감을 줄 수 있습니다. 자유화의 대원칙과 행농 강령 정립을 위해 전쟁원칙에 접목하여 자유화 운동의 법칙을 정리해보았습니다. 전쟁의 원칙은 승리의 법칙이고, 자유화의 법칙은 자유화를 체계적으로 정리하기 위한 방향이며 도면이며 행동이다.

* 자유화는 자유화 운동의 줄임말입니다.

# 1. 자유화의 목표(目標)의 법칙
## – 주사파 정권 폭정 종식

전쟁에서 목표의 원칙은 최종 결승점이자 최종 상태다.

자유도 전쟁처럼 쟁취해서 얻는 것이기에 목표의식을 정립해야 한다. 목표는 승리를 위한 힘의 집중방향과 지향(志向)점이다. 자유대한민국의 국가목표는 최대다수의 최대 행복, 군사작전의 목표는 적을 소멸시킨 자명한 승리다. 국가의 목표가 생존과 번창이라면 군사작전의 목표는 국가목표의 하위 수단으로 국가 생존과 번창을 뒷받침하는 데 있다.

하나, 자유화의 단기 목표는 주사파 정권 종식(終熄)과 비리 적폐청산

80년대부터 민주화의 탈을 쓰고 공산화 운동을 한 가짜 민주화 운동의 최종 상태는 지금 좌파 정권이 보여주는 무능과 위선과 패착(敗着)이다. 그들은 독재와 반대되는 민주화라는 언어를 독점하고, 민주화라는 간판을 걸어놓고 공산화를 추진했다. 그들은 북한 인권유린에 대해서는 침묵했고, 온통 거짓으로 일관하여 민심을 호도했다. 82년부터 북한의 소리 방송을 듣고 난수표를 받아 적으면서 본격적으로 배출된 그들은 목적을 위해서는 모든 수단을 정당시했다. 폭동마저도 민주화 운동으로 둔갑시켰다. 그들이 저지른 폐단은 자유대한민국 자체를 쓰레기 더미로 만들었다. 자유화의 단기 목표는 가짜 민주화가 저지른 적폐 청산이다.

둘, 자유화의 장기 목표는 공산화 세력을 소멸시켜 인류평화 정착.

자유화의 최종 상태는 공산사회주의 소멸이다. 자유의 가치를 제대로 알고 사회주의의 모순을 알면 인간을 도구로 부리는 공산사회 악령은 더이상 존속하지 못한다. 인류는 오랜 기간 인간다운 삶을 위해서 자유를 추구해왔다. 자유가 아니면 죽음을 달라고 했고, 자유가 곧 인간이라고 선언하기도 했다. 자유화의 장기 목표는 좌파 정권이 파괴한 국가를 정상화시키고 위대한 대한민국 건설이다. 현생 인류가 함께 자유화 운동을 전개하여 인간존엄성을 유지하고 종교의 자유를 누리게 해야 한다.

자유화의 기본 지향점은 인간존엄성 유지다. 인간존엄성을 무시한 자유와 통치는 허상이다. 인간 세상에서 인간보다 소중한 것은 없다. 모든 가치의 기준은 인간존엄성 유지와 구현이다. 인간존엄성 구현은 자유의 지향점이면서 서로의 자유를 보장하는 길이다. 인간의 존엄성이 보장이 될 때 인간의 창의성 발휘와 자유로운 활동의 외연 확장이 가능하다. 인간존엄성 구현의 시작은 비폭력 평화다.

공산국가에는 인간존엄성이라는 개념이 없다. 북한은 평등을 말하면서 백두혈통의 존엄성만 강조한다. 자유의 가치를 종합하면 인류공영과 인류평화다. 현대 전쟁은 히틀러와 이스라엘의 선제공격을 제외하고 거의가 공산주의자들이 먼저 전쟁을 일으켰다. 인간을 도구로 보는 공산체제는 권력 유지를 위해서 갈등을 조장하고 전쟁을 유도했다. 평화는 적을이긴 상태이고 힘이 조화를 이룬 상태다.

셋, 개인의 자유화 목표는 행복이다.

행복은 마음이 자유로운 상태다. 일상의 행복은 심신의 자유에 있다. 심신이 자유롭지 않은 상태에서는 어떤 행복도 누리지 못한다. 신체의 자유는 모든 행복의 근간이고, 마음의 자유는 진정한 행복의 곳간이다. 행복은 자유로운 마음이 승리한 상태다. 착한 마음이 승리하면 온유한 행복이 찾아오고, 평온한 마음이 승리하면 풍요한 행복, 즐거운 마음이 승리하면 만사가 행복하다.

최근 UN 산하 지속가능한발전해법네트워크(SDSN)는 대한민국은 세계에서 12위의 경제대국인데 한국인의 행복지수는 52위로 아시아의 최하위인 것은 한국인들이 너무도 많은 선택의 자유를 빼앗기고 있기 때문이라고 했다. 한국인은 선거 날 하루만 주권을 행사하고 나머지 4년 혹은 5년 동안 모든 정치적 결정을 정당의 대표들과 통치자에게 빼앗기고 있다. 학생은 자사고와 특목고 선택 권한도 폐지될 지경이며, 10%의 강성노조가 90%의 비노조 근로자의 수많은 선택을 빼앗고 있다.


넷, 긍정과 감사와 근면으로 자유를 확장하라.

인간의 자유에 목표의식이 없다면 하루살이처럼 살다가 가는 꼴이 된다. 자유의 목표가 없으면 방종이 되기 쉽다. 자유민주체제의 국민은 자유라는 성역에 의해 보호받고 살면서도 자유의 목표가 없으면 자유는 그냥 풀어질 수 있다. 편하게 살기 위한 자유는 한량(閑良)의 자유다. 자유를 원하는 사람들은 자유경쟁 체제에서 능력만큼 일을 하고 풍요를 추구한다.

개인의 자유는 자기 의지와 활동으로 만든다. 불리한 조건도 자유롭게 하려면 긍정하고 감사하여 불리함을 초월해야 한다. 시공의 제한을 받는 인간이 최대의 자유를 누리려면 현실을 긍정하고 매사에 감사해야 한다. 풍요가 없는 자유는 유지하기 어렵고, 조화가 없는 자유는 서로의 평안을 지탱하지 못하며, 무책임한 자유는 법에 의한 규제와 응징을 당한다.

## 자유화 운동의 목표 법칙 – 종북좌파 정권 청산

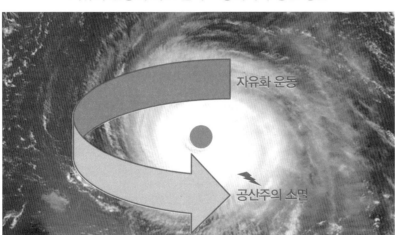

## 2. 자유화의 공세(攻勢) 법칙
### – 공산주의와 종북 척결

전쟁에서 공세(攻勢)의 원칙은 주도적 기세를 말한다.

군사작전의 공세는 산위에서 돌이 아래로 구르는 것처럼, 막혔던 봇물이 터지는 것처럼, 먹이를 발견한 독수리가 먹이를 향해서 직진하는 것처럼 전투력을 주도적으로 전개하고, 진군해서는 안 될 때는 멈추는 게 공세의 원칙이다. 공세를 무조건 저돌적인 기세로 오해하여 패배한 전사(戰史)는 무수히 많다. 나갈 때는 나가야 하고 멈출 때는 멈추어야 한다. 군사력은 상황을 고려하되 공세적으로 운용해야 하고, 자유화의 의지 또한 단일 구호로 응집시키고 공세적으로 펼쳐야 한다.

하늘은 선제공격하는 자에게 더 큰 기회를 주었다. 악마는 악마끼리 연대하기에 완벽보다는 미흡해도 기회를 놓치지 않는 공세적 기습이 중요하다. 전선을 넘는 용사에게는 이긴다는 자신감의 무기를 주고, 자유체제를 수호하는 자에게는 자유화라는 무기를 주어야 한다. 자유화라는 무기로 공산주의를 척결하자.

인류의 자유는 역동적인 기세의 산물이다.

힘은 힘끼리 부딪치고 방종은 방종끼리 부딪친다. 자유는 살아 있는 생명체의 자기 존재표현이며 저항을 이길 때 존속한다. 어느 시대든 진영과 세력이 나뉘어져서 항상 대립해 왔다. 왕조 시대는 왕권과 신권이 충돌했고, 대통령 제도의 나라는 국민 주권과 위정자의 직권남용이 충돌한다. 이념과 사상은 자기 실체를 감추면서 은밀한 교전을 하지만 지금의 자유대한민국은 자유우파와 종북좌파 간의 충돌이 격화되고 있다. 전쟁에서 지면 다시 싸울 수 있지만 사상전에서 지면 영원히 지게 된다.

## 하나, 자유화 운동은 다수의 힘으로 아닌 것들을 타파하는 국민운동

자유는 의지의 산물이다. 자유는 자기마음대로 하는 방종이 아니라 스스로 선택하고 책임을 지는 자율의 세계다. 자유진영 국가는 오랜 기간 터득한 자유의 소중성을 국가 행정과 복지시스템으로 정립을 하였다. 자유체제가 성숙해지면 저마다 자유롭게 일을 하면서 부를 증진시키고 뒤처지는 사람은 국가의 복지제도로 보상을 한다.

자유 서방국의 위정자는 인기발언으로 농간을 피우지 못한다. 선진국의 자유는 피를 흘리면서 자유를 지켜왔기에 공짜와 부당한 혜택으로 국민을 속이지 못한다. 선진국일수록 공권력이 강하다. 아닌 것에 대해서는 자비를 베풀지 않는다.

후진국의 자유는 깨지기 쉬운 유리그릇처럼 공짜라는 무기에 의해 쉽게 파손이 된다. 자유에 대해 무감각해지면 평화 명분을 내세워 국민을 현혹한다. 좌파 정권은 처음 보는 세상을 만든다고 하면서 위장평화로 안보를 해체했고 사회주의 경제정책으로 국민 다수를 고통 속으로 밀어 넣었다. 국익을 모르는 위정자는 공짜로 국민을 유혹하고 집권하면 그럴싸한 언변으로 통제하고 자유를 뺏는다. 좌파 정권의 거짓과 독재와 무능을 국민의 힘으로 응징해야 한다.

둘, 인간 본성을 무시하는 공산체제는 스스로 붕괴됨을 교육하자.

공산체제는 체념하고 포기하는 노예들만 살 수 있다. 공산체제에서 개인은 그냥 도구다. 자발적 의지는 존재하지 못한다. 직장도 역할도 기능도 오로지 공산당에서 지시하는 대로 따라야 한다. 공산주의자들은 목적이 세워지면 모든 것을 목적 달성을 위한 수단으로 정당시 한다. 공산주의에 속아서 공산주의자가 된 자들은 자기가 살기 위해 무차별적으로 지인까지 끌어들이는 나쁜 사업자처럼 속여서 사람을 포섭한다.

공산주의자는 거짓의 상징체계를 세우고, 속으면 끌어들여 자유를 뺏는다. 종교단체, 교수, 연예인, 대형 작가 중에도 공산주의에 속아서 활동하는 공산주의자가 있다. 종북 · 주사파 일당들은 혁명을 위해서는 어떤 짓도 정당하다고 믿기에 무리수를 두면서 자멸한다. 민주화를 외쳤던 386 운동권들이 민주주의를 파괴했다. 이제 국민의 힘으로 응징할 단계가 되었다.

셋, 자기의지로 자기의 영육(靈肉)을 자유롭게 하자.

자유우파에게 자유화 운동은 투쟁의 구호이면서 자유의 가치로 자유롭고 정의로운 세상을 만드는 기초 명제다. 자유로 새로운 것을 추구하고 자유의 가치로 한 차원 더 진보하는 자유주권 국가를 만들자. 자유화가 되면 모든 게 정상화 된다. 지금 한국인의 절반 이상이 자유의 소중성을 모르는 세대라고 해도 과언이 아니다. 자기 힘으로 자유를 찾지 못한 세대에게는 공산사회주의자들의 공짜 카드에 속기 쉽다. 상상적인 허상의 복지구호와 공짜 유혹에 넘어가면 자유를 잃는다.

개인의 자유는 자기의 의지에서 나온다. 국가의 시스템과 복지가 주는 자유도 있지만 국가의 복지시스템이 아무리 훌륭해도 걸인과 노숙자는 생기기 마련이다. 국민은 자기의 자유의지만큼의 자유를 누린다. 자유의 가치를 뼈저리게 느낀 사람은 좌파 정권의 반자유정책에 몸서리를 친다. 보통의 인간은 자기와 가족을 위해서 존재한다. 인간은 더 큰 자유를 위해서 작은 자유는 희생하기도 한다. 세상이 감각적으로 발전하면 물질의 자유를 위해 양심의 자유를 포기하기도 한다. 자유 개념에 대한 교육이 절실하다.

자유의지를 펼칠 힘과 여력이 필요하다. 모든 조직과 개인은 자기 의지만큼 자유롭고 싶지만 자유에는 항상 저항이 따른다. 저항을 이길 힘이 필요하다. 규제와 통제라는 저항도 있지만 어떤 저항은 자신감과 의지부족으로 스스로 만든 장애물도 있다. 겉은 자유로운데 결과적으로 구속하는 반자유도 있다.

넷, 우리의 안이한 생각으로 북한의 노예체제를 이해하지 못한다.
북한 동포가 자유를 오랜 기간 잃고 사는 것은 서로가 서로를 감시하는 엇물림 노예체제이기 때문이다. 북한은 개체의 자유가 허용되지 않고 분규가 생길 수 없도록 만든 병영체제다. 북한의 꽃제비 세대가 북한 체제에 반기를 들고 있지만 북한 동포는 소유권과 생각의 자유조차 없는 노동당의 아바타들이다. 이런 노예체제와 남북 연방제를 한다는 것은 악마에게 우리의 자유를 헌납하는 꼴이다. 남북 연방제를 주장하는 자들은 자기들 권력을 위해서 다수를 노예로 삼으려는 불한당들이기에 우리의 적(敵)이다.

## 3. 자유화의 집중(集中) 법칙
### - 자유민주와 시장경제 선택

전쟁에서 집중(集中)의 원칙은 한 곳에 힘을 쏟는 행위.

군사작전의 집중은 적의 약점에 아군의 주력(주공)을 배치하여 전선의 균형을 깨는 전법이다. 집중은 선두에서 예리하게 뚫고 나가는 송곳 끝처럼, 환부를 도려내는 칼끝처럼 특정한 곳에 힘을 모으는 전술이다. 집중은 핵심 역량에 집중해야 성장한다는 게리 해멀(Gary hamel)의 핵심역량 이론과 그 맥이 같다. 집중하려면 나머지 힘들을 절약하여 한 곳에 힘을 실어야 한다. 자유 또한 전문 영역을 선택하여 달인이 될 때 자유로워진다.

자유는 인간존재의 최고 정점(頂點)이다.

인간의 부귀영화는 자유로 시작하고 자유로 귀결된다. 인간은 자유롭게 생각하고 상상하며 행동하길 바란다. 인간의 자유를 막는 무리들은 혈관의 흐름을 묶어버리는 악인들이다. TV문학관을 보라. 100년 전만해도 사람을 사고팔았다. 자유 세상이 도래한 것은 최근의 일이다. 그 자유마저 호사스러운지 공짜에 속고 이성이 마비되어 공산무리들에게 끌려가고 있다. 행복한 자가 일도 잘하고 자유로운 자가 자유 세상을 만든다. 자유는 인간 존재의 최고 정점이고 인간 삶의 대전제다. 자유는 자유를 주고 더 큰 자유를 얻는 게임이다.

하나, 자유화 운동은 하늘이 부여한 천부인권을 찾는 숭고한 일이다.

자유는 요요 게임처럼 방심하면 거짓과 선동세력에 의해서 원초적인 구속 상태로 돌아간다. 아직도 자유를 무시하고 삭제하고 제거하려는 무리들이 있다. 그들은 공공의 적이다. 국가의 자유화 운동은 헌법을 지키고 따르는 국정시행 행위다. 헌법은 다양한 국민을 국가 체계로 규합시키고 국민의 자유와 행복을 보장하기 위한 성문법이다. 헌법은 합의된 성문법이기에 헌법을 따르는 것은 다수가 정한 질서를 따르는 것이다. 헌법을 위반하는 자는 함께 살 수 없는 적들이다.

자유화의 집중원리는 헌법대로 국정을 펼치고 평가하는 행위다. 헌법을 무시하고 파괴하는 행위는 자유체제에 대한 도전이며 국가 파괴행위다. 주사파 일당은 처음부터 남북관계 개선이라는 논리로 헌법을 마구 파괴했다. 자유체제는 심대한 위협을 받고 있다. 자유 우파는 헌법을 무기로 헌법을 파괴하는 종북·주사파 일당들과 싸워야 한다.

둘, 자유화 운동은 자유민주와 시장경제에 기반을 두고 미래로 진보하는 국민운동

서방은 주권이 국민에게 있는 자유민주체제에 기반을 두고 성장을 하고 있다. 경제와 산업적 지혜와 선택의 기준도 자유다. 4차 산업 세상은 다양화 되고 분권화 되어 국가도 인위적으로 통제하지 못한다. 현장에서 보고 느끼는 개인과 기업에게 선택권을 주어야 한다. 국가와 정권의 선택과 통제의 폭이 클수록 개인은 부자유하고 가난해진다.

사상적 스펙트럼의 기준도 자유다. 자유민주체제는 민주주의와 자본주의와 사회주의마저도 품을 수 있지만 공산사회주의는 자유민주체제를 품지 못한다. 뱀이 코끼리를 삼키지 못하는 원리와 같다. 코끼리는 뱀이

물어도 잠시 따끔할 뿐이다.

위대한 자유민주체제를 구축하자. 공산체제는 자유체제를 수용할 수 없어서 죽이거나 교화 작업을 거쳐야 했다. 베트남은 통일 이후 20년간 인간 살상을 했다. 독일의 자유통일 이후에 간첩죄로 일부 요원을 처벌했지만 한 사람도 죽이지 않았다. 자유민주체제는 국민과 다양한 사상과 다양한 국가와도 수교할 수 있지만 공산국가는 체제가 다르면 수교하기 어렵다. 우리는 이승만 대통령이 자유민주체제의 우월성을 깨닫고 자유민주체제로 방향을 잡고 구체적 설계를 해주었기에 자유국가로 성장할 수 있었다.

셋, 개인의 자유화 운동은 헌법에 명시된 자유의 가치를 실현하는 활동

우리 헌법은 기본권으로서의 자유를 명시하고 있다. 신체의 자유, 양심의 자유, 종교의 자유, 집회와 결사의 자유, 표현의 자유를 구체적으로 명시하고 있다. 개인의 자유화 운동은 헌법에 명시된 자유를 알고 누리며 지키는 행위다. 그러나 자유롭다고 이 것 저 것을 다 누리지 못한다. 자유는 갈 때는 가고 설 때는 서야하는 자율 주행이다. 생각나는 대로 자유를 누리면 자유는 퍼질러져서 하나도 얻지 못한다.

개인의 자유는 선택과 집중을 통해서 성장한다. 자유는 스스로 선택하고 책임을 지는 행위다. 좌파 정권은 상상적 환상과 '모두 함께'라는 평등 사회이념에 빠져서 개인의 자유를 침해하고 있다. 최저 임금 상승으로 덜 받고 일하고 싶은 직업의 자유를 깨뜨렸고, 대체고용권 금지로 파업을 조장하고, 타다 금지법으로 이동 선택권을 제한하며, 원격진료와 빅데이

트와 숙박공유를 규제하여 개인의 편익을 제한하고 있다. 선거 표로 지배 권력을 구축하려는 악질 공산주의자는 풀어 줄 것은 금지하고 동성애 문제처럼 규제할 것은 방치한다.

한 분야만 자유로워도 대접받고 인정을 받는다. 모든 분야에서 자유롭기를 바라지 마라. 남이 흉내를 낼 수 없는 경지에 이르라. 자유는 집중을 통해서 더 자유로워진다. 인간 행위와 기업 경영은 선택을 통한 집중이지만, 영성의 자유는 집중을 통한 삶의 질 개선이다. 잘 하는 일을 끝까지 밀고 나갈 수 있는 뒷심과 매듭을 짓는 정신이 필요하다. 팔방미인이 되기 위해 자기 단점 극복에 매달리고 소질도 없는 분야까지 터득하려고 한다면 에너지가 분산되어 잘 하는 일도 못하게 된다. 단점 극복보다 잘 하는 일에 집중하는 것이 훨씬 자유롭고 삶도 성공적일 수 있다.

## 자유화의 집중법칙 – 자유민주와 시장경제 선택

## 4. | 자유화의 기동(機動)의 법칙
### — 자유 선택으로 풍요와 정의 구현

전쟁에서 기동원칙은 목표를 찾아가는 이동이다.

군사작전에서 기동(機動)은 적보다 먼저 판단하고 유리한 지형지물을 점유하기 위한 이동이다. 군사작전의 기동은 자세를 낮추고 접근하는 사자처럼, 소리 없이 움직이는 뱀처럼 힘의 중심을 옮겨 가는 작전이다. 군사작전의 기동은 전투력을 접었다가 펴는 전개과정, 기동은 빠름보다 결과적인 중요 지형지물 선점이 중요하다. 실체의 공간 이동은 물리적 기동이며, 상상과 생각의 조합으로 새로운 것을 창안하는 것은 생각의 기동이며, 다양한 상황에 순발력 있게 대처하는 것은 판단의 기동이다. 목표를 정하고 기동하고, 장차 전장을 상정하여 미리 기동하는 군사작전처럼 자유 또한 서로가 사는 자유화를 향해서 기동해야 한다.

하나. 자유화 운동은 공산화와 저지와 자유롭고 풍요한 나라를 만드는 국민운동.

자유화 운동은 좌파 정권의 공산화를 저지하고 자유로운 세상을 만들자는 계몽운동이다. 자유화 운동은 자유 가치를 선택하는 지혜와 역동성에 의해서 달성이 된다. 자유는 그냥 얻지 못한다. 자유는 쉬지 않고 상호 성장과 효율과 번영을 향해서 나가야 한다.

중진 국가가 3만불 선에서 멈추는 것은 좌파들이 분배우선 정책을 펴기 때문이다. 인간 세상은 재능과 능력의 차이 때문에 불균형을 초래할 수

밖에 없다. 성장과 분배는 동시에 만족시킬 수 없기에 먼저 성장시킨 후에 분배하는 게 역사의 원리인데도 공산국가와 공산주의자들은 분배우선 정책으로 성장의 동력을 죽여 버린다. 피를 뽑아서 몸무게를 줄이는 어리석은 짓을 한다. 남미의 사회주의 국가들이 그러했고 베네수엘라가 대표적으로 추락의 길로 가고 있다.

둘, 자유우파는 불의에 항거한 태극기 정신으로 뭉쳐서 자유를 지키자.

주사파 일당은 북한과 손을 잡고 연방제라는 새로운 나라를 만들려고 시도했다. 이를 눈치 챈 자유우파는 2016년말부터 태극기를 들고 좌파 정권에 저항하고 있다. 연방제 추진 세력은 우리나라의 모순과 썩고 부패한 음지로 파고들어 상상적 이상을 심어주면서 환심을 샀고 권력을 잡았다. 민주화 운동으로 위장한 공산사회 무리들은 권력을 잡기 위해 과거의 모순을 이야기하여 민심을 얻고 공짜정책으로 국민을 유혹했다. 집권 이후에는 국가 예산을 표를 얻는데 투자했다. 자유우파가 집회 때 태극기를 드는 것은 자유체제를 지키겠다는 상징적 수단이면서 서로의 결기를 다지는 정신의 무기다.

자유국가는 안정과 풍요를 보장하는 거대한 사업체다. 국가가 존재하는 것은 국민의 생명과 재산과 행복을 지켜주기 위해서다. 국가는 개인의 자유를 보장해주는 최고의 조직이다. 국민이 세금을 내는 것은 국가가 개인의 생명과 재산을 지켜주기 때문이다. 그래서 자유체제는 국민의 안정과 풍요를 보장하는 방향으로 국정을 펴야 한다. 그러나 문재인 정권은 국민의 안정과 풍요와 반대되는 방향으로 끌고 가면서 서울 집값 폭등으로 빈부 갈등을 더 심화시키고 세금을 높여서 더 가난하게 만들고,

기존 질서와 가치체계를 깨뜨려 정신적으로도 괴롭혔다.

셋, 개인의 자유화 운동은 국가 시스템에 순응하면서 자기 재능을 발휘하는 운동

개인의 자유는 국가의 자유정책과 품격에 비례한다. 공산국가에서 자유를 기대한다는 것은 쇠기둥에서 꽃이 피기를 기다리는 꼴이다. 개인의 자유와 국가 기능은 원만한 조화를 이루어야 한다. 개인의 자유만 있고 국민으로서의 사명과 의무가 없다면 국가는 성립하지 못한다. 국민과 국가의 관계는 엄밀하게 말하면 공생관계다. 국가는 국민의 생명과 재산을 보호하고, 국민은 기본권을 제공받기 위해 4대 의무를 다하는 계약 관계다.

개인의 자유는 의무를 다하고 돌려받는 보상이다. 개인의 자유는 국가체제의 영향을 바로 받는다. 개인은 자유진영에서서 태어나는 아이는 처음부터 자유를 누린다. 조직과 국가가 자유체제를 부정하면 개인에게 자유는 없다. 6.25 때는 북괴가 물리력으로 자유대한민국을 제압하려고 했고, 좌파 정권은 공산이념과 공포와 선전선동으로 자유체제를 말살하려고 한다. 체제가 바뀌면 개인은 하나의 공산 세포에 불과해진다. 그래서 자유체제가 무너지는 것을 막아야 한다.

넷, 교육으로 자유화 운동을 전도하고 전수하자.

인류의 보편적 교육은 자유와 사랑을 지향한다. 선진국은 미래지향적이고 4차 산업 시대를 주도할 인재육성에 교육의 중점을 두고 있고, 일본만 해도 인공지능 혁명을 위한 교육개혁을 서두르고 있는데 전교조는 참교육과 진보를 말하면서 노예의 길을 재촉하고 있다. 이런 전교조의 실상

을 학생과 학부모님들께 알려서 그들의 근거지를 제거해야 한다. 자유가치와 역행하는 전교조는 자유화 운동으로 퇴출시켜야 한다.

공산체제는 인류의 보편적 가치에 역행함을 가르쳐야 한다. 공산체제는 인류의 보편적 가치인 자유와 자율과 정의를 무시하고 오로지 목적과 수단만이 존재한다. 교리를 정해놓고 강제로 따르게 하는 원리주의자와 같다. 공산국가는 힘이 있을 때는 전쟁을 했고 힘이 부족하면 협상과 대화와 통일전선전술과 통합연대를 시도했다. 클라우제비츠의 전쟁은 정치의 수단이라는 말을 공산주의자는 금과옥조처럼 여기고 활용했다.

공산원리주의자는 세금으로 공짜로 퍼주면서 인간을 자기들의 권력구조에 순종하는 사냥개로 만든다. 공짜를 맛본 남미의 국민은 공산체제가 문제가 있다는 것을 알면서도 해마다 공짜정책을 제안하는 공산사회주의를 선택했다가 알거지가 되었다. 공짜의 치명적 모순을 전도하지 못했기 때문이다.

## 정치의 자유화 운동은 법치회복과 정풍(整風)운동

자유 선택으로 풍요와 정의 구현

자유화 운동으로
공산화를 저지하고
자유롭고 풍요한 대한민국을 만들자

## 5. 자유화의 기습(奇襲)의 법칙
### - 공산주의 허상 공략과 타파

전쟁에서 기습 원칙은 예측하지 못한 방법으로 적을 이기는 원리다.

기습은 예측할 수 없는 시기에 상상할 수 없는 공간으로 기동하여 적의 허점을 강타하여 적의 저항의지를 말살하는 전법이다. 군사작전에서 기습은 비대칭전술 구사다. 비대칭(非對稱) 전술은 적이 갖지 못한 것과 적이 대응하지 못할 방법으로 적을 깨는 전법이다.

인류는 자유라는 수레를 타고 풍요와 정의를 길을 달려왔다. 개인과 개인, 개인과 조직, 조직과 조직 사이에는 자유와 이익을 위한 갈등과 다툼이 있었다. 그 다툼 때문에 분규와 전쟁도 있었다. 전쟁을 치루면서 전쟁보다는 평화가 유지비용이 적게 들어간다는 것을 깨우쳤고, 인류는 미움보다 사랑의 편에 설 때 자유가 생긴다는 것도 알게 되었다. 인류는 오래전부터 미워하면 자기도 불편하고 구속을 당한다는 것을 깨달았다. 사랑이 없는 인간은 마귀보다도 더 무서운 존재다.

하나, 국가의 자유화 운동은 반국가 및 반자유 세력 축출 운동

자유국가는 끊임없이 공산화 세력과 세계통합정부(딥스테이트)세력으로부터 도전을 받는다. 미국처럼 완벽하게 보이는 국가도 공산사회주의 일당들이 사회의 어두운 빈틈으로 파고들어 갈등을 부추기고 공짜라는 곰팡이를 퍼뜨려 국가 기강을 흩트리고 생산 시스템을 파괴한다. 자유진영은 공산주의 허상을 식별하고 파괴할 때 유지된다. 자유대한민국은 종

북·주사파 일당들을 이겨야 생존하는 생명체다. 방심하면 종북·주사파 일당들에게 기습을 당한다. 종북·주사파 일당들은 감성으로 포장하여 일반 국민을 유혹하고 설득하는 선동 기술이 발달했다. 그들은 평화의 이름으로 자유를 파괴한다.

지금의 자유대한민국 위기는 80년부터 일어난 김일성 주체사상 신봉자들인 주사파의 준동을 막지 못해서 생겼다. 공산주의자들은 항상 예기치 못한 처음 보는 방법을 구사한다. 북괴의 대남 도발은 한 번도 같은 유형이 없다. 그래서 그들은 처음 보는 세상이라고 암호처럼 말한다. 공산주의는 허황된 공짜로 속여서 개인의 자유롭고 자발적인 의지를 무력화시키고 사회주의 전체 시스템에 복종하게 만든다. 바벨탑의 이야기처럼 허상은 노출되기 전에는 아무도 모르지만 일단 노출이 되면 기존의 노력이 허사가 된다.

둘, 공산사회주의 허상을 경계하고 공략하라.

공산사회주의자들의 경제정책은 공짜라고 가격을 붙여놓고 통제라는 후불제를 요구한다. 좌파 정권은 소득성장이라는 가짜 명찰을 붙여놓고 세금으로 정책 실패를 보상하는 세금성장 정책을 추진했다. 그들은 퍼주기 위해서 세금을 올렸다. 경제침체로 많은 자영업자가 무너졌고 생활고로 많은 사람이 자살했다. 그들은 공짜로 주고 생명과 자존감을 뺏어갔다. 성실한 직무수행과 밥벌이에 에너지를 쏟느라 체제 전쟁에서 긴장이 풀어진 자유우파는 주사파에게 권력을 내주고 혹독한 내홍(內訌)을 치루고 있다.

공산주의 언어는 이중적이다. 권력을 잡기 전의 언어와 후의 언어가 다르다. 권력을 잡기 전에는 환상을 이야기하고 잡으면 통제를 따르라고 말한다. 권력을 잡고 전에는 사람이 먼저라고 했다가 권력을 잡으면 국민을 세금을 내는 도구로 활용한다. 좌파 정권은 초기에 공정과 정의와 적폐청산을 앞세우면서 처음 보는 세상을 보여주겠다고 했다. 종북·주사파 일당들은 자유대한민국을 파괴하여 북한과 통합하려고 안보를 양보하고 군비축소(무장해제)로 평화를 얻고자 했다. 평화는 적을 이긴 상태라는 것을 모른다면 바보천치들의 집권이고, 알면서도 안보를 파탄시켰다면 악령들의 가면무도회다.

셋, 좌파 정권은 기본과 원칙을 파괴하고 모순으로 모순을 덮는다.

바람이 어디서 불어오는지? 생존에 유리한 곳은 어딘지를 빨리 판단해야 한다. 1945년 북한의 기독교인들은 김일성의 존재를 모르고 당했다. 2019년의 한국의 기독교인들은 좌파 정권의 수상한 공산주의 정체성을 알고 문재인 축출에 앞장을 섰다. 자유롭고자 하면 생각과 판단과 행동이 기민해야 한다. 그러나 종교가 정치세력화 되는 것은 경계해야 한다.

민주화를 외쳤던 민주화 세력이 어떤 국가도 시도하지 않았던 독재를 하고 있다. 선거법 개정은 여야가 함께 논의해야 할 국사(國事)인데 야당을 배제하고 처리했다. 모든 게 법치가 아닌 인치(人治)다. 법위에 군림하는 민노총, 중립교육을 위반한 전교조, 사전 투표에 대한 매뉴얼도 없는 선관위다. 기차는 레일 위에서 자유롭고 조직은 기본과 원칙 속에서 자유로운데 좌파 정권은 기본마저 깨뜨렸다. 하나의 모순이 터지면 곧바로 다른 모순이 생겨나 물 타기를 한다. 자유우파 진영은 대동단결하여 남북연방제 개헌을 막아야 한다. 자유민주체제를 지키려면 우파 통합이 급선무다. 자유우파 통합은 후보 단일화를 의미한다.

넷, 사랑과 정의와 원칙의 실천으로 자유를 누리자.

대인관계는 미움보다 사랑이 앞설 때 자유롭다. 자기만의 자유를 추구하면 상대에게 미움과 저항을 받는다. 채근담에 적이 쏘는 화살은 피할 수 있어도 은혜 속에 숨어 있는 (사랑의)창은 피하기 어렵다는 문장이 있다. 마음에 미움이 생기면 행동이 부자유스럽고 자유가 위축된다. 황제의 자유도 백성이 반기를 들면 무너진다. 원수를 사랑하라고 했다. 자유를 위해서라면 역설적 감정으로 미운 놈도 사랑하라.

개인의 자유는 원칙을 통해서 지켜진다. 오지랖만 넓어서 원칙을 무시하면 반드시 자유를 잃는다. 권력이 세다고 친구를 챙기려고 선거에 개입한 문(文)은 몰락을 길을 걸었다. 사랑과 원칙이 충돌하면 원칙을 선택하자. 원칙은 한 번 무너지면 복구가 될 수 없기 때문이다. 아닌 것은 아니라고 부정을 할 때 강한 긍정이 된다. 사사로운 정(情) 때문에 아닌 것을 묵인하면 아무도 해결하지 못한다.

자유는 그의 노력을 그에게 돌려주는 정의다. 자유가 정의와 어깨동무할 때 가장 위대한 힘을 발휘한다. 자유체제는 그의 노력을 그에게 돌려주는 시스템이다. 반면 공산체제는 그의 노력을 공산당이 뺏어가는 시스템이다. 그들은 함께 만들고 함께 공정하게 나눈다고 하지만 실제는 사람이 소를 부려먹는 것 이상을 일방적이고 불공정하다. 중국 공산당은 국내 땅은 토지 공유로 묶어두고 해외로 나가서 땅을 구매한다. 토지공유제를 주장한 자들이 치부(致富)에는 더 적극적이다. 공산국가의 최고 권력자는 권력뿐만이 아니라 물질에서도 최고부자다.

## 자유화의 기습법칙 – 공산주의 허상 공략과 타파

공산사회주의 허상을 공략하고 타파하라.

-------------------------------------------------

자유화는 반국가, 반자유 세력 축출 운동

## 6. 자유화의 경계(警戒)의 법칙
－ 독선과 독재 경계

전쟁에서 경계(警戒)의 원칙은 지킬 것을 지키고 감시하는 행위다.

전쟁원칙의 경계(警戒)는 전투력 보존과 지킴 행위다. 결정적인 순간에 전투력을 사용하려면 비전투손실 예방과 경계활동으로 적의 기습으로부터 전투력을 보존해야 한다. 경계에 실패하고 이긴 전투는 없다. 군사의 경계는 지키고 보호하는 활동이며, 국가 경제가 경계할 요소는 불확실 요소를 예측하고 통제하여 국민의 재산을 지키는 활동이다. 정치가 경계할 요소는 독선과 독재인데 이들은 숨은 그림처럼 교묘하게 감추어져 있다. 독재자가 공짜 선물을 주면서 유혹하고 이성을 마비시키기 때문이다.

자유화 운동은 반칙과 공짜와 거짓을 경계하고 정상화시키는 활동

개인은 부정적 생각과 공짜 의식을 경계하고, 기업은 빠른 성장을 경계하며, 국가는 안보불감증과 무상복지를 경계해야 한다. 경계에 실패한 부대는 전투력을 잃고, 시장의 유혹과 허상을 경계하지 못하면 거품이 생기고, 사회적 반칙을 법으로 다스리지 못하면 불신 세상이 된다. 적의 정보는 실시간에 입수해야 하고, 아군의 정보는 알릴 것은 알리고 알려서 안 되는 것은 철저하게 지키고 보호해야 한다. 자유는 아닌 것을 금지하고 제거할 때 비로소 지켜지는 성역이다.

글과 말과 권력으로 남의 자유를 해치는 것은 살인 행위다. 박근혜 탄핵의 시발점도 가짜뉴스와 증거조작과 대형 신문사의 주필들의 농간 때문

이었다. 2016년 말과 2017년 초에 주요 논설위원과 주필들이 어떤 글을 썼는지를 다 알고 있다. 언어로 남의 인격과 기본권과 자유를 해치는 것은 표현의 자유가 아니라 살인 행위다.

하나, 거짓과 조작으로 벌이는 공산화의 숨은 그림을 찾아라.

공산주의는 인간의 자유 본성을 무시하여 실패한 체제라는 게 역사가 검증을 했다. 그런데도 공산주의자는 포기하지 않고 갖은 수단을 다 동원한다. 공산주의자들이 그들만의 리그전에서 벌이는 숨은 그림을 찾아야한다. 일을 싫어하고 공짜라는 마약을 좋아하는 제3의 인간이 존재하는한 공산주의는 죽지 않는다. 공산주의자는 일을 싫어하고 공짜를 좋아하는 서민을 유혹하고, 허상에 빠진 위정자는 돈과 미인계로 포섭한다. 공산 악질들은 공산화에 성공하면 국유지마저도 사유화 했다. 크메르의 훈센이 그러했다.

종북·주사파 일당들은 지나간 역사마저 들추어 이용한다. 문재인 정권이 위안부, 징용자, 그리고 지소미아에 이르기까지 작위적으로 반일 감정을 부추겨 자유대한민국의 고립을 기획하고 추진했다. 한일 지소미아 종료 시도는 공산사회주의 진영으로의 투항하겠다는 의지표출이었다. 지소미아 종료 연장도 아직 꺼진 불이 아니다. 이렇게 문재인 정권은 북한에게 항복을 하려고 혈안이고, 자유대한민국의 운명이 경각(頃刻)을 다투는데 안보세력과 상부 지도자층이 침묵하고 있다.

둘, 정치의 자유화 운동은 독재타도와 법치 회복

인류의 본성인 자유는 처음부터 주어진 게 아니다. 인류가 자유라는 게 넘을 정립한 것은 1859년, 존 스튜어트 밀의 '자유론'이다. 그는 자유론에서 양심의 자유, 기호와 직업의 자유, 결사의 자유가 존중되지 않는 사회는 그 통치 형태가 어떤 것이든 자유로운 사회는 아니다. 그리고 이들 자유가 절대적, 무조건적으로 존재하지 않는 사회는 완전한 자유를 누리는 사회가 아니다. 각자 자신의 방법으로 자신의 행복을 추구하는 자유인을 강조했다. 자유론 이후로 160년이 지났지만 지금의 자유대한민국은 '자유'를 지우려는 공산화 세력이 출몰하여 자유체제를 파괴하고 있다.

셋, 독선과 독재를 경계하고 삼권분립을 견고하게 하자.

자유와 정의는 인간의 본성이기에 자기 본연의 자리로 돌아가는 회복력이 있다. 반자유와 독선과 독재는 반본성이기에 억압과 통제로 강제해도 다스리지 못한다. 수사 검찰을 바꾼다고 있던 죄가 사라지는 게 아니다. 독재자들인 망한 것은 인간의 자유와 정의의 본성을 이기지 못하기 때문이다. 문재인과 그 하수인들은 최악질 선거범죄를 저질렀다. 장기 집권을 위해 선거 공작을 한 중범죄는 용서받지 못한다. 자유민주주의 근간을 해친 악과 악령들은 징벌을 받아야 한다.

국가 기능의 자유화 운동은 삼권분립 정립이다. 삼권분립만 지켜지면 독재는 발을 붙이지 못하고 내각제 개헌 발언은 불순한 책동이 된다. 삼권분립이 무너지면 어떤 권력 구조도 의미가 없고 국민의 자유만 침해를 받는다. 삼권분립은 입법부, 행정부, 사법부로 나누어 힘과 역할을 서로를 견제하고 균형 있는 국정 시행으로 국민의 자유와 권리를 보호하는 제도다. 좌파 정권은 국가의 긴급 예산이 투입되고 체제 변혁의 위험이 있던 9.19 군사합의마저도 국회의 동의를 구하지 않고 독선적으로 시행을 했다. 2018년 10월 30일, 대법원은 일제 강제징용에 대한 배상 판결로 비엔나 협정을 위반하는 독선으로 한일 갈등의 불을 지폈다. 독재와 독선이 이루어지는 국가에서는 국민의 자유를 기대하기 어렵다.

넷, 개인의 자유화 운동은 부정적 생각과 공짜의식과 독선 버리기

자유는 긍정적인 활동으로 행복과 평온을 실현한 상태다. 부정적인 생각은 심신을 부자유하게 만든다. 자유로우려면 스스로 긍정적인 생각과 실천이 중요하다. 된장 속의 구더기는 먹을 수 있지만 부정적 생각은 먹지 못한다. 해보지도 않고 안 된다는 생각, 밝음보다 어두움을 먼저 떠올리는 경솔함, 힘들면 포기하는 약한 마음, 쉽게 무엇을 해보려는 얄팍한 생각 등 부정적인 생각을 버리고 행동하자. 행동하지 않으면 티끌 그림자도 얻지 못한다.

공짜의식이 자유를 뺏어간다. 현상계에서 공짜는 없다. 그림자 하나도 그냥 생기지 않는다. 자유가 명사형 동사라면 자유화 운동은 자유를 얻고자 장기간 진행하는 프로젝트다. 부정적 생각과 공짜의식을 경계하지 못하면 허깨비 삶을 살게 된다. 살아 있는 한 활동을 해야 한다. 일을 하지 않으면 밥을 먹을 자격이 없다고 했다. 자유인은 공짜의식을 경계한다. 정부가 공짜 혜택을 한 번 주면 다시는 회수하지 못한다. 개인이 공짜에 젖으면 나중에는 복종하는 노예가 된다. 베네수엘라와 아르헨티나 국민은 공짜로 망하는 사례를 보여주었다.

독선적 사상과 환상적인 상상을 경계하라. 현상 판단력과 분별력이 떨어지면서 자기집착이 강한 사람은 영화 한 편을 보고 자기 상상을 이론화

하고, 옳고 그름을 구분할 수 없어서 허상의 공산주의에 중독되기 쉽다. 공산주의 사상에 중독된 자들은 자신의 영육(靈肉)이 썩는 줄도 모르고 독선과 아집을 부린다. 공산주의에 중독된 이들은 사이비 종교에 빠진 사람처럼 현실과 맞지 않은 모순의 이론을 주장하기 위해 거짓과 위선을 동원한다. 사상중독이 자신과 대한민국을 죽인다는 것을 모르고 고집을 부리고 설친다. 그들은 죽기 전까지는 그 아집에서 벗어나지 못하고 이웃과 국가까지 망가뜨리기에 권력이라는 무기를 주면 안 된다.

개인의 자유화 운동은 자기정체성과 자기자리를 지키는 행위다. 자기 판단도 없이 정치인과 연예인을 맹목적으로 추종하고, 근본 목적도 모르고 무대에 서는 것은 허깨비행위다. 자기정체성과 자기자리를 지키려면 꾸준히 성실하게 노력을 해야 한다. 자리를 지키지 못하면 간섭받고 통제를 받는다. 자유는 활동을 통해서 얻어진다. 연예인과 위정자와 사이비들에게 자기 자유를 바치지 마라.

우리가 태극기를 든 것은 사기 탄핵의 주체를 징벌하고 촛불정변으로 무너진 대한민국을 다시 찾자는 취지였다. 국민의 행복과 자유를 보장하지 못하는 위정자는 이제 징벌해야 한다.

### 자유화의 경계법칙 – 독선과 독재 경계

거짓과 조작으로 만든 공산화의
숨은 그림을 찾아라.
- - - - - - - - - - - - - - - - - - - - - - - - - - - - - - -
정치의 자유화는 독재타도와 법치 회복

숨은 사람 찾기

## 7. 자유화의 통일(統一)의 법칙
### – 한반도 자유통일과 용어 통일

전쟁에서 통일의 원칙은 단일 지휘계통 정립이다.

지휘계통 통일은 제반 전투요소가 한 명의 지휘관에게 지휘를 받도록 하는 전투 편성이다. 복잡하고 불확실한 전장에서 지휘간섭 요소가 많으면 전투력이 분산되어 패배한다. 어느 조직이나 사공이 많으면 싸움에서 진다. 행동 대원은 적고 머리만 많은 조직 또한 성공하지 못한다. 전쟁에서 마지막 승리를 이끄는 것은 무기가 아니라 전투원을 하나로 묶는 정신과 가치관의 통일이다.

자유는 그의 것을 그에게 주는 정의다. 자유의 개념이 저마다 다르다면 자유 때문에 혼란을 겪는다. 방법은 다를수록 좋지만 생각과 가치관은 같아야 힘을 응집할 수 있다. 자유는 인간의 호흡이며 활동이며 모든 것을 보장하는 기본권이다. 자유는 공정과 정의로 보호를 받아야 한다. 공정과 정의가 통하지 않는 곳에 자유를 허락한다고 자유가 아니다. 공산주의자들이 자유를 제거하려고 하는 것은 자유라는 무기를 다수가 갖고 있으면 통제할 수 없고, 인간을 개조할 수 없다고 판단하기 때문이다.

자유는 쟁취해서 얻는다. 그냥 주어지는 자유는 없다. 있다면 그것은 자유가 아니라 보살핌이다. 자유는 빛이 필요한 자리에 빛을 쏘는 행위다. 자유의 가치는 이론보다 실존적 실천에 있다. 체험을 통해서 체득하지 못한 자유는 위태롭다. 전쟁 없는 평화가 지속되면 자유에 대한 감각이 무디어지고 반자유 세력이 자유의 폐단을 침소봉대하여 공산사회주의라는 마약을 탄다. 공산마약은 환상을 주면서 몇 배의 고통을 준다. 공산체제의 부자유(不自由)를 모르는 자는 자기 기준으로 자유를 생각한다.

하나, 자유화 통일의 대업(大業)을 달성하자.

2차 세계대전 이후에 분단된 국가는 4개국이다. 한국과 독일과 베트남과 예멘이다. 독일은 자유화 통일을 했고, 베트남은 공산화 통일을 했으며, 예멘은 통일 이후에 권력 분배 문제로 다시 내전 상태이며, 한국은 아직도 분단 상태다. 우리는 독일의 자유화 통일에 대해서 연구하고 추진해야 한다. 독일이 자유화 통일에 성공한 것은 서독이 튼튼한 경제력을 바탕으로 미국의 힘을 활용했기 때문이다. 지금 좌파 정권은 공산화 코드를 감추고 있는 고려연방제 추진을 위해 모든 노력을 다 하고 있다. 지구촌에서 일어난 모든 공산화는 대량 살상이 따랐다. 자유우파는 살려면 공산화를 저지하고 자유화 통일을 해야 한다.

자유화 통일은 국력과 군사력의 우위로 평화로운 통일을 목표로 한다. 한반도를 자유화 통일을 이루려면 자유화 운동으로 대한민국부터 정상화시켜야 한다. 자유화 운동은 국가 기능을 자유가치로 정상화시키는 국민혁명이다. 자유화 운동은 민주화의 탈을 쓰고 공산화 운동을 한 시이비 민주화 세력의 과거행적을 정리하고 종북 사전을 발간하여 가짜 민주화 세력과 종북 세력이 파괴한 자유대한민국을 자유체제로 정상화시키는 절차다. 자유화 통일의 위업(偉業)을 달성하려면 남북연합 자유화 운동을 펼쳐야 한다. 대만과 홍콩이 정신적으로 연대한 자유화 운동을 펼치듯 말이다.

둘, 사회좌파, 종북좌파, 좌파독재를 구분해서 사용하자.

광복과 함께 좌익과 우익이 나뉘어 싸움을 했고, 80년 초부터 민주화 운동이 급격한 산업화에 따른 빈부격차의 틈을 타고 생겨났다. 진짜 민주화 세력도 있었지만, 민주화의 탈을 쓰고 공산화 운동을 한 사이비 민주화 주력의 모습은 반자유와 반인권과 불공정의 화신이었다. 민주화의 탈을 쓰고 공산화 운동을 가짜 민주화 세력은 사회좌파, 종북좌파, 좌파독재로 형질 변천을 했다. 주사파 정권은 경제정책은 사회좌파, 인적 구성요소는 종북좌파, 정치 형태는 좌파독재다.

1) 사회좌파. 민주화운동의 주력은 처음에는 반(反)박정희 단체로 결집을 했고, 점진적으로 사회주의를 신봉하고 인기정책의 탈을 쓰고 사회주의 정책을 추진했다. 국민의 정부부터 참여정부시절까지 민주화 세력은 사회좌파를 형성하고 자유대한민국을 사회주의로 끌고 가려고 했다.

2) 종북좌파. 사회좌파는 80년도부터 주사파를 끌어들여 종북좌파의 기초를 형성했고, 주사파는 민주화 세력의 엄호 하에 전략적으로 잠복하여 각개약진을 했고, 촛불정변으로 전면에 나섰다. 문재인 정권의 주축이 되어 종북좌파를 형성했다. 종북좌파는 남북연방제의 기초 여건 마련을 위해 헌법개헌 시도, 공산화를 위한 안보와 경제 파탄 정책을 시도했다.

3) 좌파독재. 종북좌파는 남북 연방제 추진을 위해서 걸림돌을 제거하기 위해 좌파독재로 변천을 했다. 좌파독재는 국가의 중요한 정책과 국가체제 변경도 가능한 안보정책도 국회 동의를 구하지 않았다. 청문회 보고서 채택 없이도 23명의 장관을 임명했다. 연방제를 위한 독재 기구 마련

을 위해 공수처 법안도 통과시켰다. 주사파 정권은 선거부정과 측근 비리 수사도 덮는 최악의 독재를 자행하고 있다.

셋, 자유진영은 '자유우파'로 용어를 통일하라.

보수와 진보는 역사속의 정치 용어다. 보수(保守)는 물이 흐르듯이 기존의 흐름을 지키고 따라간다는 종파이고, 진보(進步)는 사회의 변화와 발전을 추구한다는 종파다. 보수는 발전이 없는 정체성으로 인식이 되고, 진보는 뭔가 새로운 것을 추구하는 것으로 인식이 되지만 실상은 반대다. 종북·주사파 일당은 민주화 운동을 한다면서 공산화 운동을 했고, 인권을 앞세우면서 위선과 독재를 했다. 이 지구상에 좌파의 실적을 종합하여 평가하면 문명과 인권 파탄 종결자다. 아직도 진보를 입에 담는 자들은 자기들의 정체를 진부하게 속이려는 자들이다.

자유우파는 자유와 국익이 녹아 있는 개념이다. 이제 보수와 진보라는 허상의 용어를 폐기하고, 보수와 진보의 상위 개념인 자유우파를 사용하자. 자유우파는 자유를 지향하면서 국가의 안전과 풍요를 지향한다. 전쟁 없이 70년을 잘 살아온 국민들은 자유와 안보의 귀중함을 모르고 있다. 자유체제가 북한과 연방을 추진하는 남북주사파 연대에게 무너지면 처형과 교화(敎化)사업이 기다리고 있다는 것을 젊은이들은 잘 모르고 있다. 전교조 영향으로 왜곡된 역사와 이념교육을 받았기 때문이다.

넷, 자유화 운동을 계몽하면 '중도'라는 계층은 없다.

정치 무대에서 중도(中道)는 이념을 싫어하는 계층, 마음 표출을 안 하거나 마음을 반대로 표현하는 계층이다. 진짜 중도는 이념보다 생산과 실효성과 민생을 존중하는 정치 계층이다. 탈이념적인 중도는 양비(兩非)론자가 많다. 영원한 중도는 없다. 중도를 의식하여 자기 목소리를 못 내는 정당은 살이 찔까봐 밥을 거르는 자와 같다. 중도를 의식하면 집토끼도 다 잃는다. 과감하게 지지층을 설계하고 자기 목소리를 내야 한다.

중도는 결정적인 순간에는 힘이 세고 여론을 형성한 쪽을 따른다. 중도는 자기 색깔을 분명하게 하는 정당을 더 존중하고 따른다. 정당이 추구하는 가치를 일관성 있게 주장하고 행동으로 보여주면 가상의 중도 세력도 관심을 갖고 따라오게 되어 있다. 정치에 신경을 끈 사람은 중도가 아니라 그냥 무당층이다. 무당층은 누가 공을 들여도 유권자 행사를 안 한다.

### 자유화의 통일법칙 – 한반도 자유 통일과 용어 통일

사회좌파, 종북좌파, 좌파독재를 구분해서 사용하자.
- - - - - - - - - - - - - - - - - - - - - - - - - - - - - - - - -
자유진영은 '자유우파'로 용어를 통일
→ 남북 연합 자유화 운동으로 자유화 통일 달성

## 8. | 자유화의 정보(情報)의 법칙
### – 자유화와 공산화의 실체 비교

전쟁에서 정보의 원칙은 아군의 강점을 적의 약점에 집중하기 위한 정세 분석

정보(情報)는 가치 있는 정황(情況)과 소식이다. 정보는 국가기밀부터 기업체의 경쟁업체 분석, 날씨 정보까지 대상에 대한 정황을 얻기 위한 활동이다. 정보 도구의 발달로 원격구매, 화상 진료, 사이버 정치 참여 등 정보의 영역이 확대되었다. 정보는 현재의 불확실을 줄이며, 미래에 대응하는 힘을 제공하고, 선택과 집중의 분별력을 키워준다. 현대전에서 정보를 모르고 사업(싸움)을 한다는 것은 눈을 감고 운전하는 것보다 위험하다.

어떤 대상을 단순히 아는 것은 정보(情報)가 아니라 그냥 정황이다. 정황에 대한 강약점 분석으로 대응 방향까지 찾아내야 정보다. 사실을 안다고 정보라고 하는 것은 바람 한 움큼 쥐고 우주 공간을 잡았다고 하는 호들갑이다. 이제 스마트 폰의 등장으로 실시간에 정보를 교류한다. 민주화 세력과 공산사회주의 세력의 패악(悖惡)을 실시간에 알려야 한다. 좌파 정권은 개인정보 보호를 위해 테러방지법도 반대했으면서도 자유우파 단체에 헌금하는 계좌도 들여다본다. 인권 미개국인 중국에서도 시도하지 않는 짓을 과감하게 하고 있다. 자유대한민국의 운명이 경각에 달려있다.

하나, 자유화 운동은 공산사회주의 모순을 정확히 아는데서 시작한다.
자유민주주의는 겉으로는 불평등하게 보이지만 공정과 정의로 진보하는

체제다. 공산사회주의는 기회의 평등을 말하지만 실제는 불평등 노예체제다. 자유민주주의는 개인의 능력과 개성을 존중하여 마음껏 활동하고 능력자는 인류를 위해 봉사하게 하는 체제다. 공산사회주의는 개인의 자유를 통제하여 함께 가난하게 평등해지는 악의 체제다.

공산사회주의는 소수가 다수를 지배하는 노예체제다. 사회주의는 번영을 약속하지만 가져다주는 것은 빈곤이고, 사회주의체제는 기회의 평등을 약속하지만 소수가 결정권과 분배권을 쥐고 인간을 도구처럼 부리는 인권유린 체제다. 공산사회체제는 평등한 풍요를 이야기 하면서 개인의 자유를 뺏고 절대 권력시스템을 구축하여 다수를 억압하는 군주제(君主制)다. 중국은 1%가 99%를 지배하는 불공정 체제이고, 북한은 1인이 2천 5백만을 노예로 부리는 극도의 불평등 지옥사회다.

좌파 정권은 사회주의를 시도하느라 꼭 필요한 것을 규제하고 폐지했다. 자유진영 국가는 지배 권력이 완장을 차고 국민을 억압하거나 통제하지 않는다. 좌파 정권은 '타다' 금지법, 원격진료, 빅데이트, 숙박공유를 규제하고 있다. 자유와 자율시장의 영역을 줄이고 그 자리에 전체주의와 국가주도가 점령했다. 52시간제로 더 일할 자유와 최저임금제로 덜 받아도 직장을 가지려는 욕구를 깨뜨렸다. 소득주도 성장의 실패를 국가 세금으로 지원했다. 개인 부동산의 가치를 2천조나 상승시키고 부동산 세금을 높였다. 청년 일자리는 만들지 못하고 노인들의 알바 수준의 일자리를 늘였다.

둘, 자유체제의 장점을 알고 함께 전도하자.

자유민주체제는 자유민주와 시장경제질서로 무한대로 진보하는 체제다.

자유민주주의는 하늘로부터 공평하게 부여받은 자유 권리를 인정하고 누구라도 재능을 펴고 자기가 기여한 만큼 돌려주는 공정한 체제다. 자유체제는 저마다의 재능과 소질을 보장하여 삶의 질을 높이고, 경쟁에서 밀린 사람을 선택적 복지로 보상하여 함께 잘 살도록 보장하는 체제다. 자유체제는 국민을 주인으로 삼고 주인으로 대우하는 국민중심의 체제다.

안보의 자유화 운동은 공산화 저지로 국민과 영토와 주권을 지키는 활동이다. 국민의 자유는 국가가 힘이 있고 건재할 때 지켜지고 유지된다. 공산권 국가는 자유가 없기에 지킬 자유가 없고, 베네수엘라처럼 경제가 망하면 누구도 자유를 누리지 못한다. 문재인 정권은 국민과 영토와 주권이 변함이 없는데 개헌도 없이 체제 변혁을 시도하고 있다. 초등학교 6학년 사회교과서에는 국민주권이 아닌 '인민주권'을 표기했다.

경제의 자유화 운동은 시장자율을 회복하고 미래의 번영을 위해 투자하는 행위다. 국가는 국민의 자유침해 요소는 통제하고 최대의 자유와 풍요를 보장하는 조직이다. 4차 산업이 벌써 저만치 앞서가고 있다. 서방국은 오래전부터 4차 산업을 준비하고 4차 산업시스템으로 전환을 했다. 인재를 육성하고 인재가 큰 세상을 열도록 활동을 보장해야 한다. 세상의 변화를 읽지 못하면 인공기계에 밀려나고 인공지능의 지배를 받을 수도 있다. 국가는 국민의 자유와 창의성을 보장해주고 결정적일 때는 적으로부터 국민의 생명과 재산을 보호해 주어야 한다.

셋, 정확히 알아야 자유롭다.

상대를 알아야 자유롭다. 정보는 첩보를 누적(농축)시켜 장차 실현 가능성이 높은 사실을 찾는 활동이다. 정보는 행동 방향을 제시하는 나침반, 분위기를 파악하는 풍향계, 자기 걸음 수를 알려주는 만보기다. 주관적 정보와 기존 질서에 고착된 정보는 항상 오판을 저지른다. 일을 도모하고자 하면 사람에 대한 정보가 정확해야 한다. 사람의 본성과 근성은 쉽게 변하지 않는다. 아닌 것을 분별할 수 있어야 한다.

직무 정보는 현장에서 찾아야 자유롭다. 직장인은 자기 시간의 1/3 이상을 직업과 직무에 쏟고 있다. 직무가 자유롭지 못하면 대부분의 시간에 고통스럽다. 직무 정보는 미래의 가치를 찾고 대비하는 활동이기에 미래의 판도를 알려고 해야 한다. 그리고 실질적인 직무 정보는 현장에 있다.

진리를 알아야 자유롭고 불성(佛性)을 알면 초월할 수 있다. 국가는 적의 의도를 알아야 미리 대비할 수 있고, 기업은 경쟁 상대를 알아야 대비하고 자유로울 수 있다. 적을 모르는 짐승은 야수에게 죽는다. 그동안 자유우파는 종북·주사파에 대해서 잘 몰랐다. 그리하여 피 흘려 지켜온 나라를 양아치 운동권에게 넘겨주고 말았다. 그 운동권 일당은 북한이 70년 동안 적화통일을 위해서 대남공작을 해 온 것을 잘 알면서도 우리가 안보를 양보하면 북한이 핵을 폐기할 것이라고 국민을 속였다. 북한은 현재 핵을 폐기할 의지가 없고 더 이상 주제넘게 참견하지 말라고 한다.

차별금지법의 계략과 무서움을 알아야 한다. 차별금지법(差別禁止法)3)이

---

3) 차별 금지는 성별, 성정체성, 장애(신체조건), 병력, 외모, 나이, 출신 국가, 출신민족, 인종, 피부색, 언어, 출신지역, 혼인 여부, 성지향성, 임신 또는 출산, 가족 형태 및 가족 상황, 종교, 사상 또는 정치적 의견, 범죄 전력, 보호 처분, 학력, 사회적 신분 등을 이유로 한 정치적·경제적·사회적·문화적 생활의 모든 영역에 있어서 합리적인 이유 없는 차별을 금지하는 법률이다. 차별금지는 헌법에서 정하는 민주주의의 보편적

통과하면 공산주의 비판도 종북세력에 대한 비판조차도 할 수 없게 된다. 차별금지법이 통과된 외국에서는 성교육시간에 동성애동영상을 보여주고 항문성교까지 가르친다. 2017년 동성애 차별금지법을 통과시킨 호주에서는 동성애 반대 집회도 할 수 없다. 목사가 타종교에는 구원이 없다고 설교하면 처벌을 받는다. 한 마디로 선악의 분별을 말 할 수도 없고 토론할 수도 없다. 공산주의자들은 자기들 정체를 감추고 보호하려고 차별금지법 통과에 매달린다. 총선에서 좌파 연합이 압승하면 우리는 차별금지법 통과라는 최악의 악령을 지켜보게 될 것이다.

개인의 자유화 운동은 사생활 보장에 있다. 사생활이 침해되는 세상은 가축사회다. 농장의 주인은 가축을 24시간 감시한다. 북한과 중국이 그러하다.

**자유화의 통일법칙 – 한반도 자유 통일과 용어 통일**

공산사회주의는 소수가 다수를 지배하는 노예체제
--------------------------------------------------
자유민주체제는 자유민주와 시장경제질서로 진보하는 체제

원칙이며 국가인권위원회법에서 정하고 있으며 모욕죄 등의 의한 형사소송이나 민사소송으로 처벌 가능하다.

## 9. 자유화의 창의(創意)의 법칙
### - 자유화와 공산화의 선악(善惡) 비교

전쟁에서 창조원칙은 새로운 전투기법의 발굴이다.

전쟁의 승리요인은 반복되지 않기에 부단히 시대에 맞는 승리 전법을 창조해야 한다. 적보다 비교우위의 분야, 즉 비대칭 영역으로 적을 압도하는 기법과 전략을 창조해야 한다. 적이 목을 조이면 같이 목을 조이지 말고 급소를 찰 수 있어야 한다. 창조는 아예 없던 것을 만드는 창조, 이미 있는 것을 개조하는 창조, 이것과 저것을 결합하는 비빔밥 창조, 파괴를 통한 창조가 있다.

창조만큼 의미의 폭이 큰 단어도 없다. 인류의 문명사는 정신과 물질 창조의 흔적이다. 창조는 생각을 바꾸고, 개념과 물질을 결합하고, 방법과 방법의 결합, 물질과 물질의 배합, 모방을 통해서 이루어진다. 창조의 경지를 아는 자는 누구도 미워하지 않고 객관적으로 보려고 한다. 자유 또한 문명의 발전에 비례하는 개념과 방법을 찾아야 한다.

하나, 창조는 선과 악을 분별하고 건전한 미래로 나가는 행위다.

공산사회주의자들은 악(惡)을 선으로 포장한다. 자기들 비리를 감추려고 검찰 조직을 와해시켰다. 어느 정권도 측근 비리 수사를 막으려고 검찰 인사이동을 하지 않았다. 소득주도 성장의 실패를 감추려고 세금으로 메워준다. 좌파 정권에서 기업의 생선성이 줄고 개인의 행복지수가 떨어지는 것은 국정 방향이 인류 문명과 반대로 가기 때문이다. 강성 노조가 노동 기강을 깨트려 핸드폰을 보면서 자동차를 조립한다고 한다. 한 차원 높은 자유가 필요한 세상인데, 자유대한민국은 사회주의 전체체제로 이동하고 있다. 공산당에서 일자리를 지정해주고 발동작마저 통제하는 공산체제에서 자기창조는 있을 수 없다. 통계와 여론 조작으로 국민을 속이는 것은 선거부정이고, 공짜 정책으로 정권을 유지하려고 하는 것은 헌법부정이다.

자유는 창조를 가능하게 한다. 그로벌스탠더드연구원 회장인 전성철은 〈1차 산업혁명이 화약과 나침반을 창조한 중국이 아닌 영국에서 시작한 것은 영국은 자유를 발명했기 때문〉이라고 강조한다. 4차 산업은 자유와 창의가 생명이다. IT 기업은 정권이 통제하고 규제하면 자유로운 곳을 찾아서 경제 망명을 한다. 경제 발전과 다수의 생존을 위해서 인류 문명과 반대로 가는 사회주의 반자유 세력과 싸워야 한다.

둘, 자유화 운동은 최대 다수의 최대 행복 창조다.
국가는 국민의 행복을 보장하고 지원하는 조직이다. 국가가 국민을 행복하게 하려면 꼭 필요한 것만 통제하고, 나머지는 자율에 맡겨야 한다. 자유 진영의 국가는 기업이 번창하여 국가와 사회에 기여할 수 있도록 규제를 최소화하고, 국가는 개인의 행복 여건을 보장하고 개인의 행복을 방해하지 않도록 권리와 의무를 조화시키려고 노력한다. 반면 공산국가는 통제와 억압과 간섭으로 인민의 자유와 행복 자체를 불가능하게 한다.

좌파 정권은 강하게 통제할 안보는 해체하고 자율에 맡길 시장은 지나치게 통제하여 성장 동력을 모두 꺼버린다. 국민 다수가 빈곤과 피해의식을 느낀다면 그 위정자는 사퇴해야 한다. 공산사회주의와 전체주의 카드로는 절대로 국민을 행복하게 만들지 못한다. 자유 국가의 위정자는 절대로 보편적 복지를 판매해서는 안 된다. 자유대한민국 정상화 조치의 1번은 주사파 정권이 시도한 모든 정책을 백지화하는 것이다.

기업의 자유화 운동은 직원과 고객을 이롭게 하는 경영이다. 기업은 고객을 이롭게 하는 제품을 생산하고 유통시키는 조직이다. 기업의 자유화 운동은 구성원 모두가 자기 자리에서 직무에 충실하고 고객제일주의 시스템 구축이다. 기업은 구성원으로부터 노동과 지식을 제공받고 그에 상응한 보상으로 구성원의 행복을 돕는 조직이다. 기업은 구성원의 행복창조를 도우면서 고객을 넘어 인류까지 이롭게 해야 존속할 수 있다. 인류에게 이롭지 못한 기업은 존재할 이유가 없고, 기업을 자유롭고 풍요하게 만들지 못하는 기업의 리더 또한 존재할 이유가 없다. 풍요와 생산을 외면하고 문명과의 반대 횡보로 구성원의 노동력만 뺏는 기업이라면 폐업을 신청해야 한다.

교육의 자유화 운동은 인성회복과 자신감을 배양하는 역사교육이 중요하다. 교단을 장악한 전교조는 자유화 교육은커녕 반미와 반일과 인민주권 등 공산화를 가르치는 실정이다. 공산체제의 반문명과 야비함을 경험해보지 못한 젊은이에게 사이비 종교 전도하듯이 원시공동 사회 수준의 북한을 찬양하고 대한민국의 현대사를 경멸하고 조롱한다. 가정을 파괴하는 동성애 미화 교육으로 가치관과 정서를 교란한다.

어려서 기초질서 교육을 해야 그 습관이 오래간다. 자유의 소중성을 체험을 위해 학생은 형무소 철창의 부자유와 갑갑함을 체험시키고, 성인은 사망자를 염하는 장면과 죽어서 들어가는 관 체험을 시키면 겸손하고 신중한 삶을 살게 된다.

셋, 개인의 자유화 운동은 자기 창조다.

창조 중의 창조는 자기를 세상의 중심에 서게 하는 자기창조다. 자기창조는 자기역량을 찾고 키우는 활동, 고유한 정신세계를 구축하여 자기신비감을 유지하는 과정이다. 스마트 폰처럼 도구의 창조가 세상을 바꾸듯, 현재 내가 갖고 있는 지식과 재주를 융합하여 이 세상에 하나뿐인 자기를 창조하자. 하고 싶은 일을 하고, 먹고 싶은 것을 먹고, 심신이 요구하는 대로 할 수 있는 자유는 본성적 자유다. 창조적 자유는 남들이 시도하지 않은 것을 도전하고, 하기 싫은 일도 거뜬히 해내는 차별화 된 자기만의 자유다.

자기창조는 자유체제의 도움으로 이 세상에서 하나뿐인 자아를 만든다. 자기창조가 없는 상태의 물질과 제도의 창조는 도구적 창조에 불과하다. 남을 의지할 이유도, 남을 탓할 필요도 없다. 자기창조로 나의 길을 열고, 주변을 즐겁게 하고, 세상을 빛나게 하자. 새로운 생각과 새로운 방법으로 새로운 정신과 물질을 제조하여 이 세상에 하나뿐인 유일무이한 존재로 살자. 인공지능이 인간의 자유와 노동을 빼앗지 못한다. 창조형 인간은 인공지능을 통제하면서 새로운 인류문명을 열어갈 것이다.

자유와 행복은 동의어다. 자유가 없는 행복, 행복하지 못한 자유는 성립하지 못한다. 자유는 행복이라는 인류 공통의 가치를 지향한다. 자유민주체제 국가가 추구하는 최종 상태는 다수 국민이 행복한 나라다. 국가는 국민의 안전과 건강을 먼저 생각하고 국민 다수가 자유롭게 자기 생업에 최선을 다하도록 보장해 주어야 한다.

넷, 표현의 자유는 마지막 순간까지 보호되어야 한다.

표현의 자유는 자유민주체제의 근간이다. 미국의 헌법은 표현의 자유를 제한하지 못한다고 명시하고 있다. 상식과 양심에 근거하여 제기된 표현의 자유는 보장해야 한다. 표현의 자유를 명예훼손으로 억압하는 나라는 자유민주체제가 아니다. 자유인은 생각과 방법을 획일적으로 통일시키지 않는다. 설득의 명분으로 교육이 강요의 수단이 된다면 이는 교육을 빙자한 자유의 침해다. 교육의 중립성은 진실과 진리의 전도에 있다. 전교조가 좌편향, 친북 성향의 사상을 강요하는 것은 자유권과 인권의 유린이다.

자유는 인간이 존재해왔고 존재하게 하는 이유다. 자유는 인간다운 삶을 위한 가치이며 행위의 규범이며 모든 제도의 기초다. 자유의 가치 또한 상징과 기호를 통해서 지구촌에 퍼져나갔다. 자유는 누구에게도 침해받지 않을 천부인권이며, 자유는 자기의지로 찾고 지키는 기본권이다. 자유는 우주의 태초의 시작처럼 무궁무진한 에너지를 품고 있다. 자유는 자유만큼의 정의(定意)도 가능하지만 한마디로 줄이면, 자유는 인간의 본성을 대변하는 가치이면서 인간다운 삶을 보장하는 최고의 계율이다. 자유는 직접 체험하고 가치를 느낀 만큼 자유를 정의할 수 있다. 공산사회주의자들은 자유라는 미녀를 자기들 상상과 인위적 횡포로 마녀로 만들고 추앙하고 있다.

## 자유화의 창조법칙 – 자유와 반자유의 선악 비교

미녀와 마녀

자유화는 최대 다수의 최대 행복 창조다.
표현의 자유는 마지막 순간까지 보호되어야 한다.

- - - - - - - - - - - - - - - - - - - - - - - - - - - - - - - - - - -

공산사회주의는 악(惡)을 선(善)으로 포장한다.
통계와 여론 조작으로 국민을 속이는 것은 선거부정이다.
➜ 선거 부정은 자유체제 수호를 위해 국가사범으로 처벌

# 10. 자유화의 사기(士氣)의 법칙
## – 공정 시스템 구축

전쟁에서 사기(士氣)는 신념과 소속감 고취로 자발적으로 싸우게 하는 에너지다.

똑 같은 전투력이라도 전투원의 사기 상태에 따라서 전투의 성패(成敗)가 달라진다. 사기는 전투력을 배가시키는 보이지 않는 마력의 에너지다. 개인의 사기는 의지와 호연지기를 고양시켜 자기 일에 열정을 갖고 몰입하게 만들고, 조직의 사기는 조직의 역량을 증가시킨다. 사기가 없는 조직은 물리력의 병렬적 조합에 그치지만, 사기가 높은 집단은 유·무형 힘을 직렬적 조합으로 힘을 배가시킨다. 사기는 무에서 유를 창조하는 영적인 에너지에 의해서 생긴다. 자유체제의 우월성과 자유가 이긴다는 자신감으로 공산화를 저지하고 무한 자유를 생산하자.

자유대한민국은 선지자 이승만이 만들고 유엔이 합법적으로 인정한 정부다. 그런 자유대한민국의 모든 기능이 좌파독재의 위선과 무능과 비리로 무너지고 있다. 국가가 사라진다면 자유우파는 국가를 잃은 쿠르드족처럼 학살의 대상이 될 수도 있고, 나라 잃은 유태인처럼 떠돌아야 한다. 중국의 왕이가 서울에 와서 중국 편에 설 것을 요구했다. 독립국가에 있을 수 없는 일이 벌어짐에도 불구하고 한미동맹을 버리고 중국사대주의를 선택한다면 우리가 홍콩보다 나은 게 없다. 좌파 정권이 오판하여 미국을 등지고 국민을 가난하게 만들면 영국의 얼음 컨테이너에서 단체로 죽어간 베트남 사람처럼 우리도 해외로 떠돌다가 개죽음을 당할 수 있다.

하나, 자유화 운동은 공정한 시스템으로 자유체제 유지 운동

국가가 국민에게 줄 수 있는 최고의 사기는 자유와 공정성 제공이다. 국민의 자유는 헌법과 법치에 있다. 법치는 자유민주체제를 지키는 기본 근거다. 법치가 무너지면 서민의 자유는 존재하지 못한다. 법치는 모두를 공정하게 대하고 다수를 자유롭게 한다. 진영 논리에 의해 좌파 무죄, 우파 유죄라는 법의 잣대가 다르게 적용되면 이미 법치가 사망한 독재체제다. 독재자는 힘으로 자기의 비리와 비행을 감춘다. 독재는 소수의 권력을 위해 다수의 자유와 사기를 침해한다. 헌법을 무기로 대한민국 자유화와 정상화 운동을 펼쳐야 한다.

조직은 룰과 원칙으로 돌아가는 생명체다. 조직이 원칙을 정해놓고 서로가 원칙을 지키면 모두의 사기가 높아진다. 구성원의 사기가 깨지는 것은 소수가 특혜를 보기 때문이다. 원칙을 무시한다면 그 조직은 자유가 없는 동물 무리에 불과하다. 김영란 법의 취지도 공정한 세상 만들기였다. 좌파 정권은 모범적으로 공정을 무시했다. 인간은 역할의 차이 때문에 머리를 숙이지만 공정하지 않으면 머리를 숙이지 않는다. 조직에서 역할의 우위를 인간적 능력과 대접의 우위로 착각하면 깊은 갈등과 상처를 불러온다. 국민은 시행규칙이 공정하면 불평하지 않는다.

공정한 시스템은 그의 노력을 그에게 주는 체계다. 공평하고 합리적인 조직 시스템으로 조직 구성원의 자유와 사기를 보장하는 조직이 강하다. 조직의 리더는 조직의 사기가 지속되도록 인간존중 시스템과 합리적 보

상체계를 만들어야 한다. 공정할 때 인간의 에너지는 최대로 발휘된다.

둘, 자유의 가치를 알고 자유를 이야기 하는 세상을 만들자.

신바람과 흥이 많은 우리 국민에게 자유를 주면 뭐든지 잘 한다. 좋은 위정자는 모든 문제의 해결책은 자유를 주는 것이라고 믿지만, 나쁜 위정자는 국민에게 자유를 주는 것을 두려워한다. 그 자유가 모순과 위선 정치를 강타한다는 것을 알기 때문이다. 방종과 탐욕에 빠질 염려가 있는 분야는 자유와 자율과 책임을 함께 주고 결산을 취하면 문제가 없다. 자유를 누리려면 자유의 가치를 알고 자유를 이야기 하는 위정자를 선택해야 한다. 선거는 선택이다. 4.15 총선은 자유를 지키느냐? 자유를 잃느냐?의 전쟁이다. 선거가 전쟁 차원에서 치러진 경우는 없었다. 자유우파를 행동으로 대변할 후보자를 선택해야 자유를 지킬 수 있다.

좌파 정권은 지나친 통제로 국민의 자유와 사기를 학살했다. 좌파 정권은 우리들의 흥과 신바람을 죽였다. 19세기 미국의 언론인 윌리엄 개리슨은 국가가 국민의 자유를 거부하면 국가는 사라진다고 했다. 정권이 국민의 뜻을 거역하고 자유를 제한하면 기업은 해외로 떠나고, 해외 이민자가 증가하며, 출생률이 줄고, 국가는 성장을 멈춘다.

우리 조상들은 나라가 위기에 처하면 자발적으로 싸웠다. 무엇을 바래서가 아니다. 부모형제의 터전과 자유를 지키기 위해서였다. 국가는 국민의 자유를 보장해주는 위대한 조직이다. 18세기 계몽주의 사상가들은 인간의 이성이 국가를 만들었다고 주장했다. 국가를 성장시킨 것은 자유와 자율이다. 자유와 자율은 국가를 지탱하는 기본 에너지다.

셋, 자발적 자신감으로 개인의 자유를 증폭시키자.

자기 자유는 자기가 만들고 지킨다. 인간은 더불어 산다고 하지만 독립된 개체로 살 수 밖에 없는 외로운 존재다. 피상적인 위로만 있을 뿐이지 나의 고통을 대신해 줄 사람은 부모 외에는 없다. 나도 타인에게 관심과 사랑을 줄 여력이 없듯, 상대 또한 나를 향한 사랑을 줄 수 없다. 내가 나를 믿고, 나를 위로하며, 내가 나를 응원해야 한다. 그러니 남에게 의지하지도 말고, 남을 탓하지도 마라. 자신의 자유와 사기는 자기가 만들어야 한다.

자신감으로 무한 자유를 생산하라. 한 번 겁을 먹으면 앞으로 나가지 못한다. 모든 것은 자신감의 대결이다. 인간을 구별하고 합법적으로 차별 대우할 근거와 무소불위의 계급도 없다. 이 세상에 하나뿐인 자기가 자기를 믿고 나가면 그 게 자유이고 힘이며 승리다.

넷, 영적인 힘에 의해 생기고 증폭되는 초월적 자유를 찾자.

악랄했던 좀비들이 무너지고 무너진 선(善)들이 다시 소생하는 것은 영적인 에너지 때문이다. 선에는 영성이 돕고 악한 일에는 영성이 방해를 한다. 총선 시기에 맞춘 시진핑의 방한과 개인의 북한 여행을 우려했더니 우한 폐렴이 창궐하여 우려를 불식시킨다. 하늘은 위기 때마다 영웅을 내어 위기를 극복하게 한다. 다 이긴 게임에서 갑자기 변수가 생겨서 지기도 하고, 완전 패색이 짙은 게임에서 기적이 일어나는 것은 초월적이고 영적인 힘이 있다는 증거다.

악랄한 공산사회주의는 자기모순으로 자멸한다. 구체적인 예를 들어서 공산세력 자멸이 비과학이 아님을 제시한다. 중국의 코로나바이러스 창궐은 반문명과 생물화학전에 대한 징벌이다. 인위적 난동에 대한 형벌이다. 무너져가던 자유우파진영에 걸출한 영웅이 나타나서 자유대한민국 새 판짜기 운동이 전개되고 있고, 반면 좌파 진영은 은밀하게 추진했던 일들 ― 드루킹 사건, 미투 운동, 선거 개입과 선거 부정, 감찰 무마, 북한 퍼주기, 권력을 낀 금융비리, 중국 눈치를 보다가 국민 건강을 해치는 자살골 등 ― 이 하나씩 노출되고 폭로되면서 자멸을 앞당긴다. 악마들은 악마 수준만큼만 생각하고 자충수를 두기에 자멸한다.

## 자유화의 사기의 법칙 ― 공정 시스템

자유화는 공정한 시스템으로 자유체제 유지 운동
자유의 가치를 알고 자유를 이야기 하는 리더와 위정자 선택

좌파 정권은 지나친 통제로 국민의 자유와 사기(士氣) 학살
악랄한 공산사회주의자는 자기 모순으로 자멸

# 제4장

# 자유인(自由人)으로
# 살아가는 방법

　　자유인이 자유체제를 지킨다. 자유화 운동이 성공하려면 국민 다수가 자유인의 정신과 자세를 익혀야 한다. 지금의 대한민국은 좌파가 제공하는 감성팔이와 공짜 지원과 스마트 폰에 빠져서 자신의 자유와 나라의 미래와 집단의 이성마저 사라지고 공산화가 다가오고 있는데, 무엇을 잃어버렸고 무엇이 사라지는 지도 모르고 있다.

　　자유체제를 지키려면 진정한 자유인이 많아야 한다. 오래 산다는 상징물인 10장생(長生) ― 태양, 산, 물, 돌, 소나무, 달(구름), 불로초, 거북, 학, 사슴 ― 을 통해서 자유수호 전사들이 자유롭게 자유인으로 살아가는 방법론을 찾아보았습니다. 자유의 가치는 1:1로 전도해야 한다. 자유의 가치를 아는 사람이 많아지면 공산주의자들의 공짜로 유혹하는 행위는 불을 종이로 덮는 격이 될 것이다.

## 1. | 해를 통해서 배우는 자유의 영속성
### – 자유철학과 자유주권

해는 자전과 공전을 하면서 빛나는 항성(恒星)이다.

해는 자전과 공전을 하면서 온 세상에 햇빛을 뿌린다. 해는 해를 바라보는 곳에만 햇빛을 준다. 해가 스스로 만든 햇빛의 밝기는 백열전구의 100배다. 햇빛은 직진하다가 물체와 부딪히면 반사를 한다. 햇빛은 물질과 파동이 혼재한 상태로 직진한다. 자율적으로 시작하는 자유의 속성과 스스로 빛나는 해의 속성이 닮았다. 자유는 자기로 말미암아 생기고 자기 역량만큼 누리며 자기가 책임을 못질 정도로 자유가 지나치면 응징을 당한다.

자유와 진실이 이긴다는 것은 불변의 진리다. 해는 태양계의 중심으로 자전과 공전을 하고, 자유민주체제는 자율과 정의로 돌아간다. 자유가 없는 정의는 원리주의이고, 정의가 없는 자유는 폭력이다. 국민 다수가 자유는 자기생명과 같고 자유민주체제는 자기를 지켜주는 큰 울타리임을 체감할 때 자유민주체제는 영구(永久)하다. 자유는 누구에게도 침해받을 수 없는 인권의 자산이며, 내가 준비하고 노력한 만큼 확보하는 소유물이며, 때로는 서로의 평온을 위해서 양보해야 하는 값진 선물이다. 자유는 법치라는 기초 위에 저마다의 양보와 희생으로 유지되고 발전하는 인류의 최고 가치다.

자유민주체제는 국민주권과 자율시장과 정의를 축으로 돌아간다.

해에서 햇살이 나오듯 권력은 국민주권에서 나오고 그 주권의 핵심은 자유다. 권력이 국민 주권에서 나오더라도 자유가 없는 상태에서 혹은 위정자에게 기만을 당한 상태에서 주권을 행사했다면 독재 권력의 희생물이다. 촛불 정변으로 권력을 잡은 주사파 정권은 국민주권마저 지우고 일부 고등학교 윤리교과서에는 인민주권으로 대체했다. 물질의 자유는 보이지 않은 손인 시장의 자율에서 나오고, 사회의 자유는 아닌 것을 배격하는 정의와 법치에서 지켜진다.

자유주권은 자유체제를 지킬 위정자에게 투표권을 행사하는 권리다.

국가관이 없는 사심에 찌든 사이비 위정자들에게 속으면 자기 주권을 자기를 해치는 놈에게 주는 꼴이 된다. 그동안 우리의 투표행위는 인물보다는 지연과 혈연과 당(黨)을 보고 그들의 평소 언어를 믿고 찍었다. 그리하여 자유민주체제가 흔들리고 국가가 파손 될 위기에 빠졌다. 이제 자유 수호를 주창하고 국민을 위해서 헌신할 자에게 자유주권을 위탁하자. 자유주권은 자유민주체제와 자신의 기본권을 지키는 무기다. 그 자유주권을 개인영달만 추구하고 국가를 해치는 자에게 주어서는 안 된다. 그래서 자유의 근간이 되는 자유주권 개념을 정립해야 한다.


## 해(太陽)를 통해서 배우는 자유인으로 살아가는 방법

하나, 한마음으로 자아(개인)를 자유롭게 하자.

변덕을 부리거나 중심을 옮기면 자유롭지 못하다. 한 사람을 선택했으면 그에게 충성하고 순종해야 한다. 햇살은 해의 표면을 떠나는 순간부터 한길로 직진한다. 햇살은 굽어갈 줄 모르고, 하늘은 말은 없지만 다 보고 들으며 바름을 집행한다. 얄팍한 마음으로 하늘을 속이지 못한다. 하늘에는 하늘도 하나, 지상에는 한국도 하나, 우주와 함께 해온 영적인 '나'도 하나다.

부처의 유아독존(唯我獨尊)도 하나, 한마음도 하나, 하나님의 마음도 하나다. 모든 게 하나이기에 인류의 정서와 양심도 하나다. 하나의 원리와 도(道)를 이탈하면 탈이 나고 사고가 된다. 진리와 진실이 만나야 믿음을 주고, 정성과 영성이 만나야 하늘도 감동시킨다. 밝은 해처럼 자기마음을 밝게 하고, 하늘처럼 넓은 한마음으로 상대의 시비에 아파하지 말자.

둘, 국민주권보다 명확한 자유주권을 행사하자.

국민주권(國民主權)은 국민이 주권을 가지는 헌법 제도를 말하며, 자유주권은 다양하다. 국민주권을 자유롭게 행사하는 상태, 자유가 바탕이 된 주권을 말한다. 국민은 투표를 통해서 자기 주권을 위정자에게 위탁한다. 국민주권을 주어도 행사하지 못하면 진흙속의 진주이고, 국민을 속이고 국민을 통제하려는 자에게 주권을 위탁하면 자기 권리를 악마에게 주는 꼴이다.

그동안 자유우파는 586 이념의 돌팔이들이 공산화를 위해서 인권과 민주화라는 가면을 쓰고 국민을 기만해온 것을 몰랐다. 지금부터라도 자유의 가치를 주장하고 국민의 권익을 대변할 위정자에게 표로서 주권을 위탁하고, 그 위정자가 유권자의 권익과 자유를 보장하는 지를 감시해야한다.

셋, 자유수호 세력은 함께 연대해서 싸우자.

그동안 우리나라는 빠르게 성장하면서 사이비 인권과 민주화 무리들에게 속아서 지금의 대혼동과 혼란을 겪고 있다. '양동안' 교수의 주장처럼 90년도에 좌익세력과 제휴한 정권이 들어섰고, 2천 년 초기엔 좌익세력이 주도하는 연합정권이 생겼고, 이제는 공산정권의 모습을 다 갖추었다고 해도 지나치지 않다. 남북 주사파가 연대하면 한반도가 공산화 된다.

이제, 자유수호 단체와 자유인을 자처하는 전사들이 하나로 뭉쳐서 가짜 공산화 무리들과 싸워야 한다. 자유의 가치와 행동의 중요성을 아는 자유 주권세력이 뭉쳐서 사이비 인권과 공산화를 추진하면서 민주화운동으로 기만한 세력을 폭로하고, 대동단결하여 노골적으로 공산화를 추진하는 종북세력을 응징해야 한다.

### 해를 통해서 배우는 자유의 영속성 – 한마음

- 한마음으로 자아(개인)를 자유롭게 하자.
- 국민주권보다 명확한 자유주권 행사
- 자유수호 세력은 함께 연대해서 싸우자.

## 2. | 산(山)을 통해서 배우는 자유의 조화성
### - 작용과 반작용, 어울림

산은 무겁고 조화롭고 변하지 않기에 장수한다.

산은 사계절 겉모습은 변하지만 자기 자리를 지키면서 저마다 생산에 동참한다. 산은 흙과 생명과 암반의 집합체다. 산은 새소리와 물소리와 바람소리가 하나로 노래한다. 산은 자연의 원리로 살아남는 생명체를 거두며 그의 것을 그에게 돌려주는 정의와 공정함이 있다. 산은 강물을 따라 흐리지 않고 한 자리를 지키면서 어울린다. 깊은 산은 메아리를 통해서 자신이 뱉은 말을 그에게 돌려준다. 자유 또한 깊은 의지에서 생겨나 진중하고 겸손한 노력으로 세상의 물결을 바꾸고 세상을 자유롭게 한다.

자유(自由)는 자기로 말미암아 생긴다. 자유는 자기 인연과 의지로 생겨나 자기행위를 따르며 자기 행동을 본(本)으로 삼는다. 자유는 마중물의 원리다. 물을 부어야 물이 위로 오르듯 자유는 자유를 통해서 증가한다. 한 자리를 우직하게 지키는 산처럼 자유의 본성과 가치는 불변이다. 자유는 자기의지가 만든 산물이다. 자유민주체제는 법치와 양심과 정의를 축으로 굴러갈 때 국민의 자유가 성립한다. 좌파 정권은 겉으로는 공정과 정의를 주창했지만 실제는 반대로 했다. 자기마음대로 권력을 휘둘렀고 권력에 항의하면 재갈을 물렸다.

순수성을 잃은 정치집단은 괴물이다. 부정선거를 저지르고 수사가 진행되자 문(文)은 검찰 수사를 학살해 놓고 자기 인사권은 존중받아야 한다고 했다. 거짓이 판을 치고 자기 진영에 불리하면 집단공격으로 진실과 진리를 압살한다. 국정을 농단하고 국가를 파괴하는 종북세력은 자유화의 물결로 압도해야 한다.

자유는 정의를 기초로 생기고 존속한다. 자유는 산처럼 듬직해야 생긴다. 일희일비하는 곳에는 자유가 없고 자중지란(自中之亂)만 생긴다. 산은 저마다의 공정한 생명원리로 살고 살아간다. 인위적인 게 개입하지 못하기에 한 치의 빈틈도 없다. 자유와 정의는 바늘과 실의 관계다. 자유가 없는 정의는 원리주의로 흐르기 쉽고, 정의가 없는 자유는 폭력이다.

정의는 자유를 만들고 담아주는 큰 그릇이다. 독불장군은 오래 못간다. 종북 정권은 비리수사 방해와 사법 집행 방해 문제를 덮으려고 무단강권통치를 하고 있다. 국민을 우습게 알고 군림하려는 운동권 세력들이 대한민국을 동물농장으로 만들고 있다. 자유 우파는 합심해서 먼저 이겨 놓고 내로남불 악당들은 정리하자. 자유 우파가 내부 싸움에 말리면 다 죽는다.

자유와 반자유는 동시에 생긴다. 자유의 가치를 스스로 지키고 키우지 않으면 반자유의 지배를 받는다. 반자유 공산화 세력은 자유를 지킬 힘이 없고 공짜를 바라는 자들을 먹이로 삼는다. 자유우파는 적이 없는 상태를 평화라고 하고, 공산좌파들은 자본주의가 없는 상태가 평화라고 한다. 자유는 상징의 언어로 풀면 너무도 파생이 되어 본질이 흐려진다. 자유는 영육에 좋은 것이다. 자유는 생명체의 생명이다. 독재자는 자기 자유를 위해 다수의 자유를 억압하기에 자유화 운동으로 독재자와 소수의 탐욕을 제압해야 한다.

## 산(山)을 통해서 배우는 자유인으로 살아가는 방법

하나, 미워하면 자기 자유를 잃기에 미워하지 마라.

있는 그대로 존재하는 산처럼 어떤 인위적 미운감정을 갖지 마라. 미워하면 자기 자유를 스스로 잃는다. 자유도 투자다. 부족해도 사랑하면 사랑으로 화답하고 밉다고 미워하면 회복할 수 없는 갈등이 된다. 자유의 소중성을 알고 남의 자유도 존중할 때 자유는 충돌하지 않고 굴러간다. 진영 논리에 빠지면 자기 진영만 옳다고 하면서 상대의 자유를 침해한다. 지렁이도 밟으면 꿈틀거린다. 남의 자유를 제한하면 자기자유도 통제를 받고, 미워하면 미움의 폭만큼 자유를 제한한다. 대인관계에서 걸림이 없는 자유를 원하면 먼저 양보하고 이해하며 포용하자.

둘, 비난하지 말고 이해하고 어울려라.

있는 그대로 돌려주는 메아리처럼 비난하면 상대도 비난으로 대응한다. 작용과 반작용이 동시에 일어나는 메아리처럼 선과 악의 집행, 인과응보와 부메랑은 동시에 일어난다. 한쪽으로 힘을 가하면 반대 방향에서 똑 같은 힘으로 반응한다. 자아의 자유화 운동은 모나지 않게 어울리는 행위다.

자유는 순서와 순리를 따른 결과물이다. 자유는 자기를 찾은 상태이거나 자기를 찾아가는 과정이다. 자기를 모르는 상태의 부귀영화는 허깨비다. 이 세상에 홀로 자유로운 사람은 없다. 땅과 바다와 하늘은 물리적 영토이고, 긍정과 사랑과 감사는 자유를 잉태하는 마음의 영토다. 긍정으로 보고 사랑으로 빛내며 감사로 되새기자. 자유로운 자기 마음을 찾는 것은 자기의 자유를 찾는 길이다.

셋, 자기 자유를 누구와 비교하지도 남에게 위탁하지도 마라.

자유를 비교하거나 통제하면 불만과 부작용만 더 커진다. 정치사상가 페트릭 헨리는 '자유의 창가에서는 평등을 바라볼 수 있으나, 평등의 창가에서는 자유를 바라볼 수 없다'고 했다. 자유가 정착된 서방은 최소의 세금만 거두고 상속세가 없다. 평등 이념을 명분으로 하는 사회주의와 전체주의는 모든 것을 규제하고 통제하며 부자와 기업에 과도한 과세를 한다. 규제와 통제는 부메랑이 되어 함께 가난해지는 원시의 원점으로 돌아가게 한다. 생명과 같은 개인의 자유를 지키려면 참정권을 행사하고 주권을 위탁하더라도 예의주시해야 한다. 제대로 못하면 가용한 수단(전화, 댓글, 여론 조성)으로 제어해야 한다.

### 산(山)을 통해서 배우는 자유의 조화 – 어울림

- 하나, 미워하면 자유를 잃기에 미워하지 마라.
- 둘, 비난하지 말고 이해하고 어울려라.
- 셋, 자기 자유를 누구에게도 위탁하지 마라.

## 3. | 강(江)에서 배우는 자유의 순응성
### | - 순리, 순서, 순응

강(江)은 자연 리듬과 순리를 따르기에 장수한다.

강물은 바다와 구름을 거쳐 다시 비로 내리듯 만물은 순환한다. 강물의 세포인 물은 무색무취의 순수와 대상에 형상을 맞추어주는 수용과 돌고 도는 순환의 상징이다. 흙탕물도 받아주는 바다처럼 포용하고, 나무속의 수액(樹液)처럼 순리를 따르자. 부딪혀 날아가는 포말(泡沫)처럼 의미 없는 것들은 미련 없이 놓아주자. 자유는 강물처럼 있는 그대로를 수용하고 따르는 행위다.

강물은 자기 형제를 고집하지 않기에 자유롭다. 강물은 낮은 곳을 지향하며 막히면 돌아가기에 그 형상이 자유롭다. 개인도 자기 기준이 너무 완고하면 부자유스럽다. 자유롭기 위해서는 주변과 어울릴 수 있어야 한다. 물은 컵에 담으면 컵이 되고 쟁반에 담으면 쟁반 높이에 키를 맞춘다. 물이 현재 여건에 자기를 맞추듯 자유는 현재 여건에 몸과 마음을 맞추어야 한다. 개인의 자유는 있는 그대로를 수용할 때 가장 자유롭다.

**자유화 운동은 시스템과 다수의 감시로 자유를 지키는 단체운동**

자유화 운동은 국민의 권익을 강화하고 보장하는 운동이다. 자유화의 숨결이 제도와 시스템에 촘촘하게 미치지 못하면 주권자인 국민이 배제

되고 위정자들이 국정을 농단하게 된다. 민의를 대변하라고 국회로 보냈더니 국민은 안중에도 없고 자기들끼리 밥그릇 싸움만 한다. 우리는 4+1의 좌파 연합의 반란으로 국민의 뜻과 전혀 다른 법안이 통과하는 것을 보았다. 헌법과 국회법에 '국가의 주인인 국민은 자유의 가치를 지킬 위정자를 선택하고, 선택된 위정자가 국민의 이익에 반하는 행동을 하면 언제든지 징벌한다' 라는 조항을 넣어야 한다. 모든 법규와 규정은 국민 중심으로 정교하게 재조정되어야 한다.

좌파 정권은 자유가치를 파괴하고 반자유로 가는 반역을 범했다. 그들은 위장 평화로 국민을 속이고 거짓의 안보 장사를 했고, 유권자의 표를 사기 위해 인기정책과 공짜 정책으로 경제를 파탄내고 있다. 운동권 수준의 머리로는 끼리끼리 비리를 저지르는 것 외에는 국익을 위해서 어떤 것도 하지 못했다. 그들은 국정 농단도 부족하여 선거 공작도 했다. 우리는 지금도 3.15부정선거에 대한 증오감을 갖고 있다. 부정선거는 어떤 형태든 엄중하게 처벌을 해야 자유의 가치를 지킬 수 있다. 자유의지와 순수정서가 파괴당하지 않으려면 선거부정은 용서해서는 안 된다.


## 강(江)을 통해서 배우는 자유인으로 살아가는 방법

하나, 순리와 순서를 따르자.

자유인으로 살려면 순리를 따르자. 순리를 거역하면 어떤 자유도 얻지 못한다. 자유는 진리와 동급으로 순리를 따를 때 진정한 자유를 누린다. 순리 이상의 것은 욕망이고 탐욕이며 패망이다. 강은 산에서 발원하여 바다로 가고, 자유는 마음에서 시작하여 평안으로 가며, 순리를 따르면 정상으로 간다.

본래의 마음으로 아픔과 서운함과 분노를 녹이자. 마음이 곧 자신임을 알면 눈에 불편한 일과 귀에 거슬리는 소리를 무시할 수 있다. 부정적인 생각이 불쑥 머리를 쳐들면 각성의 망치로 내리치고, 소멸될 수밖에 없는 물질은 미리 놓아주며, 사소한 불편은 무시하자. 영육의 자유를 위해서 말이다.

둘, 작은 일에 집착하지 마라.

강은 태어난 산을 두고 바다로 간다. 진정한 자유는 어디에도 묶이지 않는다. 자기 이익에 집착하지 말고 순리를 따르자. 위정자가 자기고집과 집착에 묶이면 국민이 고통을 받고, 개인이 아쉬움과 미련에 잡히면 자유가 없다. 지형 여건에 따라 자신의 형태를 바꾸는 물처럼 조직에서 자유롭고 싶으면 주어진 여건을 수용하는 마음의 아량과 융통성이 필요하다. 집착을 버리려면 집착하는 일보다 더 큰 가치를 생각하는 힘이 있어야 한다.

셋, 순수 마음이 자기 자신임을 깨닫자.

개인의 자유화 운동은 자유로운 마음 찾기다. 다듬고 빛낼 수도 있는 정제된 마음과 미련 없이 버릴 수 있는 마음을 찾자. 물은 형체를 주변 지형에 맞추기에 어디든 자유자재로 간다. 본래의 마음은 어디든 갈 수 있는데, 마음이 사소함과 부정과 미움에 잡히면 고체 상태로 굳어져서 자유롭지 못하다. 사소한 생각에 잡히면 마음의 핏줄이 막혀 행동이 조잡하다. 몸의 욕망에 사역(使役)하면 소인이 되고, 굽은 마음에 부역(負役)하면 악인이 된다. 개인의 자유는 마음이 자기 자신임을 알 때 시작하고 마음으로 두려움 없이 행동할 때 완성이 된다.

### 강(江)을 통해서 배우는 자유의 순응 – 순리와 순서

- 하나, 순리와 순서를 따르자.
- 둘, 작은 일에 집착하지 마라.
- 셋, 순수 마음이 자기 자신임을 깨닫자.

## 4. 돌에서 배우는 자유의 전술
### - 선택과 집중

**돌은 단단하고 딱딱한 고체다.**

돌에는 조약돌부터 암반까지 여러 종류가 있다. 돌의 종류는 잡석. 수석, 운석까지 그 등급이 다양한 무생명체다. 수석과 운석에는 인간이 부여한 가치가 따른다. 돌은 암반의 일부이기도 하고 돌은 암석의 부분이기도 하다.

굴러온 돌이 박힌 돌을 빼낸다. 아닌 것을 거부할 때 진정한 자유를 지키고, 적에게 공격을 당하기 전에 선제공격을 해야 국가를 지킨다. 국가는 침략을 당해서 망하는 것이 아니라 자멸한 다음 침략을 당한다. 인류의 암덩어리인 공산사상이 죽지 않고 자유의 견고한 성을 공격한다.

구르는 돌은 이끼가 끼지 않는다.(A rolling stone gathers no moss.) 반듯한 자유는 간섭받지 않는다. 행동의 중요성을 강조하는 격언이다. 녹은 쇠에서 나와 쇠를 잡아먹고, 이끼는 돌에서 생겨나 돌을 부식시킨다. 원인과 근원이 나쁘면 결과도 나쁘다. 자유는 자율과 자연과 자유자재에서 생긴다. 남의 간섭으로 무너지는 게 아니라 먼저 자신이 흐트러지기에 간섭을 당하고 자유를 잃는다.

자유 또한 선택과 집중의 영역이다. 자유는 기본권, 표현의 자유, 양심의 자유, 종교의 자유, 집회 및 결사의 자유 등 자유의 분류와 질은 다양하다. 자유를 압축하면 자유로운 쪽을 선택해야 자유를 누리고 좀 더 나은 자유를 위해 헌신할 때 자유는 지켜진다. 탐욕스럽고 지배욕구가 강한 위정자들은 다수가 자유를 갖는 것을 싫어하고 두려워한다. SNS 가 발달 할수록 집단의 의지와 다수의 자유는 누구도 침해하지 못한다. 멍청한 종북·주사파 일당들은 세상이 변한 것도 모르고 위탁받은 권한을 남용하고, 다수의 자유를 제한하려고 음모를 꾸미며, 자기들만의 허황한 세상을 위해 친중 인사들은 사대주의 판박이인 여시재를 가동한다.

바둑돌에서 배우는 자유의 선택과 집중 속성.

바둑은 처음부터 끝내기까지 선택의 게임이다. 자유도 선택이다. 바둑판의 눈은 361, 3선 이하의 외주의 눈은 72, 4개의 귀로 구성되어 있다. 바둑 한 판을 두자면 최소 백 개가 넘는 돌을 선택해야 한다. 하나뿐인 신의 한 수도 있지만 대개는 여러 개의 눈(길) 중에 하나를 선택하게 된다. 바둑에서 선택은 자신의 선택과 상대의 선택이 조화를 이루며 한 판의 바둑을 만든다. 바둑은 선택과 조화다. 자유 또한 도전과 응전의 조합이다.

바둑을 뒤보면 개인의 인생 처신과 조직의 의사결정 과정이 닮았다는 걸 느낀다. 인생길과 의사결정에는 수많은 갈림길을 만난다. 이 길로? 아니면 저 길로? 망설이다가 결국은 한 길을 선택한다. 바둑의 고수도 주저하면 악수(惡手)를 둔다. 인간의 생각과 선택은 합리적이지 못하기에 조정과 조율을 통해서 바로 잡아간다. 자유 또한 자율의 힘으로 조정이 되어야 한다.

## ■ 돌을 통해서 배우는 자유인으로 살아가는 방법

하나, 마음의 자유를 위해 밝고 맑은 마음을 선택하자.

누구도 진리를 파괴할 수 없듯이 누구도 당신이 밝고 크고 장대한 마음의 자유를 빼앗지 못한다. 작은 시름은 단순하게 대응하고, 자기 의지와 능력을 벗어나는 일은 믿음으로 처리하며, 어찌할 수 없는 미련과 고통은 놓아주고 버리자. 버려서 얻는 자유도 많다.

둘, 피할 수 없으면 즐겁게 받아들이자.

최선을 다하고 마음에 들지 않은 일이 생겨도 예민하게 반응하지 마라. 일상에서 고통의 무게를 느끼면 내려놓고, 결정적일 때는 저마다의 믿음의 기둥 앞으로 나가서 고민과 꿈을 동시에 올려놓고 헤쳐 나갈 힘과 용기를 달라고 기도하자. 벅찬 것은 내려놓고, 그래도 해결되지 않는 시름과 아픔과 고민은 불전(佛殿)과 성전(聖殿)에 비대면 결재로 올려놓고 기다리자.

셋, 자유롭게 선택하되 선택을 했으면 후회하지 마라.

우리는 무수한 선택을 한다. 선택을 했으면 그 결과에 대해서는 운명으로 수용하자. 고통은 피할 수 없지만, 현실을 직시하고 독한 결기를 품으면 고통을 이길 수 있다. 미세하게 살피면 삶은 고통보다 즐거움이 많다. 피할 수 없으면 즐겨야 한다. 살다보면 자기 힘으로 해결할 수 없는 일이 더 많다. 삶은 고행과 걱정과 시름의 연속이다. 걱정할수록 걱정거리는 더 늘어나고, 시름을 잡고 늘어질수록 시답잖아진다. 눈에 선명하게 보이고 목숨을 걸어도 아깝지 않은 일을 선택하고 집중하자.

## 5. 구름에서 배우는 자유의 실체
### - 허상과 거짓 경계

십장생의 5번은 구름과 달이다.

뜬구름은 허공에 걸려 있어 관심을 끌기 쉽지만 손으로 잡을 수는 없다. 인생을 구름에 (달 가듯이 간다고) 비유한 박목월 시인도 있고, '구름을 아무리 보아도 거기에는 인생이 없다. 반듯하게 서서 자기 주위를 보면서 자기가 인정한 것을 붙들라'고 괴테는 말했다.

뜬구름을 잡지 마라. 구체적인 실체를 잡으라는 격언이다. 좌파 정권의 안보 정책은 연방제 뜬구름을 잡으려는 허황된 논리다. 연방제는 심장과 위장의 위험한 결합이고, 독사와의 입맞춤이다. 연방제를 한반도가 선택해야 하는 시대의 과제라고 주장하는 자는 한국인의 적(敵)이다. 총칼과 공개처형으로 개인을 억압하고 유린하는 북한의 노예체제와 자유를 만끽해 온 자유민주체제가 하나로 결합을 한다는 것은 불행한 결합이다. 이미 예멘에서 체제가 다른 결합은 어렵다는 것을 검증했다.

월남의 패망에서 배우는 뜬구름 잡는 자들의 종말.

경제규모와 군사력에서 우위였던 월남이 패망한 것은 당시 정치인과 관료와 군인과 종교지도자와 언론인 중에 민주주의와 평화주의자로 위장한 45,000명의 간첩이 암약했기 때문이다. 이들은 월맹과 내통 암약하며 폭력시위를 조종하고 혼란과 분열을 조장하고 부추겼다. 월남도 가짜 민주주의 세력들의 침투와 암약으로 자유를 잃었다.

현재 자유대한민국에는 반역 세력이 50만을 넘는다고 한다. 월남은 항복 이후에 즉결처분으로 10만이 죽었고 200만의 보트피플 중 70%가 죽었다. 자유대한민국의 고급 지휘관이 종북좌파 정권의 폭거에 침묵하면서 눈치만 본다면 국민의 생명과 자유와 재산을 지키지 못한다.

달은 차고 기울지만 지구 곁을 벗어나지 못한다. 달은 초승달부터 보름달까지 여러 모습을 짓는다. 달은 매일 모습이 변화해도 빛을 내지 못하는 행성이다. 좌파 정권이 북한을 아무리 미화를 시켜도 북한은 그냥 불량 단체다. 이제 북한은 같은 민족도 평화협상의 대상이 아니다. 북한 노예체제는 동맹과 우방의 단호한 힘으로 붕괴시킬 대상이다. 붕괴를 시키고 새로운 자유민주주의를 심어주어야 한다. 북한과 도모하는 자는 힘의 원리를 모르는 바보천치이거나 북한에게 낚여서 북한 지령을 받는 자들이다.

## ■ 달을 통해서 배우는 자유인으로 살아가는 지혜

하나, 마음의 중심을 잡고 삶을 흘러가는 과정으로 보자.

달은 정해진 궤도를 돈다. 중력이 중심을 잡아주기 때문이다. 개인 심성의 자유화 운동은 마음의 중심을 잡고 자기역량을 마음껏 펼치는 기술이다. 중심이 너무 견고하면 어울리지 못하고, 삶을 중심도 없이 자기 기준과 자존심으로 인위적으로 끌고 가면 지친다. 마음만이라도 자유롭고 싶으면 마음의 중심을 잡고 삶을 흘러가는 과정으로 보자. 마음의 중심을 잡으면 매사가 신중하고 작은 일로 흔들리지 않으며 상대를 이해하고 용서할 수 있기에 항상 즐겁다. 삶을 흘러가는 과정으로 보고 이미 발생한 일은 숙명으로 받아들이면 좋고 나쁨도, 고통도 기쁨도 다 즐거움의 대상이 된다.

둘, 허상과 거짓을 경계하라.

자유 또한 뜬구름 잡기가 아닌 영육으로 느끼는 실체가 있어야 한다. 호수에 잠긴 달처럼 조용히 묵상하고, 낮에 나온 반달처럼 묵묵히 겸손하며, 빛나는 보름달처럼 원만한 상태를 유지하자. 저마다 감정과 허상을 버려서 세상을 바로 보고, 자기 성찰로 본래의 참 모습을 회복하며, 욕심을 줄이고 절제하여 자부심과 자신감을 찾자.

객관성을 잃은 여론조사는 부정선거의 앞잡이다. 인위적으로 엄선된(진영이 다르면 여론 모집단에서 배제) 특정 모집단에서 추출한 여론조사는 한쪽 편만 들어주는 허상이다. 20대 총선 전 여론조사와 총선 결과와는 판이하게 달랐다. 보여주는 단편적인 여론조사와 통계와 허상에 속으면 상황을 오판하고 이용만 당한다.

국민이 악(惡)의 실체를 보지 못하면 계속 끌려간다. 홍위병들은 중공 지도부 악령들의 부추김에 속아서 자신과 중국 인민을 함께 죽였다. 다수가 아니라고 해도 사기 논리에 쥐하여 반역에 동참하는 달무리들이 많다. 승리하고자 하면 행동으로 실체를 보여주고, 자유롭고자 하면 정도를 걷고 반듯해야 한다.

셋, 자유롭고자 하면 진심을 보여주고 자기 의지를 정제하라.

달은 빛을 스스로 만들지 못한다. 거짓은 절대로 빛나는 영광을 얻지 못하고 반드시 노출이 된다. 대인관계 또한 진실해야 오래 유지가 된다. 진심을 이기는 무기는 없다. 원하는 바가 있으면 간절한 진심을 담고, 진심으로 갈구하고 희망하며 방법을 찾자. 자기주장을 줄이고 상대를 배려하며 원만한 마음을 품자.

구름 속의 달은 밤길을 밝히지 못한다. 통치자도 엄밀하게 말하면 권한이 많은 국민의 한 사람일뿐이다. 권력을 마음대로 휘두르면 직권 남용으로 말년 운세가 사나워진다. 의지가 자유를 만들지만 자기만을 위한 지나친 의지는 구속의 이유가 된다. 최선을 다하는 것까지는 자기 의지다. 의지 이후로 벌어지는 것은 운명이다. 현재가 억울하고 불리하다고 기죽지 말고, 현재가 유리하다고 권한을 남용하지 마라.

## 달을 통해서 배우는 자유의 실체 – 허상 경계

- 하나, 마음의 중심을 잡고 삶을 흘러가는 과정으로 보자.
- 둘, 허상과 거짓을 경계하라.
- 셋, 자유롭고자 하면 진심을 보여주고, 의지를 정제하라

## 6. 소나무에서 배우는 행동의 자유
### – 우직과 소신

소나무는 솔로 불린다.

솔이라는 어원은 위(上)에 있는 높고(高) 으뜸(元)이란 의미로 나무 중에서 우두머리라는 뜻이다. 소나무는 기름진 땅도 너무 메마른 땅도 싫어한다. 산 정상의 암반에 뿌리를 내린 소나무는 소나무 줄기에 붙은 이끼와 솔잎에 맺힌 물방울을 흡수하여 산다. 오월이면 소나무 순들이 하나같이 하늘을 올려보며 똑바로 일어서는 것은 하늘의 소리를 듣기 위해서이고, 여름 소나무가 태풍에도 버티는 것은 바람에 휘어지는 가지의 유연성 덕분이고, 겨울 소나무가 폭설에도 버티는 것은 가지에 눈이 버티기 어려울 정도로 쌓이면 가지는 소나무를 보호하기 위해서 일부러 자기를 부러뜨린다.

자유는 희생으로 성장하고 진보한다. 겨울 소나무가 가지의 희생으로 소나무를 지키듯 자유 또한 자유의 가치를 아는 분들의 희생으로 지켜진다. 이차돈의 순교처럼 새로운 문명의 도입은 선구자의 희생이 있었기 때문이다. 현재의 대한민국은 경제시스템은 이미 사회주의로 자리를 잡았다. 공산화되는 것을 다수의 힘으로 막아야 한다. 종북 좌파 정권은 주택 매매 허가제까지 제시할 정도로 반시장, 반자유적이다. 자유를 뺏으려는 세력과 처절하게 싸우다 지는 것은 다시 일어설 수 있지만, 싸우지도 않고 자유파괴 행위에 침묵하고 꼬리를 내리면 자유는 영원히 소멸 당한다.

## ■ 소나무를 통해서 배우는 자유인으로 살아가는 방법

하나, 암반에 뿌리 내린 소나무처럼 우직하게 처신하라.

높은 산 소나무는 비바람에 시달리며 가장 깊고 처절한 고통을 겪으면서 때로는 송진도 흘리지만 안으로 향기를 품고 백색의 질 좋은 목질을 키워 나간다. 오묘한 자유는 순리를 통해서 유지되고 우직한 행동을 통해서 강화된다. 마음 중심을 못 잡고 변덕을 부리면 친구도 자유도 없다. 다가온 행운마저 도망을 친다. 굽은 소나무가 산을 지키고, 우직한 소신이 자유를 누린다. 촐랑거리며 근거지를 옮겨 다니면 가벼워진다. 자유인으로 살려면 마음에 들지 않아도 수용하면서 평온을 유지하는 무게감이 필요하다.

예로부터 좋은 소나무는 조기에 베임을 당했다. 국민에게 유익하고 기업에게 유리한 정책은 적폐의 프레임에 갇혀서 사정의 칼날을 자주 받았다. 법보다 다수의 공격이 두려워 지성인마저 아닌 것들에 대해서 침묵했지만 이제는 국가를 파괴하는 이적행위에 대해서는 이것은 안 된다고 바른 소리를 내야 한다. 홀로 투쟁은 위험하기에 자유의 가치를 아는 사람들이 연대하고 자유 수호를 위해 함께 우직하고 집요하게 싸워야 한다.

둘, 왕성하게 활동을 하라.

자유는 활동을 통해서 성장한다. 그냥 주어지는 자유는 없다. 나무는 햇살 쪽으로 옮겨가야 햇살을 쬘 수 있다. 땅으로 파고들어 물을 찾는 뿌리처럼 자신의 내면을 들여다보고, 우뚝 서서 비바람에 버티는 줄기처럼 뚝심으로 버티며, 공간으로 뻗어나가 햇살을 확보하는 나뭇가지처럼 왕성하게 활동하자. 우리는 활동한 만큼의 자유를 얻는다. 일신상의 보신을 도모하느라 주저하고 침묵하면 자신과 조직이 자유를 잃는다. 험한 꼴을 보더라도 아직도 자기를 던질 때가 아니라고 판단이 서면 굽은 소나무처럼 자세를 낮추고 자기의 발톱을 감추어야 한다.

자유 또한 희생을 통해서 지켜지고 유지된다. 자유의 틈새로 권력을 탐내는 양아치 위정자는 현금성 복지로 유혹하고, 공산주의자는 약자의 피해의식으로 침투하여 평등한 세상의 환상을 심어주면서 자유를 뺏으려고 시도한다. 현금성 복지는 당대에는 달콤한 사탕이지만 후손에게는 기회를 죽이는 독약이다. 복지를 앞세웠던 베네수엘라는 다 떠나고 노인과 거지만 남아 있다.

셋, 융통성과 적극성을 갖자.

원론에 빠지면 스스로 자유를 잃는다. 조선조에 왕명이 지엄하던 시절에 소나무 숲을 유지하기 위해서 소나무는 무조건 베지 말라고 통제를 했다. 조선조는 부모 상(喪)을 치루기 위해 불가피하게 소나무를 벤 상주(喪主)마저 처벌을 했다. 조선조 관료는 불가피한 경우는 소나무를 베고 그 자리에 다시 심게 하는 유연성이 없었다.

무조건 통제는 자유를 억압하고 부작용만 생긴다. 좌파 정권은 소나무를 베면 잡아 죽이던 조신조의 관리를 닮았나. 정책과 법으로 한 번 정하면 부작용과 문제가 많아도 바꾸지 않는다. 소득주도 성장과 최저 임금 대폭 상승과 주 52시간 근무 제도는 당장은 약자에게 유리하지만 다수가 함께 직장을 잃고 빈곤해 진다고 아우성을 쳐도 자기들의 사회주의 정책 노선을 바꾸지 않았다. 남북의 주사파는 자신들의 고집으로 많은 사람을 죽이고 있다.

## 7. | 불로초에서 배우는 실체의 자유
    – 상상의 자유를 경계하라.

불로초는 상상의 세계에서만 존재한다.

진시황의 명령에 따라 평생 늙어 죽지 않는다는 불로초를 찾으러 동남동
녀 3천명이 온 천지를 헤맸지만 진시황은 50세에 죽었다. 죽지 않게 하는
불로초는 존재하지 않는다. 꿈의 파랑새는 집안에 있었고, 불로초는 죽지
않는 존재와 변하지 않는 것은 없다는 진리를 깨우쳐 준 단어다.

왕조 시대는 개인에게 자유라는 개념조차 없었던 암흑기였다. 1945년 광
복되기 전의 우리 민족은 중국 문화에 종속된 왕과 관료들, 그리고 일제의
강권 통치에 지배를 받던 노예들의 무대였다. 소수 인원을 빼고는 어떤 자
유는 누리지 못했다. 어쩌면 이승만 대통령이 자유대한민국 정부를 수립
하기 이전에는 자유라는 개념 자체도 몰랐던 무지의 세계였다. 이승만 대
통령은 자유라는 설계도로 건국하셨고, 박정희 대통령은 그 자유의 설계
도를 기초로 부국강병의 집을 지었다. 그렇게 지어진 자유대한민국이 좌
파 정권에 의해서 무너지고 공산화라는 처음 보는 세상으로 가고 있다

■**공산사회주의는 불로초처럼 상상으로 존재하는 허구의 세계다.**

1945년 광복되기 전의 우리 민족은 중국 문화에 종속된 왕과 관료들, 그
리고 일제의 강권 통치에 지배를 받던 노예들의 무대였다. 소수 인원을

빼고는 어떤 자유는 누리지 못했다. 어쩌면 이승만 대통령이 자유대한민국 정부를 수립하기 이전에는 자유라는 개념 자체도 몰랐던 무지의 세계였다. 이승만 대통령은 자유라는 설계도로 건국하셨고, 박정희 대통령은 그 자유의 설계도를 기초로 부국강병의 집을 지었다. 그렇게 지어진 자유대한민국이 좌파 정권에 의해서 무너지고 공산화라는 처음 보는 세상으로 가고 있다

북한은 지금도 자유라는 개념이 없는 노예군주제다. 북한 헌법에는 자유를 언급하지만 북한 동포는 아무도 자유를 누리지 못한다. 자유를 누리지 못해도 저항도 못 한다. 북한 동포는 자유의 개념도 제대로 모르고 자유의 맛을 보지 못했기 때문이다. 북한 동포는 조선조 500년의 억압 구조에 이어서 일제 35년간의 강점기에 종교의 자유마저 탄압받고, 북한 정권 이후로 자유강탈로 숨도 제대로 못 쉬는 지옥이 되었다.

청와대를 점령한 주사파 일당은 운동권 시각으로 적폐 청산을 서둘렀고, 권력이라는 긴 칼로 불법과 위법을 자행했다. 오함마로 벼룩이 잡는 짓을 했다. 주사파 일당은 배 아픈 국민(중산층 이하 국민)이 더 많다는 것을 알고 토지공유제와 주택 거래 허가제를 던져보면서 저울질을 한다. 다수가 자유의 가치를 맛 본 상태에서는 자유는 누른다고 눌러지는 찐빵이 아님을 그들은 모르고 있다.


■ **불로초를 통해서 배우는 자유인으로 살아가는 방법**

하나, 인위적으로 통제하지 말고 그대로(let it be) 두라.
자유는 추상적 개념이 아니라 실존하는 실물이다. 자유는 있는 그대로

당당하게 살게 하고, 자유는 자신의 영성을 자유롭게 하며, 옳다고 확신하고 추진한 일이라면 목에 칼이 들어와도 그 자유를 위해 싸우게 한다. 자기는 하나뿐인 존재라는 자각으로 당당하고 자유로운 처신을 하고, 서로의 자유로운 행복을 위해 통제와 간섭을 줄이고 흘러가는 그대로 그냥 두자.

자연적 불리와 불편함은 시간이 숙성시키도록 그냥 두자. 자유로운 영성과 본성은 건드리지 말고, 독선과 안이함은 생채기를 내어 숙성시키며, 상처 입은 마음이 스스로 치유되도록 그대로 두자. 그러나 그냥 두면 다수가 손해를 보고 불편해지는 불의는 다수가 나서서 타파하고 개선하자. 관료들의 공직 수행과 안보일꾼의 국토방위와 여론조사처럼 다수에게 영향을 주는 공적인 행동은 역사로 기록됨을 인지하고 거짓 없이 수행하도록 경각심을 주자.

둘, 손에 잡히는 자유를 추구하고 그 자유를 공유하라.

상상적 자유개념에 속지 마라. 인류의 문명은 자유를 찾아 진보해온 역사라고 해도 과언이 아니다. 자유는 신체의 자유부터 양심의 자유까지 유·무형을 아우른다. 태어나 늙고 병들어서 죽는 생로병사의 순환은 모든 생명체의 운명이듯 자유도 생로병사의 과정을 거친다. 자유의 정신은 한계가 없고, 실존하는 자유는 허상이 없다. 자유는 즐거움이다.

자유도 시간이 흐르면 변질되고 방종으로 흐르기 쉽다. 자유우파는 70년간 과분한 자유를 누리면서 자유의 소중성을 몰랐고, 발밑에서 공산사회주의자들이 자유의 기반을 무너뜨리는 것을 인식하지 못했다. 자유의 상당 부분을 잃고 나서야 일어나 저항하는 것은 그래도 다행이다. 방종의 모순은 수정과 응징을 통해서 앞으로 진보할 수 있지만, 싸우지도 않고 북한에 굴종하고 중국에 사대하는 행위는 다수의 자유를 침식시킨다.

불로초 정신은 불로초가 존재하지 않는 다는 것을 아는 자각이다. 늙지 않게 한다는 불로초가 존재할 수 없듯이 노력 없이 체제 변경만으로 얻는 공짜 자유는 없다. 국민적 합의도 없이 독재자에 의한 체제 변경은 기존 질서를 파괴하기에 내전 수준의 갈등이 따른다. 종북 좌파 정권은 국민의 동의를 구하지 않고 제도변경과 의회 장악으로 공산화를 시도하고 있다. 원시고대로부터 내려온 지배체제는 힘과 완력에 의해 유지되는 전제군주제고, 공산 국가가 보여주는 정치구조는 과거 왕조체제와 전제주의 권력구조이고, 종북 좌파가 보여주는 정치구조는 개인의 자유를 뺏는 독재 구조다.

셋, 통찰력과 당당함으로 자유의 폭과 강도를 높이자.

통찰로 상상과 허상에 속지 마라. 자기중심으로 유리하게 생각을 하거나 상대가 말을 하는 대로 믿으면 속는다. 내용이 달콤할수록 속임수가 포함되어 있다. 통찰은 현상과 사물을 보면서 형상 뒤에 숨은 그림을 찾고, 상대 눈빛 속의 마음을 읽는다. 통찰력은 '장미에는 가시가 있고, 꿀이 있는 곳에는 똥파리도 꼬인다.'는 것을 읽기에 매사에 육안이 놓친 빈틈을 살피며, 영적인 눈으로 아직 남들이 찾지 못한 자유의 영역을 찾으려고 한다.

국민이 이 나라의 주인이다. 국민은 죽지 않는 불로초 같은 존재다. 다수 국민은 자유로운 국가를 희망한다. 국민의 자유는 위정자에 의해 보호가 되어야 하고, 위정자가 자유를 지켜주지 못하거나 자유가 위협을 받으면 직접 싸울 수 있어야 한다.

국민의 자격도 공짜로 얻지 못한다. 국민이 자유를 뺏기면서도 비굴하면 영원한 자유를 잃는다. 불리하면 처마 밑으로 숨는 참새가 되지 말고, 당당하게 싸우는 매가 되자. 엄청난 손해를 보더라도 아닌 것은 아니라고 당당하게 말을 하자. 당당함의 고난은 길지가 않다. 당당한 삶을 위해 반듯한 길을 걷고, 당당한 명예를 위해 눈앞의 이익을 멀리 하며, 상황에 따라 기준과 처신을 바꾸지 마라.

그러나 신세대의 가치관은 기성세대와 매우 다르게 변하고 있다.

### 불로초에서 배우는 실체의 자유 – 상상 경계

- 하나, 인위적으로 통제하지 말고 그대로(let it be) 두라.
- 둘, 손에 잡히는 자유를 추구하고 그 자유를 공유하라.
- 셋, 통찰력과 당당함으로 자유의 폭과 강도를 높이자.

## 8. | 거북이에게 배우는 선택의 자유
### – 방향 선택과 보안유지

거북이는 파충류 중 가장 오래 존재해온 동물이다.

현재 지구상의 거북이는 240여 종이 있다. 한국에서는 바다거북, 장수거북, 남생이, 자라 등 4종이 알려져 있다. 거북이는 등딱지와 배딱지를 잇다는 점에서 다른 파충류(뱀·악어)와는 구별된다. 거북이의 대다수는 강이나 못·늪 등의 물에 살면서 육지 생활도 하는 수륙 양서(兩棲)의 습성을 갖고 있다. 느리지만 생명력이 강하고 장수하는 거북이를 통해 자유를 찾고 누리는 자유 선택의 지혜를 살펴보자.

거북이는 생존 자체가 목표다. 깊은 바다의 거북은 잡어들이 자신을 '바다의 두꺼비'라고 마녀 사냥을 해도, 거북이 등에 굶주린 조개들이 달라붙어 진액을 빨아도 소리 없이 바다의 여행을 한다. 다른 개체가 어떤 시비를 걸어도 자신을 스스로 지켜야만 천년을 산다는 것을 알기 때문이다. 자유 또한 거북이처럼 묵묵히 앞으로 나가야 산다. 자유의 실체를 알고 실천하는 행위는 영원한 가보(家寶)다. 거북이가 어디를 향해서 가는 것은 중요하지 않다. 거북이는 천적이 너무도 많기 때문에 생존이 목표이고 생존이 최고의 과제다.

자유대한민국은 생존과 번영이 목표다. 대한민국의 역사는 폐허와 고난과 분열을 딛고 세계무대에 우뚝 선 자랑스러운 기록이고, 북한 정권의 역사는 인민을 통제하고 인권을 유린하고 굶겨죽이고 대한민국을 도발한 기록이며, 좌파 정권의 역사는 그런 북한과 도모하고 협조하면서 굴종한 부끄러운 기록이다. 대한민국이 정상화 되는 그날이 오면 항복 수준의 반역 문서인 9.19군사합의 초안 작성부터 발표과정까지 담은 백서(白書)를 발간하여 양심을 속이고 적을 이롭게 한 자들은 반드시 처벌을 해야 한다. 좌파 정권이 한미일 동맹을 끊고 중국 쪽으로 대이동을 시도하는 것은 국가 자살행위다.

국가의 자유는 보안유지에서 시작한다.

'거북이는 몰래 수 천 개의 알을 낳지만, 닭이 알을 낳은 것은 온 동네가 다 안다.' 말레이시아 속담이다. 보안을 유지하지 못하는 조직은 해체해야 한다. 하나(1)의 전투력으로 하나(1)의 적을 치는 것은 자유의 전술이라면, 하나(1)의 신비감 조성과 보안 유지로 적의 전투력 열(10)을 궁금하게 만들고 묶어두는 것은 자유의 전략이다.

이적 세력에게 군사정보를 제공하는 위정자는 처벌하고, 동맹 관련 기밀을 유지하지 못하는 안보 기관은 해체하여 재편성해야 한다. 국가 기능을 관리하고 유지하는 안보 기관의 내부에서 개인의 이해관계와 정치적 유혹 때문에 보안을 누설한다면 단호하게 매장시켜야 한다. 보안을 누설하는 조직을 국민 세금으로 유지할 이유가 없다.

## ■ 거북이를 통해서 배우는 자유인으로 살아가는 방법

하나, 서두르지 않는 여유와 삶의 의미를 부여하자.

바다 거북이는 서두르지 않는다. 자유도 방종으로 흐르고 촐랑거리면 자유를 잃기 쉽다. 모든 화근과 불편함은 준비 없이 서둘러서 생긴다. 자유롭고자 하면 여유를 갖고 신중해야 한다. 자세히 듣고 대응해야 한다. 영양가 없이 지껄이지 말고 한 마디로 압축한 메시지를 보내야 한다. 넉넉하고 느긋한 여유는 삶을 즐겁고 자유롭게 한다. 여유는 한 박자 쉬어가는 리듬으로 삶을 알차게 하고 고통도 약으로 삼는 배짱으로 삶을 풍요롭게 하며, 여유는 초탈하는 여백으로 상대의 시비도 웃으면서 수용한다.

바다 거북이는 두꺼운 껍질로 수압을 감당한다. 꽃은 밟혀도 향기를 풍기는 것은 그 자체가 향기이기 때문이고, 오리가 짧고 튼튼한 다리를 진화시킨 것은 학의 긴 다리를 부러워하지 않았기 때문이다. 바다 거북이가 천년을 사는 것은 여유를 갖고 쫓기지 않기 때문이다. 의미발견으로 기쁨을 찾고, 낮춤으로 자아를 귀하게 세우며, 여유로 자유를 찾자. 기계적으로 반복되는 삶도 의미를 부여하면 새롭고 자유로워진다.

둘, 정의의 승리를 위해 지치지 말고 묵묵히 앞으로 나가자.
단편만 보고 분노하면 바로 지친다. 청와대가 법원이 발부한 압수수색 영장을 거부한 초유의 사태가 있었다. 헌법위반이며 삼권분립과 자유민주주의 파괴다. 국민을 우습게 보는 주사파 독재다. 이탈리아의 '마니 뿔리테'를 능가하는 자유화 운동으로 독재좌파를 응징하자.

이탈리아의 한 검사가 마피아와 비리세력과 정관계가 결탁해 이권을 챙기고 대가로 검은 돈이 오고가는 추악한 비리를 밝혀냈다. 특히 마피아들은 수사 검사의 차에 폭약장치를 설치해 폭파시키는 등 압박을 했음에도 비리를 밝혀냈다. 그는 국민적 영웅이 된 '안토니오 피에뜨로' 검사다.

이 검사의 부정부패 척결에 국민들도 일어난 운동이 '마니 뽈리테'이다.

셋, 작은 자아에 너무 집착하지 말고 대관소찰하라.

거북이는 수천 개의 알을 낳는다. 자유체제는 개인주의에 기초한 상호 협력과 상부상조 시스템으로 다양한 사람의 다양한 자유를 보장한다. 그러나 지나친 이기주의에 빠지면 서로가 살지 못한다. 하나의 개체가 할 수 있는 일은 제한적이다. 일인 경영체는 한계가 있다. 저마다의 재능이 모여서 거대한 하모니 사업체를 만들 때 세계적인 대작(大作)이 생긴다. 함께 대작을 만들고 함께 나누는 이익은 창대하다. 이기적 자아는 전체 주의 통제만큼 무섭다. 왜냐하면 자멸을 부르기 때문이다. 목마른 자에게 한 방울의 물은 목숨을 구하는데, 인색한 이기주의는 물을 쌓아놓고도 나누어주길 꺼린다.

지엽 문제에 빠지지 말고 대관소찰하자. 자유우파가 고정진지와 집회 무대에 빠져 있는 동안 종북좌파는 기능별로 마수의 손을 뻗고 있다. 문재인의 존재를 모르는 외국인은 태극기 집회를 문재인 지지 집회로 오인하고 있다. 구글에서 문재인을 검색하면 1만개 이상이 있는데 상위 30위 안에 드는 것은 문재인을 평화주의자로 소개하고 있다. 지금 전교조 선생의 교육내용을 알고 있나요? 북한이 한국보다 정통성이 있고, 북한의 핵은 우리민족의 전략무기이며, 한국 사람은 배가 아픈 사람이 많기에 사회주의로 가는 게 정답이고, 4.15 총선에서 이기면 어른들 땅을 뺏어서 학생에게 나누어 준다고 일부 교사는 극단적 예를 들어서 교육한다. 체제위기를 느끼고 목숨을 걸지 않으면 엘리트들은 한 날 한시에 죽는다. 월남은 패망하던 날 군인과 경찰 4만 명 이상이 하룻밤 사이에 죽었다.

# 9. 학(鶴)을 통해 배우는 신비의 자유
## – 약점보강, 신중, 겸손

학은 천년을 장수하는 영물, 선비의 고고한 기상을 상징한다.

학은 두루미라고도 하며, 선학(仙鶴)·선금(仙禽)·노금(露禽)·태금(胎禽)·단정학(丹頂鶴) 등으로도 불린다. 흔히 신선이 타고 다니는 새로 알려져 있으며, 천년을 장수하는 영물로 인식되어 우리의 일상생활에서 매우 친숙하게 등장하고 있다. 학의 고고한 기상은 선비의 이상적인 성품을 상징하기에 그림이나 시의 소재로 학을 즐겨 채택하였고, 복식이나 여러 공예품에 학을 많이 시문하였다.

학은 오색이 조화된 새다. 학의 몸통과 눈 뒤에서 뒷머리는 백색이고, 부리는 황록색, 이마에서 눈앞·턱밑·멱·앞목·목옆 및 뒷목, 꼬리는 흑색이다. 날개깃 끝에는 흑반(黑斑)이 있다. 머리 꼭대기는 붉은 피부가 드러나 있다. 날개덮깃 끝은 다갈색이다. 자유는 자율과 자연과 자유자재와 조화와 비폭력의 조합이다.

## ■ 자유화 운동은 자유대한민국을 되찾는 부활운동.

자유화 운동은 공산화 저지를 위해 튼튼한 안보와 자유주권과 시장자율을 그 기초로 한다. 안보는 적을 제압하여 대외적으로 자유로운 국가를 만들고, 자유주권은 주인인 국민의 자유를 보장하며, 시장 자율은 풍요와 자유를 함께 창조한다. 국기에 대한 맹세4에는 자유롭고 정의로운 대한민국의 기본 실체를 명기하고 있다.

좌파 정권은 자유대한민국을 난도질하여 원래의 모습을 찾기 힘이 든다. 좌파 정권이 눈치를 보고 있는 토지 공유제는 중국처럼 국가에서 토지를 몰수해서 토지가 없는 사람에게 장기 임대를 한다는 뜻이다. 국가의 자유는 국가 경영자의 자유화 정신에 달렸다. 개인이 아무리 자유롭고 싶어도 국가체제가 공산주의를 표방한다면 절대로 자유롭지 못한다. 자유화 운동은 자유의 가치로 위기의 대한민국을 본래대로 돌려놓겠다는 국민 참여운동이다. 자유화 운동은 자유가치로 국가와 기업과 자기를 경영하여 다수가 자유롭고 행복하게 살자는 철학이며 주장이다.

자유화 운동은 종북척결 운동이다. 그동안 자유우파는 저마다의 영역에서 생업에 종사하느라 운동권 일당들이 안보의 축을 무너뜨리고, 반역과 반란 행위를 해도 침묵하고 넘어간 게 지금의 무정부 상태를 초래했다. 종북·주사파 무리들은 북한과 도모하여 북한의 인권유린에 침묵했고 함께 인권말살을 했다. 자유화라는 거대 물결로 전체주의와 공산사회주의라는 이종(異種) 세력을 눌러야 한다.

## ■ 학에게 배우는 자유인으로 살아가는 방법

하나, 신중과 겸손으로 자신의 자유를 보호하자.

---

4) 나는 자랑스러운 태극기 앞에 자유롭고 정의로운 대한민국의 무궁한 영광을 위하여 충성을 다 할 것을 굳게 다짐한다.

학은 자신의 긴 다리를 스스로 보호해야 한다. 학이 자신의 긴 다리를 보호하려면 깊은 물을 찾거나 높은 나무에서 자야 한다. 새들의 세계에서 학의 긴 다리는 미움과 공격의 대상이듯, 개인의 뛰어난 장점과 재주도 (감추고 잘 다스리지 못하면) 공격과 음해의 대상이 된다. 자신이 누리는 자유도 경계하지 않으면 누군가에 의해 음해를 당한다. 삶이 자유로운 놀이터가 되게 하려면 신중하고 겸손해야 한다.

자신의 자유는 겸손으로 보호하자. 개인의 강점과 장점은 미움을 받기 쉽다. 개인의 장점이 중도에 멈추지 않고 지속 성장을 하려면 때로는 능력을 감추고 절제하여 자기를 스스로 보호해야 한다. 낮은 자세와 겸손한 대응으로 대인 저항을 줄여야 한다. 능력이 출중해도 싸가지가 없다고 평가를 받으면 앞길이 막히고, 언론은 큰 인재의 작은 실수도 확대하는 잔인성이 있다. 권력은 2인자를 키우지 않는 속성이 있고, 감정적인 사회는 자수성가한 부자마저 매도한다. 그래서 자유는 풀기 어려운 4차 (나와 너와 우리와 국가까지 고려해야 하는) 방정식이다.

둘, 신중한 태도로 상대의 감정에 끌려가지 마라.

학이 긴 다리로 성큼성큼 뛰어다니는 것을 다리가 짧은 오리가 보면 밉고 배도 아플 것이다. (인간의 감정으로 반추해 본다면) 자기도 남에게 부지불식간에 감정을 상하게 하고, 자신도 상대의 표현 때문에 감정이 상하고 자유의 리듬을 잃는다. 인간은 서로가 자기 보호 감정과 잘 난체 하는 허세로 쉽게 말을 한다. 그러므로 상대의 말에 기분이 상하거나 자유리듬을 잃을 필요가 없다. 상대의 자유 영역을 인정해주고 상대의 비난 때문에 자기 자유의 리듬을 잃지 마라.

국가가 없으면 개인도 자유도 행복도 없다. 중국을 대국으로 생각하는 좌파 정권은 자유대한민국이라는 국가를 해체하고 있다. 고르바초프가 소련의 비효율을 보고 망하게 해야 한다는 결심을 했듯이 주사파 일당은 현재의 자유대한민국을 태어나지 말았어야 할 귀태로 생각하기에 기(氣)를 쓰고 파괴하려고 한다. 반미감정 조성으로 미군을 철수시키고 중국의 핵우산으로 들어가자고 한다. 보기 드문 악령들이다.

자유 우파가 승리하는 그날이 오면 주사파 정권이 공산 연방제를 추진했던 자료들을 공개하고 주사파 정권에서 협조하고 부역한 자들(고위 관료들, 좌편향 판사들, 적을 이롭게 한 장성, 권력의 앞잡이 경찰)을 징벌해야 한다. 어쩌면 나치 밑에서 부역한 자들보다 더 악질들이기 때문이다. 프랑스가 나치 밑에서 4년간 부역한 자들을 끝까지 추적하여 응징했듯이 부역자를 처벌해야 한다.

셋, 자유롭고 풍요하며 정의로운 진보를 생각하고 추진하자.
그동안 진보라고 말했던 민주화 세력은 언어만 진보였고 실제는 퇴보였다. 자유 수호세력은 거대하고 장대한 진보적 생각을 하고 진보적 미래를 설계하자. 자유화의 불씨로 위기의 대한민국을 정상화시키고, 남북 자유화 운동으로 한반도를 자유통일을 시키고, 만주지역 고토(古土)와 몽고까지 우리의 자유지역 벨트로 흡수하자. 물이 적은 만주와 몽고 지역에는 이스라엘처럼 해수(海水)를 담수(淡水)로 바꾸어 몽고 초원까지 물을 공급하자.

악의 근원을 소멸시키자. 소련 붕괴 이후에 '양키 고 홈'이 사라졌다. 종북 주사파에게 지령하는 북한이 붕괴되거나 586 운동권이 소멸되면 대한민국은 정상화된다. 그러나 감나무 아래에서 홍시를 기다릴 수는 없다. 우리 힘으로 악령을 정리해야 한다. 그동안 부자들과 화이트칼라와 중도 세력은 선거 막판까지 여론의 추이를 보다가 정치적으로 힘이 센 곳을 선택하는 경향이 있다. 그들은 선악의 분별보다 누가 이겨서 자기의 부를 지켜줄 것인가에 관심을 갖는다. 40대와 화이트칼라와 부자들까지 문재인을 밀었다가 자기들 부(富)를 빼앗기고 있다.

## 학(鶴)에게 배우는 신비의 자유 – 신중과 겸손

- 하나, 신중과 겸손으로 자신의 자유를 보호하자.
- 둘, 신중한 태도로 상대의 감정에 끌려가지 마라.
- 셋, 자유롭고 풍요하며 정의로운 진보를 생각하고 추진하자.

## 10. | 사슴에게 배우는 시스템의 자유
### – 본질 분별과 주도권

10장생의 마지막 동물인 사슴은 뿔을 잡으면 저항하지 못한다. 존엄(?)한 뿔이 다치는 것이 두렵기 때문이다. 인간이 사슴의 뿔을 잡으면 가만히 있는 것은 뿔이 약해서가 아니라 뿔을 잃었을 때 하렘의 통치력을 잃기 때문이다. 많은 생명체가 작은 것에 대한 집착으로 생명과 자유를 잃는다. 자유를 침해당하면 자기의 뿔을 잃더라도 저항을 해야 한다. 자유보다 소중한 것이 없기에 사소한 것들은 자유를 위해서 버려야 한다.

노천명 시인은 사슴을 두고 '모가지가 길어서 슬픈 짐승'이라고 했다. 자유는 자유롭기 때문에 변질과 침해와 타락하기 쉽다. 자유는 여러 가지 기능으로 생산, 보호, 발전 과정을 밟아야 한다. 안보는 국민의 자유와 생명과 재산을 지켜주고, 경제는 풍요한 자유를 생산하며, 정치는 국민의 기본 자유를 생산하고 키워주는 영역이다. 외교는 국가와 국민의 자유를 세계로 확장시키고, 교육은 진리와 진실을 부어주어 자유를 깨우쳐주고 국민을 행복하고 편하게 하는 위대한 사업이다.

노천명 시인은 사슴을 두고 '관(冠)이 향기로운 너는 무척 높은 족속이었나 보다'라고 노래했다. 자유 또한 높은 경지다. 자유는 자기의지로부터 생기고, 자유는 더 높은 자유를 생산한다. 자유공동체가 정착되면 사회주의가 발을 붙이지 못한다. 법치는 다수의 자유를 살리고, 자율은 서로의 자유를 살리며, 자유화 운동은 새로운 대한민국을 만들고 자유통일과 세계 평화에 기여한다.

자유민주주의는 헌법과 시스템과 양심으로 굴러가는 자유공동체다.

국가 권력은 국민의 주권에서 나오기에 국민이 곧 국가다. 자유 국가는 자유를 명시한 헌법과 자율시장과 공정한 선거시스템과 저마다의 자유를 통하여 유지되고 돌아간다. 자유민주 공동체도 세월이 흐를수록 무디어지고 빈부차이가 생기기에 공산사회주의로부터 공격을 받기에 선택적 복지로 약자를 보호하고 정풍운동으로 정치시스템을 봉사와 헌신위주로 정교하게 발전시켜야 한다.

자유국가라도 공산주의자를 위정자로 뽑으면 국민의 자유는 사라진다. 좌파 정권에서 위정자의 사상이 중요하다는 것을 뼈저리게 체험했다. 자유우파는 앞으로 자유의 가치를 아는 인간을 위정자로 선택해야 한다. 한 번 잘못 뽑으면 4~5년을 마음고생을 해야 한다. 정치적 후진국일수록 위정자가 국민 위에 군림하기에 주인인 국민은 냉정하게 판단하고 위정자를 뽑고, 제대로 못하면 비판의 회초리를 들어야 한다.

### ■ 사슴에게 배우는 자유인으로 살아가는 방법

하나, 부정선거는 자유체제 근간을 무너뜨리기에 사형으로 다스려야 한다. 선거는 사슴의 뿔처럼 고고하면서도 영광만큼의 취약점도 많다. 정교하고 공정한 선거시스템은 자유체제의 꽃이다. 선거시스템이 한 점이라도 투명하지 못하다면 유권자가 권리행사를 공정하게 집행할 수 없다. 부정선거는 자유공동체를 무너뜨리고 교란하기에 3.15 부정 선거의 주범은 사형으로 다스렸다. 선거제도의 모순과 자동개표기의 기계적 결합으로 유권자의 권리행사가 공정하지 못하면 다수의 자유는 없다. 국정(國政)이 불공정 선거를 기획한 자들과 선거부정의 비밀을 아는 자에 의해서 농단을 당한다.

국민의 자유는 선거 공정에서 시작한다. 그래서 국민은 선거과정을 감시하고 선거부정이 있다면 용서하지 말아야 한다. 선거부정의 유형은 다양하다. 공정성이 없는 여론조사 공개와 통계조작은 부정선거의 앞잡이들이고, 드루킹처럼 기계적 장치로 여론을 조작하는 것은 다수 국민을 허깨비로 만드는 부정선거의 마름들이다. 울산 선거처럼 관권과 권력이 개입하는 것은 폭압적인 부정선거이고, 조작 가능성이 농후한 자동개표기 사용은 문명의 도구를 악용하는 부정선거다. 궁지에 몰린 주사파 쥐들은 고양이도 문다. 애국 시민단체별로 부정선거는 용서할 수 없는 국가사범임을 공표하고, 부정선거를 저지른 자는 사형으로 다스리는 엄한 분위기를 조성해야 한다.

둘, 국가의 주인인 국민이 위정자를 감시하고 교육하자.
국민의 기본 자유는 자유가치를 신봉하는 위정자를 뽑는데서 시작한다. 자유가치를 아는 위정자는 국민을 규제하고 징벌하는 형벌(刑罰)적 법안을 만들지 않는다. 의식이 있는 위정자라면 국민을 자유롭게 하는 법안을 만들거나 못된 송아지의 엉덩이의 뿔처럼 불필요한 법안을 폐기하는데 앞장을 서야 한다. 새날이 오면 좌파 정권에서 국민을 불편하게 하는 법들은 폐기해야 한다.

어느 조직이나 소수의 탐욕꾼들이 있고 탐욕의 정점에 독재자가 있다. 사회주의 설계자는 98%의 사실로 다수에게 믿음을 주고 2%의 치명적 거짓을 진실처럼 속인다. 그들은 자유우파가 반격을 못하게 선거를 통한 합법적 승리를 시도하고 몰래 무단(武斷)이라는 급소를 설계한다. 공산사회주의 설계자들은 민주와 독재, 진보와 보수라는 대립 프레임으로 자유우파 세력을 무기력하게 만들었고, 군부독재와 꼴통보수와 정권심판이라는 프레임으로 우파를 교묘하게 압살하더니 종북좌파가 권력을 잡더니 이제는 야당 심판론을 들고 나왔다. 악질 분야의 기네스감이다.

위정자를 선택했는데 헌법을 무시하면 탄핵해야 한다. 위정자는 국민이 자기 대신에 국가 일을 하라고 대리로 앉혀놓은 머슴이다. 머슴들이 국민을 무섭게 두렵게, 그리고 국민을 경외(敬畏)하도록 만들어야 한다. 자유주권의 주인인 국민이 국정감시 단체를 형성하여 머슴들이 바르게 일을 하도록 요구하고 질책을 해야 한다. 위정자가 잘 못하면 그들의 홈페이지에 댓글, 직접 전화, SNS 상의 각종 여론방을 통하여 호되게 꾸짖어야 한다.

셋, 자유로운 삶을 위해 불필요한 걱정과 감정을 버려라.
걱정을 버려서 정신적 자유를 누려라. 걱정이 많으면 뿔을 잡힌 사슴처럼 자유롭지 못하다. 저마다 다양한 걱정과 근심으로 스스로 자유를 잃는다. 근심하는 것은 잃는 게 두렵기 때문이다. 걱정거리의 99%는 기우(杞憂)다. 진짜 근심거리라면 마음을 비워야 자유롭다. 감수할 수 있을 정도만큼 자유롭다. 살면서 불편과 불리함이 없기를 바라지 마라. 편하길 바라면 걱정하게 되고, 매사가 순탄하길 바라면 두려움이 생긴다.

고단한 삶도 즐겁게 받아들여 자유를 누리자. 법을 지킬 때 법의 보호를 받고, 항상 거침없이 당당할 때 자유를 누린다. 부정과 독선을 버리면 두려움이 사라지고, 감정을 버리면 불안이 사라지고 평온이 생기며, 허상과 집착을 버리면 생존에 유리한 선택을 할 수 있다. 그러나 하나를 더 얻으려고 하다가 기존의 둘을 잃는 어리석음을 버리자. 자기 것이라도 불편한 것은 버리고, 상대가 오해하지 않도록 두루뭉술한 입장은 버리자. 잠시 동안 이득을 주더라도 아닌 것은 영육의 자유를 위해서 버리자.

가장 잘 하는 일에 매진하여 자기 자유를 보장하라. 인간은 자기 일을 자유롭게 할 때 행복하다. 자유는 자기 일에 능숙 능란하고 자기 직무에 자유자재한 상태를 말한다. 심신의 자유는 무엇을 능숙하게 당당하게 할 수 있는 상태다. 능숙하게 당당하지 못하면 영성도 자유롭지 못하다.

## 사슴에게 배우는 시스템의 자유 – 분별과 주도권

> • 하나, 부정선거는 자유체제 근간을 무너뜨리기에 사형으로 다스려야 한다.
> • 둘, 국가의 주인인 국민이 위정자를 감시하고 교육하자.
> • 셋, 자유로운 삶을 위해 불필요한 걱정과 감정을 버려라.

# 제 5장

# 자유화와 공산화의 비교 분석

5장에서는 자유화와 공산화의 개념을 극명하게 대조해보고, 공산주의자들이 그동안 자유주의를 혐오하고 배격하는 원점을 연구하여 공산주의를 격멸하는 이론 무장과 종북주사파가 공중 분해시킨 자유대한민국을 다시 부활시키는 방안을 정리했습니다.

중국 폐렴 사태는 공산체제는 이제 격멸대상임을 보여주었다. 중국 폐렴사태는 자유체제에서는 일어날 수 없는 일이다. 자유롭게 서로의 이익과 책임과 사명을 위해 움직이는 완전 경쟁 시장 시스템인 자유체제에서는 강압에 의한 살인행위가 생기지 않는다. 중국 공산당은 공산 권력의 강압과 획일적 통제와 늑장과 거짓 통계로 폐렴 재앙을 더 키웠다. 3년 전부터 중국바이러스 연구소의 나태하고 권위적인 관리로는 세균성 위험물을 취급할 수 없다고 지적했지만 중국공산당은 무시했다.

중국은 변종 공산체제다. 중국은 소수 공산당원에 의한 강압 통제와 자본주의 허용으로 갈등이 폭주하는 변종체제다. 천안문 시티는 탱크로 밀어서 막았지만 폐렴 바이러스는 공산당이 막지 못 한다. 이번 중국 폐렴 사태는 공산주의와 자본주의는 양립할 수 없고, 공산 권력이 무서워 눈치를 보는 억압체제는 망한다는 것을 보여주었다. 중국 폐렴사태는 아직도 획일적 통제와 강압으로 장기집권과 공산화를 동시에 꿈꾸는 주사파 무리에게는 하늘이 던지는 경고다.

# 1. 자유와 반자유
### – 문명과 반문명

그동안 대한민국에 기생하는 공산화 세력이 청와대를 점령하고 자유체제를 붕괴시키고 남북연방제로 가려고 독재의 칼을 휘두르는데도, 공산화에 대적할 수 있는 자유화 세력은 정교하게 조직화되지도 않았고, 자유수호 세력은 자연발생적인 태극기집회를 통해서 애국운동을 하는 실정입니다. 공산화를 우려하면서도 공산화의 축인 공산주의와 김일성 주체사상에 대해 체계적인 연구와 비판 작업을 게을리 했다.

자유제체는 인간의 자유와 소유 본성을 구현하는 체제다.

자유민주체제는 개인의 자유와 인권을 보장하여 인간답게 살 수 있게 하는 정치체제다. 자유민주체제는 시장경제를 기초로 하는 자본주의와 법치와 다수결의 절차를 존중하는 인류가 체험한 최고의 시스템이다. 자유인은 인간에게 자유만 주면 능히 해결해 간다는 자율사상을 갖고 있고, 공산주의자는 인간에게 자유와 권리를 주면 나태와 방종으로 흐르기에 국가가 자유를 통제하겠다는 인위적 사상을 갖고 있다. 자유는 세상을 풍요한 꽃밭으로 만들고, 공산사상은 세상을 쓰레기장으로 만든다.

공산주의자들이 자유를 혐오하고 배격하는 이유가 모택동의 《자유주의 배격 11훈》[5]에 잘 담겨 있다. 자유주의 배격 11훈은 공산주의자들이 인

---

5) 동창,친지,부하,동료의 잘못을 알면서도 질책하지 않고 화평의 수단으로 방임해서는 안 된다.(위선 방종(放縱) 배격) 2.전면에서 말하지 않고 등 뒤에서 말하고, 회의에서

간을 인위적으로 통제하여 교조적으로 만들려고 하는 배경을 잘 설명하고 있다.

자유민주주의의 국가는 국민을 이기려고 하지 않는다. 개인의 개성과 신념과 자유의 본성은 총과 칼로도 통제하지 못하기 때문이다. 인간의 기본권인 자유와 국가의 의사결정에 참여하려는 참정권은 누구도 침해할 수 없다. 선거에 개입하여 참정권을 침해하려는 자가 있다면 통치자라고 할지라도 엄중하게 다스려야 한다. 자유에 따르는 책임을 다하면서 자유롭게 사는 것은 국민의 의무이고, 자유민주체제에 반기를 드는 자를 엄하게 다스리는 것은 사법부의 임무다.

공산이론으로 무장한 몽상가들은 세상의 본질을 볼 수 없는 미성년자, 경쟁에 밀린 실패족속, 나태족속, 성소수자까지 자기편으로 만들어 권력을 잡으려고 한다. 공산 몽상가들의 상상적 확신 때문에 자유대한민국은 현재 자유화와 공산화 세력이 양대 진영으로 갈라져서 제2의 6.25를 치루고 있다. 이념전쟁에서 자유우파가 이기려면 공산주의의 모순과 비인간성과 비효율을 폭로하고 무너뜨려야 한다.

---

말하지 않고 회의 후에 시비를 거는 것은 삼가야 한다.(일상의 이중성 배격) 3.타인을 질책하지 않고 말하지 않는 것을 명석한 보신술로 생각하고 침묵하는 것은 잘못이나.(침묵의 자유 배격) 4.간부라고 해서 자기 의견만 고집하는 것은 옳지 못하다. (독선의 권위 배격) 5.개인공격을 일삼아 보복하려는 태도는 좋지 않다. (질타의 자유 배격) 6.반대자의 말을 듣고도 기구에 보고하지 않는 것은 잘못이다. (양심의 자유 배격) 7.선전선동하지 않고 회원의 임무를 망각하는 것은 잘못이다.(책무의 자유 배격) 8.군중의 이익에 해독이 되는 행동을 보고도 격분하지 않는 것은 옳지 못하다. (집회의 자유 배격) 9.자기가 맡은 바 일에 충실하지 않고 하루를 되는대로 지내는 것은 좋지 않다.(직업의 자유 배격)10.선배인척하면서 작은 일을 하기 싫어하는 태도는 좋지 않다.(권위주의 배격) 11.자기의 잘못을 알면서도 고치지 않고 비관과 실망만 하는 태도는 옳지 못하다.(방종의 자유 배격)

| 반자유(공산독재) | 자유(자유민주) |
|---|---|
| 인간의 나태와 허약함 악용 | 인간의 자유와 소유 본성을 구현 |
| 공산체제는 권력 중독자들이 정치투쟁을 위한 사설(私設) 기구 | 자유체제는 다수의 행복과 정의를 위한 합의체 |
| 공산주의자는 인류문명을 파괴한 사이비 이단자 | 자유주의자는 인류 문명을 진보시킨 선구자 |
| 북한은 일인 독재를 위한 사이비 주체사상 사교체제 | 자유대한민국은 개인의 자유를 헌법이 보장하는 인간체제 |
| 중국은 1%가 군림하고 99%는 노예로 사는 불평등 국가 | 미국은 99%의 주인들이 1%의 낙오자를 구제하는 복지국가 |

공산사회주의는 인간의 나태와 허약함으로 파고드는 이념의 좀비다. 공산주의는 영혼도 없이 권력을 잡고 지배력을 행사하기 위해 맹목적으로 움직이는 좀비다. 인간의 본성을 무시한 공산이론과 공산운동은 성장이 멈춘 북치는 일당들의 허구적 논리다. 가설과 탄압과 공포정치로 설계된 소련공산당은 30년을 버티지 못했고, 중국도 생명을 다했다. 공산사회주의는 하늘이 준 자유라는 자연권과 천부인권인 자유주권과 구성원끼리 서로 합의하고 질서를 세운 인권과 소유권 등의 기본권을 무시하기에 반드시 망한다.

종북좌파 정권은 오래 버티지 못한다. 주사파 정권의 망상과 선전 선동과 공짜 퍼주기 정책은 시장의 공격과 반란을 이기지 못하기에 곧 종식(終熄) 당한다. 허구에 기초한 이론과 다수 국민을 지배하려는 악한 시스템은 절대로 오래 버티지 못한다. 선전·선동과 위장평화와 퍼주기로 환심을 사는 행위는 잠시 속일 수는 있지만, 거짓과 선동만으로는 인간의 배고픈 문제를 해결하지 못한다. 그래서 많은 독재자가 돌에 맞아서 죽었다.

자유대한민국은 주사파에 의해 점령을 당해버렸다. 대한민국을 부정하고 조선민주주의인민공화국이 한반도에서 정통성이 있는 국가로 생각하는 주사파는 표면 대중조직인 전대협, 한총련과 지하비밀 지도조직인 혁명정당을 통해서 조직을 운용했고, 통혁당, 인혁당, 남민전 등 김일성의 남조선혁명노선을 따르는 지하혁명당 활동으로 외연을 확장했다. 주사파는 촛불정변을 주도하여 대한민국의 권력을 잡았다.

주사파가 그동안 각계각층에 잠복하여 그들이 겉으로 보여 준 것은 남북평화와 민주화였다. 실제 그들이 추구한 것은 남북연방제와 공산화 공작이었다. 더 정확하게 말하면 남북 주사파가 연대한 대남공작이었다.

주사파는 피를 흘려 지켜온 자유대한민국을 파괴하고 북한과 손을 잡고 자유대한민국을 이미 생매장(生埋葬) 상태로 만들었다. 처음 보는 세상을

### 주사파가 보여주는 것은 빙산의 일각

남북 평화　　　　민주화

남북 연방제　　　공산화

70년 대남 공작과 남북 주사파 연대

만들겠다는 그들의 암호에 의해 자유대한민국은 자유체제 위기로 치닫고 있다. 자유대한민국을 위기로 몰고 가는 바탕에는 지구촌 악의 근원인 공산주의와 김일성의 주체사상 혁명론이 숨어 있다.

사자에게 돌을 던지면 사자는 그 돌을 쫓지 않고 돌을 던진 자를 문다. 본질을 볼 줄 안다. 자유대한민국 위기의 원인을 진단하기 위해서 종북 주사파의 근원이자 뿌리인 공산주의 실체와 본질에 대해서 살펴보고자 합니다.

하나, 공산주의 이론은 인간의 본성을 무시한 상상적 가설

공산주의는 보통 마르크스 레닌주의의 사상과 운동이고, 공산사상 실현을 이상으로 삼는 사회 체제이며, 생산수단을 사회가 공유하여 함께 생산하고 함께 나누어 계급 대립이 없는 상상의 사회를 의미한다. 공산주의 실체를 다 알려면 마르크스 자본론과 마르크스 레닌주의와 그람시의 〈옥중수고〉까지 이론서를 읽고 공산국가별(과거 소련, 동유럽 공산국, 러시아, 베트남, 중국, 북한, 일본 공산당 등 ) 미세한 차별까지 파고들어야 하고, 최근의 중국과 러시아의 공산 국정 운영 실태와 자유대한민국에서 벌어지고 있는 사회주의 현상을 분석해야 한다.

중국인은 소유 본성과 상업적 기질이 강하여 해외로 나간 중국인, 즉 화교들은 모두 성공했다. 중국 지도자가 자유민주와 시장경제를 선택했다면 중국은 새로운 문명을 창조했을 텐데, 공산당 지도부가 썩고 무능하여 망해가고 있다. 중국에서 괴질이 많은 것은 자유 본성을 무시하고 통제만 하니까 중국인들은 쌓인 스트레스를 풀려고 괴이하고 비위생적인 식성을 즐기면서 변형 균들이 창궐하기 때문이다.

그동안 얻은 공산주의에 대한 결론은 공산주의는 인간의 소유와 자유와 정의를 존중하는 본성을 무시한 반인륜적 이론체계이고, 정치적 소수의 아류들이 선전과 선동으로 집권을 지향하는 정치운동이다. 공산주의는 인간의 허약한 상상과 망상적인 분노를 유발하고 상상과 분노 사이로 비집고 들어가 세력을 키우는 운동이론이고, 집권을 하고나면 전체주의 권력으로 지지자까지 탄압하는 독재 폭압 정치 모리배들의 투쟁 도구다. 공산주의가 전체주의를 지향하는 것은 개인의 일탈을 막으면서 소수 공산 집권층의 지배와 통치의 편리를 위해서다.

공산주의를 파고들수록 그 뿌리가 인간의 기본 본성을 무시한 허상과 증오와 계급투쟁에 기초한 악마들의 가설임을 알 수 있다. 〈공산주의 이론은 좋은데, 실현이 어렵다고〉 하는 자는 악질 공산당들의 양의 탈을 쓴 악마의 변명일 뿐입니다. 성경은 인간이 쓴 게 아님을 알면 다시 읽게 되고, 공산 이론은 증오심에 찬 악마들이 쓴 것임을 알면 바로 던져버린다. 정신이 밝고 강건한 사람은 공산 이론 자체를 경멸한다. 공산주의자는 인간 자체를 악하다고 생각하기에 인간에게 자유를 주는 것을 배격하고, 그의 것을 그에게 주는 정의를 무시한다.

공산주의자가 자유를 혐오하고 인간의 자발적 의지를 파괴하는 것은 권력으로 인민을 극소수공산당원의 노예로 만들기 위한 꼼수다. 중국은 1%도 안 되는 공산당원만 사람이고 당원 아닌 나머지(99%)는 개돼지 짐승으로 취급한다(인민재판도 없이 마음대로 가두고 죽이고, 공산체제에 도전하면 장기를 적출하여 매매한다. 돼지처럼 주는 대로 먹게 하고 개처럼 당에서 요구하는 대로 짖게 한다)

북한은 1인자를 제외하고는 모두 개돼지로 산다. 서열 2인자인 김정은의 친고모부 장성택을 회의석상에서 느닷없이 체포, 대공포로 처형한 뒤 화염방사기로 흔적도 없이 태워버린 사례가 1인 독재체제임을 증명한다.

둘, 공산체제는 권력 중독자들이 정치 투쟁을 위한 사설기구다.

마르크스 이론은 그 당시 초기 자본주의의 모순을 이야기한 순수 이론일 수 있지만, 그 이후로는 약자를 선동하여 정치권력을 잡기 위한 수단으로 공산 이론을 악용했다. 베트남의 국부인 호치명은 공산주의 사상과 운동으로 집권을 했고 2천만 이상의 무수한 사람을 죽인 뒤에 결국 미국의 자본 시장을 허용했다. 호치명이 공산주의자가 아니었다면 호치명은 집권을 못했을 수도 있지만 자기 민족을 죽이지도 않았을 것이다. 호치명은 약자를 선동하여 월맹 권력을 잡았고, 공산 환상에 빠진 월남사람까지 기만하여 또 700만을 죽였다.

공산 이론은 양아치 정치가에게 야비한 집권을 위한 선동이론이고 도구일 뿐이다. 75년 베트남 공산화이후 20년간 국경 폐쇄 후 군,경찰 교사 등 사회지도층 1백만명 학살, 2백만명 보트피플, 50만명 육상탈출 등으로 베트남에는 노인이 없다. 70년대 후반 베트남 평균연령 24세였고 2019년 평균연령 31세를 기록하고 있다.

공산 이론을 악용하는 사람들이 많다. 사람중심이라고 해놓고 사람을 피폐하게 한다. 새로운 세상을 보여준다고 하면서 최악의 추락을 보여준다. 집권을 위해서는 거짓과 선동 이론을 최대한 활용한다. 인권을 이야기하면서 민간인 사찰을 했다. 집권을 하고도 무수한 거짓말을 한다. 허상에 기초한 사상적 공산 히피들은 자기들 목적을 위해서는 갖은 악마의 짓도 주저하지 않는다. 공산 이론은 지금도 양아치 위정자들이 정치투쟁에 이용하고 있다. 공산 이론으로 권력의 맛을 본 자들은 그 이론이 틀린 줄 알면서도 절대로 전향(轉向)을 못한다. 진액을 빨아먹고는 배설도 못하는 진드기 수준이다.

셋, 공산주의는 인류문명을 파괴한 사이비 이단자들이다.

공산주의는 공산화 목표를 위한 야비한 투쟁과 쟁취만이 존재한다. 공산주의는 헤게모니 싸움에서 이기는 것을 선으로 본다. 이기기 위해서는 모든 방법이 정당화 된다. 상식과 양심과 윤리가 없다. 공산주의는 인간의 본성을 무시하는 반본질이기에 자유와 진실과 정의라는 개념이 없다. 오로지 공산화 목표와 야비한 투쟁과 목적 쟁취만이 존재할 뿐이다. 공산주의자는 목적과 목표 달성을 위해 모든 수단과 방법과 탈법과 불법도 합리화 한다. 이러한 공산세상에서는 의문의 자살 사체들이 부검도 없이 화장처리 되는 현상도 당연시 된다. 공산주의를 한 줄로 정의하면, 공산주의는 인간의 본성을 무시하여 기본 전제가 틀린 사이비 이론이며, 틀린 이론으로 인류 문명을 파괴한 이단자들이며, 정상적으로 살아가는 사람을 겁박하여 서로가 살 수 없는 나라를 만든 괴물들이다.

일을 하기 싫어하고 공짜를 좋아했던 자들은 공산주의자를 지지하여 결국은 경제가 폭망하고 몸을 팔아서 생계를 유지하는 인구만 늘어났다. 베네수엘라가 그러했다. 공산주의는 약자를 구원하기 위한 평등과 박애와 유토피아를 내세웠지만 권력을 잡기 위한 선동이었다. 2류 정치 양아치들이 정권을 잡기 위해 공산이론을 도구로 활용했다. 지금도 그러하다.

넷, 북한은 공산주의도 아닌 일인 독재를 위한 사교(邪敎)체제다.

북한 주체사상은 진화론을 악용하여 북한 대동강 지역이 인류 최초의 발상지라고 속여 왔다. 북한 핵무기가 노예체제를 유지하는 물리력이라면 주체사상은 미몽의 영생교에 빠트려 정신적으로 묶어두는 억압 수단이다. 북한 노예체제는 생존에 유리하다면 거짓과 조작과 살인을 정당화한다. 참으로 뻔뻔한 사탄이다. 공산주의를 한 줄로 정의하면 이론 자체가 인류를 파괴하는 사이비이고, 북한을 한 줄로 말하면 '가두리병영노예체제'다. 북한은 이미 한민족이 아니다. DNA가 신형 김일성종족 소인으로 변해버렸다. 21세기 인류가 북한 문제를 정리하지 못하면 역사는 '미개한 종족들이 양심과 자유도 모르고 살다간 불행한 세기'였다고 기록할 것이다.

주체사상과 공산주의 모순을 정리하려면 책으로는 설명이 부족하다. 인간의 소유 본성을 무시하고 지상천국을 만들겠다는 막스의 '자본론'은 지독한 원론적 망상이었다. 그들은 20세기를 피로 물들였고, 지금도 아류들을 부추겨 정상을 깨트리는 장본인들이다. 공산혁명이론은 인간의 기본 속성을 무시한 이론이기에 아무리 변질을 시켜도 인간노예화 폭력이론에 불과하다. 200년간을 인류를 기만한 투쟁이론이지만 인간의 본성을 무시했기에 성공하지 못했다.

주체사상은 공산이론보다 더 악질적 이중구조다. 대중성, 민족성, 적합성, 신속성은 기존 마르크스 레닌 '공산혁명이론'보다 우리나라 현실에 맞아서 급속히 확산됐지만 북한에서는 300만 이상을 굶겨 죽였다. 주체사상을 설계했던 황장엽도 모순을 깨닫고 망명했다. 지금 주사파 정권의 행태와 그동안의 실적을 종합하면 주체사상은 인간을 개돼지로 만드는 악질 사이비들의 노예화 교리에 불과하다. 그 주체사상이 서서히 한국인에게도 적용되고 있다.

**공산주의 실체와 본질 – 반문명과 반본질**

➡ 문명과 본질의 근원인 자유체제 회복

1. 공산주의 이론은 인간의 본성을 무시한 상상적 가설

2. 공산주의는 권력 중독자들의 정치 투쟁의 도구

3. 공산주의는 인류문명을 파괴한 사이비 이단자

4. 북한은 공산주의도 아닌 일인 독재를 위한 사교(邪敎)체제

– 공산주의는 이제 폐기해야 할 문명의 쓰레기 –

## 2. 사회주의와 공산주의는 존재 목적이 같은 일란성 쌍둥이

자유대한민국은 이미 사망한 사회주의를 제도화 하고 있다. 민주화로 집권한 세력이 인기정책의 탈을 쓰고 사회주의를 부활시켰다. 자유화 운동을 펼치려면 공산사회주의의 본질을 꿰뚫어 보아야 한다. 인위적이고 상상의 세계에서 국정을 파탄 내는 공산사회주의를 깨야 자유우파가 산다.

사회주의와 공산주의는 인간을 도구로 삼는 동일체

공산주의 이론은 자본주의에서 사회주의를 거쳐 공산주의로 간다고 말한다. 자본주의 체제를 전복시키고 개인 소유를 금지하고 생산수단을 공유하는 사회주의 체제로 가려면 노동자 계급이 주도하는 프롤레타리아 혁명(사회주의 혁명)을 거쳐서 공산주의를 완성한다고 보았다. 프롤레타리아 사회주의 혁명은 자본가나 개인의 반발을 억압하기 위해 일당체제인 공산당에게 폭력성과 독재성을 인정하는 정치적 이념이다. 이는 공산당 독재를 합리화시키는 이론일 뿐이다.

노동자가 공산혁명을 한 사례는 없었다. 사회주의는 공산주의로 가는 과도기로 보지만 사회주의를 거쳐서 공산주의로 퇴보한 사례는 없다. 공산주의 이론대로라면 자본주의와 사회주의를 경험한 유럽은 모두 공산국가가 되었어야 했다. 공산주의와 사회주의는 분리되지 않는 공산사회주의다. 공산사회주의자는 권력 쟁취를 목적으로 하면서 약자를 위하는 척해야 하기에 조국처럼 위선자가 될 수밖에 없다. 사회주의자라고 말을 하는 자들이 폭력을 정당시하는 더 지독한 공산주의자다.

## ■ 공산주의 정치체계는 1%를 위해 99%가 노예로 사는 불평등 시스템

공산사회주의 체제에서 인민은 공산당이 시키는 대로 해야 하기에 인간의 자유 속성은 무시되고 개와 돼지처럼 살아간다. 공산당의 간부들은 권력을 이용하여 분배권을 쥐고 마음대로 잘 먹고 잘 입고 자손대대로 그 권력을 세습하는 그런 사회다. 중국과 러시아와 북한의 상부 공산당 계층이 권력을 세습한다. 민노총에서는 취업 세습도 있고 의원 지역구 세습이라는 처음 보는 현상을 볼 뻔 했다.

공산주의 생산과 분배방식은 가마우지 낚시와 유사하다.

자유체제는 그의 노력과 그의 생산을 그에게 주는 정의로운 시스템이지만, 공산주의는 함께 일을 하게하고 생산된 일체의 것은 공산당이 다 가져가고 재분배를 해주는 공동생산과 일괄 분배방식이다. 어부가 가마우지 목에 줄을 감아서 사냥을 시키고 목에 걸린 물고기를 토하게 하는 가

마우지 낚시와 공산주의 생산과 분배 방식이 유사하다. 가마우지는 배고픔을 해결하려고 먹이를 뺏기면서도 또 자맥질을 한다. 배가 고파서 체제에 순응하는 공산국가의 노동자처럼 말이다.

중국과 북한의 인권 유린은 개장수의 도살 수준이다. 북한은 30만명 이상을 정치범 수용소에서 가두고 짐승처럼 다룬다. 북한은 2천 5백만을 가두고 도구로 부려먹는 노예제 병영체제다. 중국은 집회결사의 자유가 없다. 천안문 사태에서 수천명을 탱크로 깔아 죽였다. 파룬궁 수련생으로 끌고 가서 장기 적출을 하고 죽인다. 중국 정부에 반기를 들 기미만 보여도 군인들이 출동하여 체포하고 수용소에 가둔다. 수용소에 갇힌 자만 수백만이 넘는다고 한다. 중국은 1천만 고급 공산당원이 14억 인간을 짐승처럼 다루는 인간 사냥터다.

## ■북한 노동당과 주사파 일당은 오래된 남북주사파 연대 일심동체다.

북한은 식민지 사회에서 자본주의도 거치지 않은 상태에서 공산주의를 시행했다. 공산주의 이론은 그래서 허상이고, 사회주의와 공산주의 용어도 허상의 말장난이다. 한반도에 공산주의 유령이 출현한 이후로 그들이 보여준 것은 공산화 목적을 위해서는 거짓과 테러까지도 도구로 삼는다는 잔인성과 뻔뻔함이었다. 북한 김정일은 2009년 헌법에서 공산주의를 빼고 사회주의 헌법으로 개정했다. 북한 헌법에서 공산주의를 제거한 것은 공산주의에 대한 반감과 저항 요소를 줄이기 위한 대남 공작 차원의 술수다.

반국가 세력인 NL과 PD의 구분도 이제는 의미가 없다. 역사의 발전을 가로막는 급진세력인 NL 계열 주사파는 북한을 공산주의 주체성 모델로 보기에 공산 연방제를 하려고 하고, PD 계열 사노맹 운동권과 조직원은 중공을 공산사회주의 표본 모델로 보기에 중국의 속국이 되기를 희망하는 지도 모른다. 지독한 공산주의자들이 사회주의 용어를 사용하는 것은 공산주의 경계심을 이완시키고, 공산주의의 자유 박탈과 폭력성을 감추기 위한 용어혼란이다. 그래서 사회주의라고 하는 놈이 더 공산주의 신봉자다.

■ **공산주의자는 모순을 더 큰 모순으로 덮는다.**

공산주의자들은 정반합(正反合)의 원리를 앞세우지만 철저하게 반(反)의 연속이다. 공산 신념만 정(正)으로 생각하기 때문이다. 월맹은 남민전(남베트남 민족해방전선)과 베트콩의 지도자를 한 번 배신자는 또 배신을 한다는 논리를 앞세워 먼저 척살했다. 자기모순을 자기모순으로 덮는다. 북한에서 서열 2위인 고모부도 고사포로 처형하는 이치와 같다. 자기들 모순을 더 큰 모순을 노출시켜서 묻히게 한다. 조국 게이트가 불타오르자 지소미아 파기와 독도훈련으로 관심을 돌려보았지만 조국의 모순은 그 무엇으로도 덮지 못했다. 선거부정을 감추려고 비리수사를 중단시켰지만 이미 자행된 범죄는 지우지 못한다.

공산좀비들은 노골적 모순으로 자유우파의 심장을 파괴한다. 호지명에게 희열을 느꼈다는 표현을 문제 삼자, 지독한 공산주의자 신영복을 존경한다고 했다가, 남침의 수괴 중의 하나인 김원봉이를 국군의 뿌리로 만들었다. 이순신의 12척으로 물 타기를 했다가, 이념의 외톨이가 되지 말라고 역공격을 한다. 좌파 정부는 여론 조작으로 실체를 덮는다. 리얼미터는 장기간 현장 여론과 괴리된 여론조사를 발표하고 있다. 미스터리다. 모순으로 모순을 덮고 묻는다. 그러나 그 모순행위는 오래가지 못한다.

좀비들은 치명적인 모순이 드러나면 국민의 관심 분야를 물 타기 한다. 모순이 터질 때마다 월남에서는 암살이 잦았고 좌파 정부는 이상한 자살 사건이 많았다. 좀비들은 반미 프레임으로 몰고 가기가 벅차니까 반일 프레임으로 일단 씌워놓고 지소미아 종료를 선언했다가 분위기가 불리하자 종료 연장조치를 취하고 독도 방어훈련을 했다. 북한 평산의 핵오염 폐기물 방류가 문제가 되고 있다. 이 게 사실이라면 북한 핵은 이미 터져서 서해로 흘러내리고 있다. 다수의 군중은 직접 공포를 보여주지 않으면 긴장하지 않는다. 우한 폐렴으로 직접 죽음을 보여주자 공포에 빠지고 있다.

## 사회주의와 공산주의는 존재 목적이 같은 일란성 쌍둥이

1. 사회주의와 공산주의는 인간을 도구로 삼는 동일체

2. 공산주의는 1%가 군림하고 99%는 노예로 사는 불평등 체계

3. 북한 노동당과 주사파는 남북 주사파 연대/일심동체

4. 공산 좀비들은 자기모순을 자기모순으로 덮는다.

— 자유제체는 인간의 자유와 소유 본성을 구현하는 최고의 체제다. —

## 3. | 공산주의 3대 전략
－ 적화 전략, 확장 전략, 쟁취 전략

공산주의 본질에 이어서 공산 전략을 알아보고자 한다.

자유대한민국은 40년 전부터 공산주의자에 의해 본격적으로 물들고 잠식 되어 왔다. 공산전략이 공산 본질을 펴기 위한 기획이라면 전술은 전략을 뒷받침하는 행동이다. 공산주의 허상의 이론은 벌써 폐기되었는데, 공산혁명 이론은 운동권에서 교범처럼 활용하기에 이론은 죽었지만 공산주의자들은 생명을 연장하고 있다.

진리와 진실은 전략이 없어도 몇 천 년을 가지만 공산 이론은 허상의 체계이기에 적화와 확장과 쟁취 전략으로 공산화 이론을 보강했다. 자유진영은 본질과 인권과 자유 욕구에 충실했기에 있는 그대로 순리대로 하려는 자유와 진리의 철학이 발달했고, 공산 진영은 반문명적 패권 질서를 세우기 위해 자유의 본질과 정의로운 절차를 거부하는 인위와 통제와 쟁취 노선이 발달했다.

하나, 적화 전략 － 인위적 목적으로 수단 정당화
공산 이론은 반본질(反本質)과 반인륜(자유와 진리와 정의 무시)에 기초하기에 그냥 두면 자동으로 소멸된다. 그래서 공산주의 운동은 인위적 목적(세계 공산화)을 내세우고 목적을 위해서는 어떤 수단도 정당하다는 프레임을 씌운다. 목적이 아무리 좋아도 수단과 방법이 정당치 못하면 목적 폐기가 상식인데, 공산당은 목적을 '알박기' 해놓고 수단을 정당화시킵니다. 한 번 목적과 목표를 정하면 수정하지 않습니다. 북한은 70년 동안 한 번도 대남 적화 전략을 바꾼 적이 없습니다. 주사파 정권 또한 한번 시행한 정책을 바꾸지 않고 있다.

공산당과 공산화를 위해서는 인륜도 무시하게 만든다. 소득주도 성장처럼 마차가 말을 끌게 하는 오류를 범해놓고 수정도 안한다. 개인영달만 추구하는 정치 3류들이 일류를 이기려면 반대로 가야했고(반역, 반동), 다수를 차지하는 약자의 배아픈 욕구도 배려하고 수용해야 정치적 표가 된다는 것을 알기에 그들은 토지공유제와 주택 거래 허가제를 공개 광장에 던져보고 반응을 체크한다. 아직 때가 이르다고 판단되면 개인의 의견으로 돌리면서 판을 잠시 접는다. 공산주의자가 득세하면 여행도 허가제로 할 모양새다.

공산 적화전략은 약자가 정상적으로 도전해서는 기존 문명을 이길 수 없다는 열등에서 출발한다. 북한은 봉건 왕조 체제유지와 적화를 위해서 김일성 영생교를 만들었다. 인권유린과 독재도 정당시하는 1인 독재 노예시스템으로 변질이 되었다. 북한 3대 세습체제는 한국 대비 1/40의 경제력으로 40배(70배라고 주장하는 자도 있음)의 한국을 아직도 넘보는 것은 공산주의의 반본질적 사고가 있기 때문이고, 더 큰 이유는 한국을 공산화시키려는 주사파 졸개들이 아직도 버티면서 미친 짓을 하기 때문이다.

북한은 상대국의 정보를 자기 것처럼 해킹하고 도용도 한다. 공산화 목표가 있는 한 북한 핵은 실험 단계에서 대량 생산 체제로 전환하고, 2020년까지 폐기가 아니라 100개 이상을 보유할 것이다. 정치수용소를 동물

농장처럼 관리하고, 화학무기와 핵과 미사일은 언제든지 쓸 수 있는 무기가 된다. 북한에만 갔다 오면 태도와 신념이 바뀌는 자들은 약점이 잡힌 아비타로 보면 된다. 그래서 북한 궤멸이 없으면 우리민족은 엄청난 에너지를 낭비한다.

좌파 정권은 상식으로 이해하면 안된다. 안보를 파괴해 놓고도 통치적 전략이라고 하는 일당들이다. 적이 남침할 수 있는 통로를 열어놓고도 우리가 양보해야 북한이 변한다고 주장한다. 국방 통신망이 망가져도 일단 속이는 일당들이다. 90%가 김정은의 방문을 반대하는 분위기인데 쌍수를 들어 환영할 것이라고 설레발을 친다.

이념에 경도되면 예의와 도덕과 질서와 상식으로부터 멀어진다. 눈은 적화를 위해 희번덕거리고 거짓을 수시로 쏟아낸다. 수시로 말을 바꾼다. 좌파 정권은 견고한 자유민주체제와 70년 동맹을 허물고 우리끼리 연방제를 하겠다는 모멸 찬 망상을 품고 있다. 위장평화를 연출하고 억지 쇼를 부려도 경제가 무너지면 망상은 먹히지 않기에 마지막엔 공포정치를 할 것이다.

중국은 세계 패권과 공산화에 도움이 된다면 그 어떤 짓도 한다. 중국은 자기들의 고성능 레이더 기지는 감추면서 한국의 사드를 문제 삼는다. 경쟁국의 기술을 빼가고, 수출하는 전자제품에 도청하는 칩도 설치한다. 자기들 목적이 세워지면 자기 마음대로 지껄인다. 중국은 국가 시스템도 미개하고 불안하며, 지도부가 부패한 상태에서 세계 패권을 꿈꾸고 있다. 필연적으로 홍콩과 대만이 분리 독립을 하고, 중국 대륙도 6개 지역으로 분리될 것이다. 중국이 미국에 저항하면 경제전쟁으로 얻어터지면서 중국

인민의 반발로 중국 공산당은 해체되고 자유 가치를 아는 새로운 중국 정부가 들어설 것이다. 서방의 언론은 위기를 느낀 시진핑이 우한 폐렴 장난을 쳤다고 보고 있다. 권력을 위해서는 인명살상까지도 수단으로 본다.

## 둘, 확장 전략 – 기만과 선전선동으로 세력 확대

공산주의는 출발 자체가 반본질이기에 속여서 체제를 유지했고, 공산주의자는 비현실적 목적은 구현 과정에서 저항에 부딪힌다는 것을 알기에 집권과 세력 확장을 위해 기만과 선전선동을 했다. 공산주의는 정상적 활동으로 국가체제와 인재 시스템을 붕괴할 수 없기에 목적 실현을 위해 선전선동과 가짜 뉴스와 유언비어를 만들어 배포했다. 히틀러는 게르만 민족 세계섭권 망상을 위해 선전선동의 교범을 보여준 이래로, 주사파 일당이 최고 수준의 거짓을 조작하고 있다. 광우병 파동, 세월호 관련 유언비어와 탄핵 관련 가짜 뉴스는 최단 시간 최다 가짜 뉴스를 만들었다.

공산주의는 속여야만 돌아가는 바람개비들이다. 입만 열면 거짓이다. 자유민주주의에서 자유를 뺀 민주주의를 강조한다. 북한 대변자 역할도 자기들 마음대로다. 북한은 핵 폐기 의지도 없는데, 김정은이가 서울만 방문하면 모든 게 해결되는 냥 선동했다. 남북화해를 바라는 국민의 기대에 빨간 장미를 잠시 보여주려는 쇼에 불과하다. 공산주의가 활개를 치면 모든 통계와 여론조사와 예산 집행도 다 거짓이다. 고용증진을 위해 배정한 54조의 행방이 묘연하다. 의미 없이 사라진 예산도 궁금하다.

공산 이론의 기초가 반인류과 반본질이기에 끝까지 속여야 한다. 그들은 목적이 설정되면 거짓도 정당화 되고, 거짓이 연속되면 자기들이 무엇을 속이고 있는지도 모른다. 김정은이가 말하지도 않았는데, 김정은이가 북한 비핵화를 약속했다고 설레발을 쳤다. 고단수는 트럼프는 거짓마저도 받아들여 거역할 수 없는 반격을 한다. 경기 지수가 최악인데 경기가 좋아지고 있다고 호도를 한다. 동문서답이다. 문이 동쪽을 가르키면 답은 서쪽에 있다. '삶은 소대가리' 암호가 진짜로 화가 나서 지르는 핀잔일까? 새로운 도발을 위한 남북 주사파 연대가 짜고 치려는 징조인지는 조금 더 관찰을 해야 한다.

공산주의는 반인륜적 모순도 복지와 민주주의로 포장한다. 공산주의자들의 발언과 발표는 상식으로 해석하면 안 된다. 21세기에도 공산화 망상은 죽지 않고 활개를 치고 있다. 타인의 죽음마저 공산화에 이용한다. 본질이 있으면 반드시 반본질이 있고, 일류보다는 약자와 아류들이 많은 세상이다. 그래서 공산 정치가는 약자들에게 선심을 쓰고 인기정책을 구사한다.

최전방 장병에게 평일 외출을 허용하고, 북한과 평화를 만들자고 선동한다. 약자는 공짜로 주는 선심성 혜택과 공짜 복지를 원하기에, 공산(사회) 위정자는 표를 위해 공짜 퍼주기의 달인들이다. 그들은 기업의 자산을 부패세력들이 모아둔 돈으로 보기에 어떻게 사용하든 정당하다고 본다. 임시직 고용처방을 해놓고 고용의 질이 좋아졌다고 홍보한다. 총선 전에 현금성 복지 예산을 대량 방출 예정이다. 국민이 현금성 복지 예산이 독이었다는 것을 알려면 베네수엘라처럼 회복 불능 상태가 되고 난 뒤가 될 것이다.

셋, 쟁취 전략 – 폭력과 공포정치
공산주의는 목적 달성을 위해서 폭력과 공포정치를 사용한다. 획일적이고 일사불란하다. 목표가 주어지면 강제적으로 동원되고 폭력을 행사한다. 그들에게 폭력은 새로운 질서 구축을 위한 수단이다. 부딪혀 성냥불을 켜듯이 갈등이 생기면 물리력으로 풀려고 한다. 개체의 희생을 단체가 보상한다. 그래서 과감하고 용감하다.

공산주의는 자기들이 약하면 1+1=2의 전략으로 흩어진 1을 제압하고, 상대가 우수한 조직과 능력을 갖추고 있으면 이간시키고 분열시켜서 1-1=0로 만든다. 주사파 정권은 아주 간절하게 필요한 법안이 있으면 4+1의 유령 조직을 만들기도 한다. 헌법 위반이라고 제소를 해도 전혀 동요하지 않는다. 새날이 오면 불법 행위는 다 처벌감이다. 그들은 아주 간교한 계책으로 우파끼리 싸우게 한다. 약점을 잡고 아울러 회유한다. 그들은 권력은 폭력과 공포에 의해 작동한다는 것을 안다.

선전이 먹히지 않으면 우상과 공포정치 시도한다. 공산주의자들은 거짓이 먹히지 않으면 우상과 공포정치 수법을 쓴다. 북한은 공개 처형을 어린아이에게도 보여주어 저항하면 죽는다는 공포심을 심는다. 고대 제사장들의 인신공양, 중세의 마녀사냥, 모택동의 홍위병을 이용한 인간 사냥, 김일성의 인민재판과 철권통제와 정치범 수용소, 주사파의 적폐청산과 적반하장은 인권 유린과 말살이며 공포정치의 일환이다.

공포는 대놓고 억압하고 통제한다. 주사파 정권은 정보기관의 전산망을 점거하여 과거 자료(회계장부)를 뒤져서 감옥소로 보내는 정치보복을 하고, 역사를 자기마음대로 해석하고 날조하여 자유우파의 심사를 파괴한다. 대기업체 여기 저기 찔러서 상처를 내고 약점을 잡아서 자기들 입맛에 맞게 부려먹는다. 우파의 태극기 집회의 모금 계좌 4만 여명을 뒤졌다. 새로운 질서를 세우고, 새로운 세상을 위해 과거 인류 역사가 정상이라고 보았던 문명과 인륜과 질서마저 무시하고 있습니다. 6.25 때 월남한 할아버지는 지금의 대한민국은 8.15 직후의 북한 공산치하를 보는 것 같다고 증언한다.

주사파 일당은 공산혁명 이론과 전략을 그대로 접목하고 있다. 그들의 행위를 반복 관찰하면 차후 예측이 된다. 항상 편을 갈라서 적개심을 고취하고, 불리하면 전선을 통합하고, 이기고 나면 판을 깬다. 극도로 자기 진영이 불리하면 제물(祭物)을 찾는다.

현재, 주사파 정권은 독재국가에서도 보기 힘든 억압과 공포정치를 강행한다. 정권의 권력 비리 수사를 중단시킨 사례는 지구촌에서 처음 보는 만행이다. 자유우파는 집권과 패권을 위해 다수를 기만하고 노예로 부리는 공산체제를 증오한다. 인류 문명을 파괴하고 국민의 자유를 뺏는 공산무리들과 맞서 싸울 것을 선언한다.

---

### 공산주의 3대 전략

1. 적화 전략 – 인위적 목적으로 수단 정당화

2. 확장 전략 – 기만과 선전선동으로 세력 확대

3. 쟁취 전략 – 폭력과 공포정치
   주사파 무리들은 공산주의 이론과 전략을 그대로 접목하고 있다.

– 자유제체는 인간의 자유와 소유 본성을 구현하는 최고의 체제다. –

## 4. 공산주의 4대 전술
### – 통일전선, 용어혼란, 실체교란, 폭로전술

좌파 정권은 공산주의 4대 전술을 변칙 사용하고 있다. 종북·주사파 일당은 공산 전략과 전술을 활용하여 집권에 성공했다. 공산 이론은 죽었을지 모르나 공산 전략과 전술은 3류 정치세계에 그대로 남아서 추악한 권력을 잡는 수단으로 활용되고 있다. 자유우파 중에는 공산 전술의 장점은 배워야 한다는 주장도 한다. 공산 정치가들의 행위 자체가 국가와 국익을 해치는 공산 전술이기에 이기려면 공산 전술을 깊이 알아야 한다.

공산주의 4대 전술은 통일전선, 용어혼란, 실체교란, 폭로전술이다. 전술은 전략에서 파생이 된다. 공산 권력(목적)을 잡기 위해서 수단을 정당시하는 ①적화전략에서 힘을 모으고 연대하는 통일전선 전술이 파생되었고, 공산 권력과 적화 목적을 위해서 기만과 선전선동을 활용하는 ②세력 확장 전략에서 용어와 실체혼란 전술이 분화 되었다. 용어 혼란은 교묘한 말장난으로 우매한 다수의 지지를 얻고 환심을 사는 수단이고, 실체 교란(이중혼란, 가짜 뉴스)은 가짜 뉴스로 진짜를 공격하는 전술이다. 공산 권력을 유지하기 위한 ③폭력 쟁취전략에서 약점 잡기와 거짓 폭로전술이 분화되었다.

주사파 일당은 공산주의가 아니라고 하면서 행동은 추악한 공산 행태다. 과거 공산주의자가 보여주었던 추악한 짓을 노골적으로 하고 있다. 평화를 이야기 하면서 운동권 진영 사람을 심기 위해 멀쩡한 자유우파 인사를 사찰한 뒤 적폐청산 몰이로 무수한 탄압을 했다. 거짓과 말 바꾸기를 반복한다. 위선적이다. 주사파 정권을 보면 그들이 구사하는 전술행태는 공산 전술을 그대로 사용하고 있다.

통일전선 전술로 외세 힘까지 연합하여 집권을 했고, 권력을 유지하기 위해 용어로 기만하고 가짜뉴스로 실체를 속이며, 정적의 약점을 잡아서 폭로하고 적폐 몰이로 양심도 정의도 없는 지옥 세상을 만들고 있다. 그들은 아무리 자기들 정체성을 부정해도 기존 공산전술을 사용하는 불나방들이다. 공산 불나방들을 소탕하는 길은 자유화 운동뿐이다.

하나, 통일전선 전술 – 연대 후 동조자 제거

통일전선 전술은 세력이 불리할 때 세력을 키우는 연합과 연대 전술이다. 통일전선 전술은 정치적 목적(권력과 패권)을 달성하기 위해 일단 힘을 모아서 목적을 이루고, 목적이 달성되면 버리는 술책이다. 필요하다면 명분을 만들어서 악마와 정적까지도 끌어들여 이용하고 목적이 달성되면 이유를 달아서 숙청한다. 목적을 달성하기 전까지는 최대한 의도를 숨기고, 철저히 대중의 의도에 부합하는 행동으로 지지를 확보한다.

1936년 프랑스 사회당과 공산당과의 인민 전선, 1937년 이래 중국에서 형성된 국민당과 공산당의 항일 통일 전선(국공 합작), 1946년 남한과 북한에서 각각 결성된 민주주의민족 통일 전선, 월맹의 남베트남민족해방전선과의 연대, 남북연방제 등은 다 통일전선 전술이다.

북한은 공산화를 위해서 오래전부터(70년 전통) 국제역량과 대남전력을 키웠다. 밀봉교육으로 간첩을 양성하고, 인재를 장학금과 고시시험 지원으로 포섭하며, 주체사상을 심어서 정신적 노예로 만들고 뒤에서 아바타처럼 운용한다. 통일전선 전술은 조직망을 갖춘 조직이면 우선적으로 연대하여 공동 전선을 편다. 일단 생존한 후에 차후 작전을 개시한다. 지금 자유대한민국이 빠르게 공산화 되고 있는 것은 공산 기획세력이 통일전선 전술을 폈기 때문이다.

통일전선 전술은 연합된 힘으로 권력을 잡고, 권력을 잡고 나면 투쟁 과정상의 문제를 제기하여 숙청한다. 연합했던 세력도 주도권 싸움에 걸림돌이 되면 제거한다. 월맹은 공산화 성공 후에 월남의 남베트남해방전선(남민전)을 여러 가지 이유(소극적, 적과 내통)를 달아서 숙청했다. 김일성이가 6.25가 끝난 뒤 박헌영이를 불러다 6.25 실패 책임을 물어서 별장에서 개에게 물려 죽게 했다. 남북연방제 또한 남북 주사파가 연대한 힘으로 연방통일이 되면 협조자부터 죽일 수밖에 없는데, 남쪽 주사파 일당은 그것도 모르고 공산연방제 추진에 목을 맨다.

둘, 용어혼란 전술 – 이중 용어로 개념 혼란
공산주의는 세력 확장을 위해 기만과 선전선동에 능하다. 선전선동의 단골 메뉴가 용어혼란이다. 용어혼란은 기만 전략의 하나로, 이중 언어로 본질과 개념과 논점을 흐리는 기법이다. 용어가 개념과 실체를 지배한다. 용어를 먼저 점령하면 심리전에서 주도권을 쥘 수 있다. 용어혼란 전술은 용어의 해석의 차이(문화, 종교, 지역)를 교묘하게 이용하여 개념을 흐트리고 물 타기를 한다. 언어는 소리와 의미의 조합인데 의미를 자기들 식으로 날조하고 변경한다. 동쪽 문을 말하면서 자기들끼리는 서쪽 문으로 간다.

용어혼란은 한 개념아래 2가지 해석이 존재한다. 공산주의의 '평화'는 우리가 아는 전쟁이 없는 상태가 아니라 자본주의가 소멸한 상태를 평화라고 한다. 같은 언어에 의미를 다르게 색칠하여 기만하고 속인다. 공산주의자들이 말하는 '민주주의'는 우리가 생각하는 다수결의 원칙이 아니라 공산주의식 일당 독재 절차를 말한다.

공산주의자들은 용어혼란마저 통하지 않으면 용어를 바꾼다. 김정일은 북한 헌법에서 공산주의 단어를 지우고 사회주의로 바꾸었다. 북한의 '한반도 비핵화'는 북한의 핵 폐기가 아니다. 한국에 미군의 핵잠수함 입항도 해서는 안 된다는 주장이다. 북한은 이제 '한반도 비핵화'마저 통하지 않자, 북한 핵과 제재(制裁)를 맞바꿀 수 없다고 선언했다. 아직도 '한반도 비핵화'를 언급하는 자는 종북 세력이다.

북한 사전인 조선말대사전을 보면 사람은 노동자와 농민이라고 규정하고 있고, 진보란 주체사상을 먼저 아는 상태, 운동이란 미군을 축출하는 행동이라고 명시하고 있다. 우리는 사람중심을 인본주의로 인식하지만, 북한 헌법 3조는 조선민주주의 인민공화국을 '사람중심'의 세계관을 갖는 국가라 규정했고, 북한 헌법 제8조는 북한사회의 모든 것은 근로인민 대중을 위하여 복무하는 '사람중심'의 사회제도라고 규정하고 있다. 우리의 '사람중심' 개념과 북한 헌법의 '사람중심'은 판이하게 다르다.

주사파 일당은 사람이 먼저인 새로운 세상이라는 선전하여 표를 얻어놓고, 자기들 진영 사람이 아니면 구금하고 탄압을 하고 있다. 그들은 자기들 진영은 사람으로 취급하고 자유우파는 개돼지 취급한다. 그래서 좌편향 판사들은 '좌파 무죄', '우파 유죄'라는 공식을 철저하게 지키고 있다.

주사파의 민주화 운동은 공산화 운동을 의미한다. 1980년 5.18을 겪으며, 학생운동과 민주화를 외치던 시민들은 소위 피의 학살과 전두환의 집권은 미국의 묵인 아래 자행됐다며 미국문화원 방화사건이 터지면서 반미 친북운동이 확산되었다. 북한의 대남방송을 들으며 정리한 김영환의 "강철서신"이 대표적인 주사파 운동권 문건이다. 그들은 북한 주체사상을 신봉하고 북한을 위해서 일을 했으면서 30년을 민주화 운동을 했다고 말한다. 새날이 오면 진짜 민주화 운동과 가짜 민주화 운동은 구분해서 정리를 해야 한다.

셋, 실체 교란 전술 – 가짜로 진짜를 공략한다.

실체 교란은 '가짜뉴스를 만들어 참과 거짓을 혼동시켜' 실체를 감추는 전술이다. 용어혼란이 '말의 의도적인 교란'이라면, 실체 교란은 '가짜 뉴스로 실체 교란'이다. 용어혼란이 옹달샘을 깊은 우물로 위장하는 것이라면, 실체 교란은 사회 공동 우물에 독약 타기다.

대통령 박근혜의 사기 탄핵은 '국정농단'으로 용어혼란을 시도했고, 무수한 가짜뉴스로 실체를 혼란시켰다. 조·중·동까지 가세하여 가짜 뉴스를 만들고 권위를 인정받던 주필들까지 가짜논설로 가짜뉴스에 공인 검증을 찍는 역할을 했다. 그들은 천인공노할 가짜 뉴스를 짧은 시간에 대량으로 만들어서 무작위로 살포했다. 짧은 시간에 무엇인 진실이고 거짓인지를 모르게 했고 다수 국민은 완전하게 속았다. 방송과 신문이 단결하여 천사를 악마로 만들었다. 거기에는 어떤 양심도 지성도 존재하지 않았고 누구도 가짜 뉴스에 제재를 가하지 못했다.

실체교란으로 정권을 잡은 주사파 일당들은 입만 열면 거짓말을 했다.

문재인 정권 초기에 체코에 간 이유가 원전 수주 목적이라고 했다가 중간 경유지였다고 말을 바꾸었다가 제재를 받아서 LA로 갈 수 없었다고 말했다. 독재좌파 정권이 2019년 11월, 김정은의 부산 ASEAN 회의 방문에 목을 매던 시절에 자유를 찾아온 북한 어부 2명을 16명의 어부를 살해한 자라며 강제 북송처리를 했다. 모든 게 거짓이었다. 큰 사건이 터지면 자유우파가 증오하는 인물을 내세워 관심을 돌렸고, 실체를 감추려고 할 때는 대형 사고가 나기도 한다.

용어혼란과 실체 교란 전술은 실체를 기만하는 전술이다. 공산주의 전술은 공산화에 도움이 된다면 악마하고도 손을 잡는다. 그들은 겉으로 노출된 말과 안으로 품고 있는 의미가 다르다. 주사파 일당은 — 24시간 일을 하는데, 주점에 가서 회의를 한다고 — 하는 억지도 눈썹하나 흔들리지 않고 말한다. 수사가 임박하자 증거 물건인 컴퓨터를 빼돌려 놓고 검찰이 증거를 조작할까봐 감추었다고 한다.
무수한 권력 비리가 연일 터지고, 부정선거에 개입하고 비리 감찰 수사를 무마해놓고 누구 하나 사죄도 책임도 지지 않는다. 청와대 압수수색을 거부하고 검찰개혁을 명분으로 권력비리 수사를 막아버렸다. 조국에게 빚을 졌다고 발언하고 여당은 야당심판을 주장한다. 독재좌파의 실체를 모르는 국민이 보면 정권이 부당한 탄압을 받는 것으로 오인한다.

실체 교란은 거짓으로 진실을 만든다. 그들은 거짓도 반복하면 진실처럼 둔갑시킬 수 있다고 믿는다. 세금 퍼주기 행정을 하면서도 보편 복지라고 말한다. 소득주도로 안 통하면 공정 경제로 갈아탄다. 용어를 조작해도 불리한 상황이라면 떼를 쓰고 세를 과시하며 물리적으로 위협도 한다. 독재좌파 정권의 실체를 밝히려는 우파에게는 무수한 재갈을 씌우고 도구적 방법으로 도전을 차단시키려고 한다. 유튜브 하나도 그냥 두지 못하고 노란 딱지를 붙여서 방송을 방해한다. 자기들이 가짜 뉴스 유포자이면서 가짜뉴스 통제를 위해 유튜브 통제 법안을 강구하고 있다.

넷, 약점 잡기와 폭로전술

공산주의자들은 자기들의 정치적 목적을 쟁취하기 위해 약점 잡기와 폭로전술은 구사한다. 폭로전술은 세력이 약할 때 민중을 흥분시키는 방법이다. 공산주의는 세력이 약할 때는 기득권 세력의 비리와 모순과 실책을 폭로하여 자기들 기반을 넓혀간다. 폭로를 통하여 약자에게 피해의식을 부채질하고, 정적(政敵)의 먼지만한 흠집이라도 찾아내어 도덕성에 상처를 낸다.

폭로전술은 기득권 세력에게 돌을 던져서 매장시키는 기법이다. 목적을 달성하기 위해서라면 불법과 비인도적 수단까지도 정당화 한다. 폭로전술의 대표적 사례는 중국공산당 대약진 운동 때 홍위병의 기득권 비리 폭로, 6.25 전쟁 때 노동당의 인민재판, 주사파의 적폐청산 등 이다.

단체로든 개인 자격이든 북한만 갔다 오면 발언 내용과 태도가 달라진다. 성적 본능과 돈의 유혹을 제공하여 약점을 잡고, 폭로를 협박하여 아바타로 만들기 때문이다. 김일성 장학생들이 그러하고 북한을 다녀온 일부 언론사 사장과 일부 종교 지도자가 그러하다. 상식 이하의 발언을 하는 자들은 어쩌면 북한 폭로전술의 피해자들이다. 북한의 폭로가 두려워서 매국 행위도 한다. 양심선언이 정답인데 잃는 게 많아서 양심선언도 못한다.

공산주의 4대 전술은 공산주의자들이 권력을 잡기 위해 체계적으로 사용하는 투쟁 기법이다. 주사파 일당이 현재 보여주는 태도와 행태는 4대 전술에 대입하면 그대로 분석이 된다. 인간의 나태와 이기적 속물 속성을 최대한 이용하고, 개체가 가치를 상실하면 철저하게 버리는 동물적, 야수적 전술임을 알아야 한다.

공산 전술로 국가와 자유진영을 해체하고 우파 인사를 구금하고 피폐하게 하고 있는데, 공산주의 공격은 철이 지난 행태이고, 국민을 반공 프레임에 가두는 행위라고, 비난하는 자들이 많다. 공산 이론은 죽었을지 모르나 공산 전략과 전술은 3류 정치세계에 그대로 남아서 추악한 권력을 잡는 수단으로 활용되고 있다. 공산 정치가들의 행위 자체가 국가와 국익을 해치는 공산 전술이기에 이기려면 공산 전술을 깊이 알아야 한다. 공산 무리들은 하나도 변하지 않았고, 사악한 소행으로 자유대한민국을 망치는 것을 더 이상 묵시하지 못한다.

---

**공산주의 4대 전술**

하나, 통일전선 전술 – 연대 후 동조자 제거

둘, 용어혼란 전술 – 이중 용어로 개념 혼란

셋, 실체 교란 전술 – 가짜로 진짜를 공략한다.

넷, 약점 잡기와 폭로전술

– 공산주의 4대 전술은 권력을 잡기 위해 투쟁 기법 –

---

## 5. │ 자유대한민국을 파괴하는 5 적(敵)

자유대한민국 정상화를 위해 싸우려면 적부터 정확하게 알아야 합니다. 자유대한민국을 파괴해온 5가지 적(敵)에 대해 개념을 이해하고 주변을 살펴봅시다.

지금의 자유대한민국을 파괴하려는 5가지 종류의 적은 ①북한군, ②간첩, ③종북세력, ④친북세력, ⑤동조세력이다. 북한정권과 북한군은 주적이며, 간첩은 은밀한 국가 파괴세력, 종북은 북한 지령을 따르면서 대놓고 적극적으로 대한민국을 파괴하는 세력, 친북은 종북 세력에 동조하는 세력이다. 그동안 북한은 대남공작으로 자유대한민국 파괴세력을 키웠다. 한국을 파괴하려는 모든 공산화 세력은 북한 대남공작의 작품이다. 북한은 대남공작으로 간첩 유전자를 심었고, 간첩은 종북과 친북을 파생시켰다. 그러나 수많은 파괴세력은 조만간 실체를 드러내고 자멸할 것이다.

공산 정치 양아치들은 숫자가 많은 약자를 선동하여 권력을 잡지만, 권력을 잡고 나면 도덕성과 실력의 한계로 약자를 돕지도 못하고 국가와 국민을 동반 추락시킨다. 종북좌파 정권은 3년도 안 되어 한계를 드러내고 있다. 종북·주사파 중심의 공산화 세력들은 투쟁으로 권력을 잡을 줄은 알지만 권력을 유지하는 지력과 동력이 없기 때문이다.

대한민국 파괴세력을 정리해보자.

1. 외부의 국가 파괴세력 - 북한정권과 북한군.

북한정권과 북한군은 48년 9월 9일부터 자유대한민국 실존의 적이었다. 주사파 정권이 적을 적이라고 부르지 못하게 해도 적은 적이다. 북한 정권은 소련과 스탈린의 지령과 원조로 1948년 9.9일에 설립된 소련의 괴뢰 정권이다. 북한 괴뢰정권과 북한군은 6.25전쟁을 일으켜 690만 명(아군 200만, 적군390만)을 살상하고 1천만 이산가족을 만들었고, 지금도 자유대한민국을 공산화시키려고 핵까지 대량 생산을 하고 있다. 북한군은 변화 불가능의 철천지원수이고 실존하는 적(敵)인데, 국방백서에서 주적(敵)을 삭제한 자는 거물 간첩이거나 미친 망상가다.

북한은 70년간 반미 감정을 부추겨서 북한내부를 결속시켰고 핵을 만들었다. 북한 지도부 인사 숙청과 총살과 정적 제거가 많다는 것은 북한 권력도 매우 불안하다는 증거다. 북한은 2020년 올 해 큰 갈림 길을 선택해야 한다. 마지못해 핵을 내려놓을 것인지? 아니면 자발적으로 개방을 할 것인지? 그렇지 않고 다른 방안, 대남 강경책으로 돌아서거나, 남한 주사파를 믿고 준동한다면 남는 것은 패망이다.

북한 노예 세습체제는 얼음 위에 놓인 뜨거운 숯불 격이다. 모순의 얼음은 녹아내리듯 북한 세습체제와 유일체제는 곧 종말을 고한다. 북한은 수시로 숙청을 하고 죽이고 있다. 김정은 손으로 죽인 자가 300명이 넘는다고 한다. 그 중에서도 김정은의 고모부인 장성택은 고사포로 처형하고 화염방사기로 태워버렸다. 북한 동포들도 자유 세상에 눈을 뜨기 시작했고 핸드폰으로 실시간 정보를 주고받는다. 고난의 행군기 때 부모를 잃은 북한 꽃제비들이 뭉쳐서 북한 정권에 대적하는 날이 다가올 것이다.

이제 살인도 한계가 왔다. 북한에서 숙청 대상자들이 반기를 들기 때문이다. 프랑스 혁명의 주도자인 로베스피에르가 암살을 당한 것은 측근까지 죽이려는 명단을 작성했기 때문이다.

2. 내부의 은밀한 국가 파괴세력 – 남파간첩과 포섭된 고정간첩과 중국간첩

남파간첩은 북한에서 밀봉교육을 받고 한국에서 암약하는 간첩이다. 고정간첩은 포섭되어 뼈 속까지 공산화된 간첩이고, 중국 간첩은 중국을 위해 암약하는 간첩이다. 남파 간첩은 북한에서 밀봉교육을 받고 한국으로 넘어와서 북한을 위해 한국의 기밀을 빼내어 북한에 제공, 헌납하는 북한 종사자들이다. 최근에 남파간첩을 국정원에서 9년 추적하여 잡은 사례도 있다.

고정간첩은 남파된 간첩에게 포섭되어 남파간첩의 은신처를 제공하거나 한 자리에 머물면서 한국의 기밀을 북한에 넘기는 간첩으로 자유민주체제 불만 세력과 북한에 연고를 둔 자들이 주로 포섭당하여 고정간첩으로 활동했다. 현재, 간첩의 숫자는 아무도 알 수 없다. 대공 분야 조직을 다 와해시켰기 때문에 갈수록 증가할 것이다. 황장엽씨는 이미 23년 전에 한국에서 활동 중인 간첩들이 족히 5만 명은 넘을 거라고 했다. 북괴 통전부 전산망을 해킹하여 간첩 명단을 입수하면 기절초풍할 일들이 벌어질 것이다. 과거에는 지상, 해상, 조총련을 경유하여 간첩을 보냈지만 이제는 중국을 통하여 얼마든지 드나들 수 있고 간첩을 잡지 못하니 무법천지가 되었다.

중국간첩은 중국을 위해서 활동하는 간첩이다. 중국간첩은 그 수를 헤아

리지 못한다. 현행법상 중국은 적국(敵國)이 아니기에 간첩이라는 단어도 쓸 수 없지만 간첩 행위를 하는 자는 무수히 많다고 한다. 중국 유학생과 주재원 중에 간첩이 많다는 것은 오래된 이야기이고, 파룬궁 수련생으로 국내로 잠입한 간첩은 그 수를 헤아리기 어려울 정도로 많다고 한다.

박쥐 신세인 간첩의 마지막 운명은 숙청이다. 북한의 고위 간첩이었던 리선실처럼 철저하게 이용당하고 마지막엔 피의 숙청을 당했다. 주사파 일당들과 간첩들은 북한이 사람이 사는 체제가 아닌 줄 알면서도 전향을 못한다. 과거 업보를 씻을 수 없기 때문이다. 약점이 잡혀서 원거리에서 도 조정을 당하는 아바타 신세를 면치 못하고 있다. 남북 주사파 연대는 남북연방제를 기획하고 북한과 도모하여 새로운 권력 질서를 찾지만 결국 토사구팽으로 먼저 죽는다.

3. 적극적인 국가 파괴세력 – 종북 세력.

종북 세력은 북한의 주장, 정책, 지령과 명령을 맹목적으로 따르는 반국가 세력이다. 종북 세력은 국가 보안법을 적용하면 모두 적(敵)이다. 종북 세력은 위선과 거짓과 조작의 달인들이다. 조국은 스스로 사회주의자임을 시인했고, 임종석은 전향도 하지 않으면서도 주사파라고 호칭하는 지만원 박사를 고발하여 자기의 정체성을 감추려고 했다. 다수 국민은 종북 세력의 위선적이고 반역적인 행태를 보고 있다. 그들은 자기들 목적을 위해 수단을 정당하게 여기는 데 이골이 난 일당들이다.

종북 세력은 80년 초부터 대학 운동권을 중심으로 공산의식화 활동을 하면서 자생적으로 태동하여 년간 5만명 이상을 배출했다는 것이 정설이다. 그 후 북한에 포섭당하거나 혹은 고의로 접속하여 북한의 주장과 지령과 명령을 이행하고 북한의 선전선동을 퍼 나르고 젊은 학생층부터 세뇌작업을 했다. 전대협을 종북의 뿌리로 보기도 하고, 80년 이전에 북한에 포섭된 자들이 전대협을 뒤에서 조정했다는 설도 있다. 지금도 활동하는 골수 종북 좌파 인원은 50만이 넘는다고 한다.

종북·주사파 세력은 종북과 주사파의 경계선을 모르기에 복합적으로 부르는 호칭이다. 그들은 공산 전술에 능하다. 그들은 4+1 좌파 연합 정당과 연대하여 공수처 법안과 선거법을 불법으로 통과를 시키고, 말로 장난을 치고 불리하면 가짜로 진짜를 공략한다. 그들은 각개 각층으로 파고들어, 현재는 청와대까지 점령한 상태다. 주사파는 김일성 영생교에 빠진 정신적 사이비들이다. 그들은 절대로 공산주의자라고 말을 안 한다. 공산주의보다 주체사상이 한 수 위라고 마법에 빠져있다. 전국 조직망을 갖춘 주사파 일당이지만 북한이 붕괴하면 함께 붕괴될 것이다.

종북·주사파 일당이 청와대를 점령했다. 그들은 집권초기부터 적폐청산을 원거리에서 통제했고 행정부의 자율성을 뺏고 일일이 통제했다. 국무회의를 무력화시키고 삼권분립을 와해시켰다. 심지어 대기업까지 청와대 눈치를 보는 지경이 되었다. 국회조차 이미 무력화되었다. 제1야당은 정부와 여당을 견제할 어떤 정치력도 없어 보이고, 여당은 청와대 부속기구로 전략을 했는지, 조국 사태 때에도 침묵했다. 좌파 정권의 언론 장악으로 국민 다수는 청와대를 주사파 일당이 점령했다는 사실도 모르고 있다.

4. 동조자적인 국가 파괴세력 - 친북 세력.

친북세력은 종북세력을 추종하거나 종북세력의 활동을 지지하고 찬동한다. 친북세력은 북한과 직접 연계되지는 않았지만 전체주의 사교 집단인 북한 지도부에 우호적인 세력이다. 친북 세력은 북한 주민의 인권유린은 외면하고 북한 지도부에게 도움을 주려는 자들이다. 막연하게 북한을 편드는 동조세력과는 구분이 된다. 동조세력도 조기에 탈출시키지 못하면 친북을 거쳐 종북으로 진보하기에 공산주의 이론과 전술의 모순을 가르쳐야 한다.

종북이 북한을 위해 일하는 정규직이라면, 친북은 북한에 종사하는 비정규직이다. 종북과 친북 성향의 재야 단체는 1천개가 넘는다. 그러나 그 구분은 애매하다. 초기 종북과 친북은 80년 초, 이념서적 몇 권을 읽고 공산사상에 물든 것은 동일하다. 종북은 자기 이념을 위해서 폭력까지 사용을 해야 한다고 믿고 있고, 친북 세력은 폭력 사용은 부정적이다. 폭력을 부정하는 것은 때가 되기 전까지의 전술적 수단이기도 하다.

5. 막연한 동조세력 - 잠재 이적 세력.

공산주의에 대해서 확실한 신념도 없이 사는 게 힘들고 짜증이 나니까 막연하게 배급을 준다는 공산사회를 동경하는 무리들이다. 경제가 어려워지면 막연한 동조세력이 증가한다. 베네수엘라는 경기가 더 어려울수록 공산 정권을 더 지지했다. 공짜 지원을 계속 받기 위해서 말이다.

## 6. 대한민국에서 좌파 분류법
### – 사회좌파, 종북좌파, 좌파독재

좌파는 급진적인 정치관을 기반으로 하는 정치 세력이다. 좌파는 구체제를 부정하고 평등을 위한 정치적 결단을 요구한다. 좌파는 경쟁보다 제도적 평등과 분배에 우선적인 가치를 두며, 분배 개선을 위해서는 국가의 적극적 개입과 정부 예산과 정부역할 확대를 주장하고 신봉한다. 이에 반해 우파는 정부가 개입하는 것보다 기업 활동의 자유를 보장하고 자율시장에 맡겨 두는 것이 더 효율적이고 국가 성장에 더 유리하다고 생각한다.

좌파는 전체 통제, 분배와 의사결정의 공정, 민주화와 환경 보존 같은 다양한 가치를 더 존중하고, 우파의 주된 가치는 자유와 성장과 개발과 효율이다. 좌파의 언어는 추상적이고 감성적이다. 우파의 언어는 구체적이고 이성적이다. 생산을 추구하는 우파는 감세(減稅)를 선호하며 복지와 재정 확대에 부정적이다.

좌파와 우파 간의 그동안 인류에 끼친 영향력과 생산 에너지 총량을 비교하면 우파의 승리다. 유럽과 남미와 한국에서는 좌파가 집권한 시절은 국가경영과 국민의 삶이 피폐해졌다. 그러므로 좌파가 선점한 '진보'라는 말을 좌파가 사용하는 것은 어불성설이다. 좌파 앞에는 '퇴보'라는 수식어를 달아주어야 한다. 그동안 우파는 실제는 진보적인 일을 했으면서도 '보수'라는 프레임에 갇혀서 이미지 손해를 보았다. 이제 보수라는 단어는 역사 기록으로 남기고 '자유우파'로 용어를 통일해야 한다.

좌파와 우파의 이념 기반이 근본적으로 다르다. 우파는 나무를 육성할 때 뿌리(자유정신)부터 튼튼히 하고 줄기(현재) 보호를 위해 가지치기를 한 뒤에 꽃(효율)이 피고 열매(미래)를 거두어 또 뿌려서 후대까지 풍요롭게 한다는 실용적 이념인 반면, 좌파는 꽃과 열매부터 따서 향후에 뿌릴 씨앗(미래)까지 나누어 먼저 먹어 버린다. 나무껍질(현재)까지 벗겨먹고, 종국에는 뿌리까지 갉아 먹어 결국 산하에 초목이 하나도 없는 황폐화된 나라를 만들어 놓는다. 그동안의 자유대한민국은 우파가 국가를 경영해 왔기에 초록이 무성한 산하를 만들었지만 북한은 좌파적 이념으로 벌거 숭이산을 만들었다. 종북 · 주사파는 좌파적 이념으로 북한 모습을 따라 가고 있다.

좌파와 우파를 2분법적으로 압축해서 대비해 보면 아래 도표처럼 구분이 된다.

| 사회 좌파 | 자유 우파 |
| --- | --- |
| 통제, 분배, 공정 | 자유, 성장, 효율 |
| 국가 통제 및 역할의 확대 | 국가 개입 및 역할의 최소화 |
| 사회 및 제도의 책임 중시 | 개인책임과 성과 중시 |
| 제도적 평등 강조 | 자율성과 자연주의 강조 |
| 직접 및 참여민주주의 | 의회 자유민주주의 중시 |
| 교화, 규제 , 징벌 법안 | 강력한 법치, 규제최소화 |
| 다문화주의, 문화상대주의 | 자문화 중심, 문화절대주의 |
| 평화주의, 보편적 복지 | 정치 자유주의, 선택적 복지 |
| 연대/통일전선 | 통합/단일체 형성 |

## 1) 사회 좌파

사회 좌파는 사회주의를 지향하는 좌파를 말한다. 사회 좌파는 평등 가치를 앞세워 경쟁보다 공생을 추구하고, 약자의 인권을 보호하고 대변하려는 유럽 좌파의 전형(典刑)이다. 사회좌파는 인간의 자유 본성을 무시하고(풀어진 자유 배격) 국가가 전체를 획일적으로 통제해야 모두가 공정한 복지 사회가 된다고 믿는다. 사회주의 국가는 인위적으로 시장을 통제하다가 모두 실패했다.

자유대한민국은 이미 사망한 사회주의를 제도화 하고 있다. 사회좌파는 문민정부 때부터 형성되어 민주화로 집권한 세력이 사회주의 판을 키웠고, 참여정부 시절에는 인기정책의 탈을 쓰고 사회주의를 집요하게 추진했다. 최근에는 세계적으로 통용되는 타다 금지법을 필두로 원격진료, 빅데이트, 숙박공유를 규제하고 있다. 자유와 자율시장의 영역을 줄이면서 전체주의 시스템을 확장하고 있다. 지나친 기업 규제로 이자도 못내는 한계기업이 3천 5백 개가 넘는다. 대한민국에서 사회주의자라고 말을 하는 자는 공산주의자와 별반 다르지 않다.

사회 좌파는 비현실적 상상의 세계에 살기에 이중적이고 모순적이다. 사회좌파는 약자의 편에 서서 정의로운 일을 한다고 표방하지만 실제는 비리와 위선을 범하고, 전체의 이익을 앞세우면서도 상층부는 자기마음대로 분배하고 권력을 행사한다. 종북 · 주사파 일당들은 권력을 잡기 위한 수단으로 사회주의를 표방했고 집권한 뒤에는 사회주의의 통제와 규제를 강화하면서 시장경제 질서를 깨뜨려 혼란과 추락을 자초하고 있다.

사회좌파가 역사에 남긴 사업 실적은 가난과 파괴다. 좌파의 언어는 추상적이고 감성적이다. 시장경제질서 교란에서 오는 가난과 파괴를 언어로 미화시키려고 하기 때문이다. 헌법을 파괴해 놓고 헌법에 따라 권한을 다하겠다고 한다. 집권 3년도 안되어 나라를 100년을 후퇴시켜 놓고서 100년의 시작이란다. 소수의 이념적 사익 때문에 다수를 처음 보는 무질서와 퇴보 세상으로 데리고 가면서도 세상이 좋아지고 있다고 선전한다. 이는 악령의 짓이다. 대한민국이 정상화 되면 주사파 정권의 인기정책은 다 버려야 한다.

## 2) 종북 좌파.

종북 좌파는 북한의 주장, 정책, 지령과 명령을 맹목적으로 따르는 반한국적 세력이다. 종북 좌파의 중심 세력은 주사파다. 주사파는 김일성 영생교에 빠진 정신적 사이비들이다. 종북 좌파는 국민의 정부 때부터 형성되어 남북 연방제를 노골적으로 추진하고 있다. 주사파 정권의 초기 실세들은 지방선거에 개입하여 민주주의의 근간을 깨뜨렸고, 공산 연방제라는 괴물을 복제하려고 안보를 해체하고 있다. 천사와 악마의 결합인 남북 연방제는 폐기의 대상이고, 북한은 남북연방제 대상이 아니라 자유화의 대상입니다. 남북 자유화 운동으로 북한을 해방시켜야 한다.

종북 좌파는 대한민국에만 존재하는 별종 좌파다. 자기들 목적을 위해 수단을 정당화시키는데 이골이 난 일당들이다. 종북 세력은 공작 전술에 능하다. 불리하면 연대와 통일전선 전술을 구사하고, 유리하면 거짓말로 장난을 치고 가짜로 진짜를 공략한다. 그들은 각개 각층으로 파고들어, 현재는 청와대까지 점령한 상태다.

종북 좌파의 핵심세력인 주사파는 인권과 공산주의 단어를 사용 안 한다. 공산주의보다 한 수 위라는 자가당착적 마법에 빠져있다. 주사파 일당은 좌경 가짜민주화 세력으로 둔갑하여 제도권으로 진입했고, 자유에 반하는 규제와 통제라는 칼을 마음대로 휘둘렀다. 손을 대는 정책마다 실패를 했다. 부동산 제도는 18회나 수술을 했지만 아직도 사경을 헤매고 있다. 분양 상한가 규제로 공급을 줄여서 아파트 가격과 부동산세를 상승시키는 역효과로 모든 국민을 괴롭히고 있습니다.

북한은 공산국가도 아니다. 북한은 3대 노예세습 집단, 독재자가 지배하는 병영감옥, 주체사상 영생교주가 끌고 가는 사이비 집단이다. 그런 북한을 추종하는 종북 주사파는 좌파의 범주에 넣지 말고 북한 노예세습 집단에 굴종하는 구제불능 사이비 세력으로 불러야 한다.

### 3) 독재 좌파

문재인 정권은 정책 추진 방향은 사회주의 좌파, 인적 구성 요소는 종북 좌파, 정치 형태는 좌파독재다. 주사파 정권이 좌파독재가 된 것은 자유 우파를 잠재우고 공산연방제 추진을 위한 자구책으로 보인다. 비례 연동제 선거법과 공수처 법안과 검경 수사권 조정 법안은 좌파연합정권의 호신용으로 보이지만 실제는 장기독재를 위한 수단이고 도구다. 상기법안 통과를 위한 초법과 탈법과 반헌법적 행위를 감안해 볼 때 4.15 총선에서

4+1 좌파 연합이 승리하면 바로 남북 연방제로 가려고 개헌을 시도할 것이다.

독재는 정치권력이 특정인에게 집중되는 정치체제다. 좌파독재는 좌파에 의한 독재를 의미한다. 독재는 삼권분립과 민주주의의 기본 틀인 법치가 무너진 상태다. 독재란 정치권력이 1인 내지는 단일한 집단에 집중되는 상태를 의미합니다. 촛불정변으로 출범한 좌파독재를 종식시키는 것은 국민의 각성과 유권자 심판의 몫이다.

독재는 좌파와 우파 모두에게 생길 수 있다. 스탈린은 좌파독재였고, 히틀러는 우파독재자로 분류할 수 있다. 문재인 좌파독재는 스탈린과 히틀러보다도 더 무모하다. 스탈린과 히틀러는 자기들 국법과 국무회의 절차를 무시하거나 위반하지는 않았고, 강제로 실시한 것은 없었다. 문재인의 좌파독재는 야당을 무시하고 정권유지와 정권 수호를 위한 방탄법안을 통과시켰다. 탈원전 같은 국가의 중대한 에너지 정책과 9.19 남북군사합의는 적에게 당할 수 있는 중대한 안보사안인데 국회 동의를 구하지 않았다. 아프리카 토후국에서도 볼 수 없는 독재를 하고 있다.

# 제 6장

# 자유대한민국 정상화를 위한 자유수호 어깨동무 캠페인

## –자유수호 어깨동무 정신부터 남북 자유연합 운동까지의 지침–

공산주의자들이 이상 세계를 만든다고 강압과 강권과 공권력을 앞세운 폭정을 버리지 않는 한 공산체제는 쉽게 소멸당하지 않을 것이다. 공산체제를 종식(終熄)시키기 위한 자유화 운동이라는 시대가 요구하는 정신의 무기는 만들어졌다.

아무리 좋은 무기가 있어도 그 무기를 들고 싸울 전사가 없다면 그 무기는 가치를 잃는다. 이제 자유인을 자처하는 자유우파와 자유수호 어깨동무 전사들이 자유화 운동이라는 무기를 들고 공산화 세력부터 제압하고 자유대한민국 정상화에 기여하고자 어깨동무의 강령과 전략의 일부를 공개한다.

세계 역사에서 유례를 찾기 힘든 자유대한민국의 부국강병의 업적이, 공산화 길을 닦은 가짜민주화 운동세력과 종북 및 친중공 세력에 의해서 여지없이 무너졌다. 그들의 반역행위의 배경과 추진과정을 다 살펴 볼 힘은 없다. 자유수호 어깨동무 운동으로 다급하고 우선적인 일부터 추진을 하고자 한다. 자유와 자유화의 개념을 알고 어깨동무 회원이 되는 것만으로도 엄청난 애국이다.

# 1. 자유수호 어깨동무 유래와 역할과 정신

자유대한민국을 수호하기 위해 자유의 가치를 아는 어깨동무 회원들이 뜻을 뭉쳤습니다. 자유수호라는 위대한 일에 어깨동무를 붙인 것은 어깨동무는 서로 힘을 모으고 불의에 항전(抗戰)하는 상징적 자세이기 때문입니다.

1. 어깨동무는 고대 전사(戰士)들이 출정(出征) 전에 함께 결의를 다지던
   공동체의식

고대 전투는 방진(方陣)을 구성하고 어깨를 맞대고 싸웠다. 두려움과 주저함을 제거하기 위한 수단이었다. 나라가 위기에 처할 때마다 전국의 의병이 어깨동무(정신적 공동연대)하고 일어섰다. 주사파 정권의 연방제 추진은 5천만의 자유를 뺏는 짓이다. 목숨보다 소중한 자유를 지키기 위해 자유의 가치를 아는 사람들끼리 어깨동무하고 함께 싸워야 합니다.

2. 어깨동무 정신은 조상들이 국난을 극복했던 혼(魂)

어깨동무 정신은 계백의 5천 결사대의 항전의식이며, 어깨동무 정신은 화랑 관창이 계백의 5천 결사대로 돌진했다가 죽어서 돌아와 결전(決戰) 의지를 촉구한 연대의식입니다. 계백의 항전의식과 화랑관창의 공동 연대의식은 위대한 자유대한민국을 만든 정신입니다. 관창은 자기를 희생하여 신라군에 어깨동무(화랑도 정신) 용기를 주어 삼국 통일의 원동력을 제공했다.

임진왜란 시절의 강강수월래는 물리적인 어깨동무였고, 이순신 장군은 옥포해전을 앞두고 '가벼이 움직이지 말라, 침착하게 태산처럼 행동하라'는 훈시는 정신적 어깨동무였다. 충무공은 명량해전에서 민관군 남녀노소 강강술래로 연자방아 쇠줄을 돌려 울돌목에서 왜군을 격파했다. 민초전체가 어깨동무 정신으로 뭉치게 하여 나라를 구했다.

안중근은 국가와 군의 위급을 보면 목숨을 바치라고 말했고 실제로 그는 살신성인의 행동으로 일제 무단통치에 시달리던 식민지 나라에 희망을 주었다.

도산 안창호는 재미교포들에게 어깨동무식 계몽으로 모범적 이민사회를 만들었고 미국에서 한인의 이미지를 크게 격상시켜 미국 내 한인사회 조기정착 기여와 주지사와 상하의원 탄생 등 미국 주류사회 진입에 크게 기여하였다. 이를 토대로 지금 LA는 미국에 있는 한국이 되었다.

3.1 독립운동 정신은 자유수호 어깨동무 정신의 원조다. 3.1 독립운동은 국가를 강제로 강탈한 일제무단통치의 불의에 항거했던 운동이었다. 자유수호 어개동무 정신은 무능하고 위선적이며 인류 역사에서 유례를 찾기 힘든 주사파 정권에 항거하는 운동, 북한과 공산국까지 해방시키려는 자유화 운동이다. 혼돈과 혼란에 빠진 세계문명을 새롭게 부활시키는 운동이다.

3. 대한민국은 자유의 가치로 건국했고 자유의 공덕으로 영원할 국가다.

1948년 출범한 자유대한민국은 6.25 전쟁에서 동맹과 함께 공산주의 침략을 저지하고 패퇴(敗退)시켰고, 베트남 참전 등 자유우방을 지키기 위해 함께 싸웠고 지금도 평화유지군의 일부로 자유세계수호를 위해 싸우고 있다. 세계의 자유통상에 적극 참여했고, 세계 자유문명사에 기여하기 위해 다방면으로 노력하여 1986년 아시안게임, 1988올림픽을 개최했고, 소련의 붕괴와 공산화 동구권을 자유세계로 편입시키는 정신적 동력을 제공했다.

자유 한국인의 독창적인 노력으로 자유로운 부국강병의 모범을 보였고 세계가 주목하는 한류 문화를 이룸과 동시, 산업화의 원동력인 새마을 운동과 새마을 정신을 아프리카 동남아등 제3국으로 수출하는 등 자유 대한민국 72년의 역사는 자국의 자유는 물론 전세계에 자유를 전파한 자유의 역사다.

건국 대통령 이승만은 건국과 동시 오천년 가난과 노예상태에 있던 나라를 자유라는 설계도로 자유민주 대한민국을 세웠고 국민에게 자율과 책임의식을 키워주어 자유 시민으로 살게 했다. 국가 부흥 대통령 박정희는 이승만의 자유를 기반으로, 새마을 운동으로 산업화를 추진하여 세계

## 자유화 운동 역사와 추진 도면

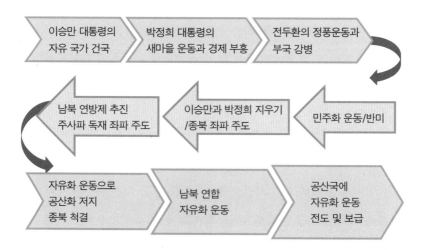

10위의 경제대국의 기초를 제공했다. 부국강병 대통령 전두환은 정풍(整風)운동으로 국민이 가장 살기 좋았던 나라로 만들었다.

그러나 80년 초부터 북한의 사주를 받고 민주화의 탈을 쓴 가짜 민주화 세력들은 이승만과 박정희 대통령을 독재라는 프레임을 씌워서 업적 지우기 작업을 했고, 전두환 대통령을 군부독재라는 프레임을 씌워서 자유 우파의 진지를 파괴하고 성장의 발목을 잡았다. 가짜 민주화 세력은 촛불 광풍을 일으켜 경제성장의 발목을 잡았고, 자유통일을 위해 헌신한 박근혜 대통령마저 마녀 사냥을 했다. 종북 좌파는 자유로 일으킨 대한민국의 근대사를 모조리 지웠고 주사사 정권은 경제 폭망으로 처음 보는 세상을 열었다.

가짜 민주화란 괴물에게 의식화된 국민들을 구출하기 위해서는 전국민 자유화 운동으로 삼천리강산을 뒤덮어야 한다. 자유화 운동으로 공산화를 저지하고 가짜민주화로 끊어진 이승만 대통령의 자유의 집을 다시 짓고, 박정희 대통령의 새마을 운동으로 경제를 재건하고 끊어진 새마을 정신을 다시 살리며, 이를 승화시켜 남북연합 자유화 운동으로 북한을 해방시키고, 나아가 공산국가와 제 3세계에 어깨동무 자유화 운동과 새마을 운동과 새마을 정신을 전도해야 하다.


4. 어깨동무는 자유화 운동을 추진하는 단체이면서 자유화 운동의 별칭입니다.

이제 종북 세력들의 준동으로 공산화로 가는 자유대한민국을 구하려면 자유를 수호하려는 모든 전사들이 어깨동무 정신으로 뭉쳐야합니다. 자유화 운동은 가짜민주화에 의해 끊어진 이승만의 자유정신과 박정희의 새마을 정신을 연결하는 민족 대웅비의 정신운동이며, 자유수호 어깨동무 캠페인은 자유화 운동을 추진하기 위한 동호회 모임이며 행동입니다. 어깨동무 캠페인은 가까운 사람부터 시작을 해야 합니다. 차를 마시며 담소할 수 있는 가족 구성원처럼 끈끈한 혈연 조직, 친구들의 모임, 동호회 같은 조직에서 자유수호 어깨동무 운동을 시작하고, 자유의 가치를 토론하고, 함께 만든 건전한 생각과 여론을 전파합시다. 자유수호 어깨동무 운동으로 대한민국을 구하고 인류를 자유롭고 행복하게 합시다.

5. 자유수호 어깨동무 정신은 애국과 구국결사의 출사표입니다.
자유수호 어깨동무 캠페인은 국가의 주인인 국민이 국가의 머슴인 위정자가 정치를 똑바로 하도록 감독하겠다는 취지에서 만든 국민 참여 조직이면서 운동입니다. 자유수호 어깨동무 캠페인과 미국의 티파티 운동(Tea Party movement)이 그 취지가 유사함을 알게 되었습니다.

티파티 운동은 2009년 미국의 길거리 시위에서 시작한 보수주의 정치운동이다. 티파티 운동을 추진하는 '티 파티' 단체 회원들은 시민 저항운동의 시조인 보스턴 차 사건에서 단체 이름을 착안했고, '티 파티' 단체 회원들은 버락 오바마 행정부의 의료보험 개혁정책 반대를 시작으로 '티 파티' 운동을 확대했다. 그들은 큰 정부가 개인의 자유를 침해하기에 작은 정부와 미국 역사의 가치와 전통 존중 등을 주창했다. 미국의 티파티 운동은 트럼프 대선 캠프로 이어졌다. 그들은 미국을 탄생시킨 초심으로 돌아가서 자유를 지키자고 주창했고, 진정한 보수 가치 회복운동을 전개하여 트럼프를 기적적으로 당선시켰다.

어깨동무 운동은 애국심과 애국행동의 만남, 자유 의지와 자유 인간의 결속, 자유우파 단체와 단체 간의 연대, 자유민주체제 수호세력 간의 규합입니다. 자유수호 어깨동무 회원은 자유의 가치를 학습하고 전도하며, 집회에서는 구호를 외치면서 전우의식을 나누고, 5천만 자유우파의 세력 확장을 시도합니다. 어깨동무는 하나의 생각이라도 맞으면 단결하고 뭉칩니다. 어깨동무 정신은 분열과 분탕(焚蕩)을 경멸합니다. 자유한국당(통합신당)과 신생 자유통일당 포함, 자유우파단체라면 어떠한 조직 단체와도 연대하여 하나가 되었으면 좋겠습니다.

자유수호 어깨동무 회원은 적(敵)이 아니라면 누구하고도 손을 잡는 포용성이 있습니다. 자유우파의 개념이 통하면 누구하고도 친구가 되고 동지가 될 수 있습니다. 어깨동무를 하는 순간 후퇴를 모르는 불사신의 용맹성이 생겨납니다. 자유수호 깃발을 높이 들고 진군태세를 갖춥시다. 가슴에는 자유통일 헌법을 품고, 손에는 자유화라는 무기를 들고, 서로 어깨동무 하여 애국가를 부르며 진군합시다. 자유우파의 승리로 자유대한민국을 새롭게 정상화시킵시다.

6. 자유 수호 어깨동무 정신은 자유대한민국을 구하는 결기입니다.

자유수호 어깨동무 회원들에게 자유화라는 무기를 주고자 합니다. 자유화는 타성에 젖은 안일한 상태로부터 자기 본연의 자율과 인성회복이며, 사지(四肢)가 뒤틀리고 옥죄인 상태로 신음을 하고 있는 자유대한민국을 구하는 구국운동입니다.

애국 시민 단체는 4년간 아스팔트위에서 태극기를 들고 자유를 수호하려고 투쟁을 했습니다. 이제 단체는 단체끼리 동지는 동지들끼리 서로가 어깨동무하고 하나로 뭉칠 때가 왔습니다. 아직도 살아 있는 구국의 혼과 호국의 정기로 먼저 자유대한민국을 구하고, 나라가 바로서면 반(反)대한민국 세력들을 응징합시다.

자유의 신이시여! 자유 수호 어깨동무 전사들이 목숨을 걸고 자유대한민국을 지키고자 하오니 용기와 결기를 부어주시고, 어여쁘게 사랑으로 거두어 주소서!

2020년 2월 22일, 자유수호 어깨동무 연맹 일동

## 어깨동무 회원 등급

| 초급 | 동호회 리더 | 지역 리더 | 전국 리더 |
|---|---|---|---|
| • 어깨 동무 캠페인 동참<br>• 가족, 친구간 어깨동무 모임 구성(3~5)<br>• 어깨동무 정신 이해 및 어깨동무 강령 실천 | • 9~15명 전도<br>• 자유와 자유화 개념 교육 가능<br>• SNS로 개념 확산 | • 30~50명 전도<br>• 지역 단위 어깨 동무 리더/ 자유화 운동 전사 및 책사<br>• 유튜브로 교육 | • 100명 이상 전도<br>• 대중 연설 가능<br>• 중급 및 고급 과정 양성 교육 & 지역 위원장 임명 |

## 2. 자유대한민국 수호 선언문

자유(自由)는 생명체의 본성이자 헌법의 핵심 가치다.

자유는 스스로 말미암아 생긴다. 스스로 말미암아 생긴 것은 인연과 하늘과 생명이다. 그래서 자유는 곧 하느님이고 해탈의 세계다. 우리에게 자유는 곧 행복을 위한 수단이며 행복 그 자체이다. 빛이 있어라 하여 빛이 시작되었고, '스스로 말미암아'라 하여 자유가 시작되었다.

자유는 인류와 함께 싹이 텄지만 권력에 밟히고 전쟁에 소멸도 당했다. 자유의 강인한 생명력은 모진 세월을 버티고 발전하여 오늘에 이르렀다. 자유대한민국은 불행하게도 민주화라는 허울 좋은 단어에 자유가 멍이 들고 상처를 입었다. 순수하지 못한 민주화는 내적으로는 공산화추진 운동을 하면서 작금의 좌파독재로 이어졌다. 좌경 민주화가 퍼질러놓은 가짜민주화와 좌파 정권의 무능과 모순과 위선을 치유하는 약은 자유화 운동이다. 자유대한민국을 자유화 운동으로 정비를 해야 한다.

자유는 헌법이 보장하는 기본권이다.

자유는 생존의 공기다. 공기가 없으면 1분을 버티지 못하듯이 자유가 없다면 우리는 하루도 살지 못한다. 공기가 미세먼지로 오염이 되듯이 자유는 자유를 혐오하고 배격하는 전체주의자와 독재자에 의해 제거당하고 변질 당했다. 자유는 사회주의를 지향하는 무리들의 강제와 압제에 의해 침탈을 당하기도 했고, 오만하고 독선적인 공산화 세력에 의해 침해를 받기도 했다. 서방의 헌법은 자유를 더 자유롭게 하고자 헌법에 자유를 명시한다. 북한은 헌법에 인민의 자유를 언급하고 있으나 실존하지 않는다.

자유는 공짜 유품이 아니다. 헌법에 자유가 명시되어 있어도 좌파 정권은 독재와 만행으로 자유를 깨뜨렸다. 헌법에서 '자유'를 지우려고 시도했고, 교과서에는 '국민' 대신에 '인민'을 대체하고, 토지와 아파트 공유제를 주장했다. 광야의 종교행사도 방해하고 수사했다. 우리는 좌파 정권 치하에서 자유 또한 쉽게 망가지는 유리그릇임을 깨우쳤다. 국민이 주인이 되어 우리의 자유는 우리가 지켜야 한다는 것을 각성했다.

우리는 자유를 국민혁명의 기치(旗幟)로 삼는다. 자유민주체제는 개인과 기업의 자유를 보장하여 다수를 풍요롭게 하고, 국가는 경쟁에 처진 인간을 이롭게 하는 시스템이다. 자유민주체제에 대한 우월감으로 좌경 가짜민주화 세력이 파괴하고 오염시킨 인성과 영성을 회복하고 국가의 존엄한 질서를 다시 찾고자 자유화 운동을 시작한다. 자유대한민국 수호를 위해 아래와 같이 선언한다.

하나, 사회주의를 표방하는 주사파 정권을 축출하여 자유 자유대한민국을 바로 세우자.

자유민주체제를 부정하는 종북·친중공 세력을 우리의 적으로 규정하고, 목숨을 걸고 싸워서 우리의 독립된 자유를 지키자. 북한 동포의 자유까지 함께 찾자. 주사파 정권을 우리 힘으로 종식시켜 자유롭고 풍요로운 나라를 만들자. 자유를 찾는 일에 땀과 눈물과 목숨도 바칠 것이며, 우리의 호흡이며 생명인 자유를 다시 찾는 날, 자유와 시장 가치를 누구도 훼손할 수 없도록 국시(國是)로 삼고자 한다.

둘, 자유화로 종북 및 친중공 세력을 축출하고 시장경제를 회복하자.

좌파정권은 소득주도성장이라는 해괴한 논리로 기업 활동을 위축시키고, 세금으로 일자리를 인위적으로 만들려고 하다가 국고만 축내었고, 근로시간을 단축하여 근무와 창의 의욕을 꺾었고, 열심히 일하던 직장인마저 무기력하게 만들어 내쫓고 있다. 세계 최고의 기술력인 원전을 폐기하고 공권력으로 시장경제체제를 파괴하고 있다. 국민이 원하지 않는 공산주의 통제경제를 지향하는 좌파독재 정부를 종식시켜 시장경제를 원래의 상태로 회복시키고자 한다.

주사파 정권 종말만으로 모든 자유가 회복되지 않는다. 주사파 정권을 떠받든 무리들을 정리하지 못하면 혼란과 무질서와 비효율은 지속된다. 자유화 운동으로 이들을 정리해야 자율시장도 다시 자기 자리를 찾는다. 시장은 자유가치를 실현하는 공간이다. 시장경제는 수요와 공급원칙으로 돌아가는 과학적 시스템이고 인류가 추구해온 가장 공정하고 바람직한 경제체제다.

자유시장경제는 풍요한 자유를 낳는다. 시장경제 원리를 따르는 국가는 경제가 발전하고 국민의 삶도 윤택하다. 그동안 시장경제 원리에 충실하고, 한미동맹을 기초로 서방의 경기 호조를 활용한 자유대한민국은 세계 10대 경제대국으로 성장한 반면, 통제경제를 시행하는 북한과 공산국가는 자유시장경제 작동원리인 '보이지 않는 손'을 무시하여 보이지 않게 필연적으로 망했다는 것을 상기하고 시장경제 질서를 파괴한 공산 무리들을 축출하자.

셋, 자유화로 남북연방공산화를 지우고 자유대한민국을 바로 세우자.

국가는 국민과 주권과 영토로 구성된 거대한 조직이다. 국가는 어떤 시스템을 갖추느냐에 따라서 국민의 행복지수가 달라진다. 물과 공기가 인체에 영향을 바로 미치듯이 국가의 시스템은 인간의 삶을 좌우한다. 튼튼한 안보의 기초 위에 자유화 시스템을 갖추면 모든 국가 기능이 자율과 견제와 협력 속에서 자동으로 굴러간다.

그런데도 좌파정권은 자유화 대신에 전체 통제와 지배와 독재로 국민을 피폐하게 만들었다. 북괴의 대남적화전략은 변함이 없는데, 평화라는 가면을 쓰고 9.19 남북 군사 분야 합의서로 무장을 해제하는 반역 짓을 했고, 공산연방제를 노골적으로 추진했다. 자유수호 어깨동무 캠페인으로 공산화 책동을 저지하고 자유대한민국을 바로 세우는데 동참합시다.

## 3. 자유수호 어깨동무 연맹 행동강령

자유수호 어깨동무 캠페인은 자유대한민국 수호 선언문을 이행하기 위한 운동이다. 국가의 주인인 국민이 자유의 가치로 연대하여 ①자유의 가치를 주변부터 알리고, ②위정자의 활동을 감시하여 잘하는 일은 널리 알리고 위정자가 본연의 자리에서 이탈하여 저지르는 사적이고 탐욕적인 행위에 대해서는 호된 채찍을 들어서 바로 잡자. ③국민 다수가 희망하는 정책과 법안까지도 제안을 하자는 자유주권 찾기 운동이다.

자유는 공짜가 없기에 상처 입은 자유를 찾기 위해 신명을 걸고, 자유를 제한하려는 무리들과 목숨을 걸고 싸웁시다. 자유가 함몰되기 전에 자유로운 자유대한민국을 지키기 위해 모든 자유우파 시민 단체와 자유수호 전사는 고난을 함께 이겼던 어깨동무 정신으로 무장합시다.

자유를 최고의 이념으로 삼는 자유수호 어깨동무 회원은 대한민국 정상화를 위해 아래 강령을 실천합시다.

하나, 자유화 운동의 뿌리인 3.1 독립운동 정신으로 공산화를 저지하자.

자유화 운동의 뿌리는 3.1 독립운동 정신입니다. 1919년 3월 1일, 일제 무단 통치에 분노하여 1,800만 우리 조상들이 태극기를 들고 일어섰습니다. 그날, 33인에 의해 발표된 대한독립선언문이 3.1 대일투쟁의 기폭제가 되었듯이, 오늘의 자유 수호 선언문이 좌파 독재 정권을 몰아내고 자유대한민국을 되찾고 지키는 기폭제가 될 것입니다. 일제에게 잃은 자유를 찾기 위해 분연히 일어선 3.1절의 애국지사처럼 애국 양심과 구국의 정의와 호국의 심장을 가진 어깨동무 전사들이 절박한 심정으로 구국대 열에 동참하고 구국의 어깨동무 정신으로 승리합시다.

자유화와 공산화 세력 간의 싸움은 당쟁(黨爭) 싸움이 아닙니다. 지면 모든 것을 내놓아야 하는 체제 싸움입니다. 월남은 패망 후에 역사에서 지워졌습니다. 안보와 체제는 한 번 무너지면 모든 게 끝이기에 우리는 목숨을 걸고 김일성 주의자인 주사파 세력과 싸워야 합니다. 자유는 마음과 행동과 영성으로 만드는 물리적 평온이고, 자유화 운동은 부당한 통제를 거부하고 축출하는 시민운동이다. 자유는 최고의 행복이고 행복은 또 다른 새로운 자유를 만들기에 행복을 만드는 자유의 틀을 지켜야 합니다.

둘, 헌법정신으로 종북주의자를 척결합시다.

대한민국은 코뚜레에 잡힌 황소처럼 종북주의자(종북, 친중, 주사파 망라한 반국가 세력)에 점령당하여 공산화의 길로 가고 있습니다. 남북 연방제만 실현되면 완전 공산화가 됩니다. 그동안 종북주의자에 의한 자유 가치의 손상을 묵시했고, 불평과 불만의 틈새에 좌파들이 설치한 하향평준화와 무상복지의 덫을 방치했고, 종북주의지와 싸우는 게 번잡하고 품격을 잃는 게 두려워서 그대로 지켜만 본 결과입니다. 이제, 이들은 더 방치하면 자유우파의 생존 터전을 잃게 되기에 헌법정신으로 종북주의자와 최후의 5분까지 함께 싸우자.

함께 자유로운 세상을 만들자. 종북주의자들이 법과 국가시스템을 장악하고, 총선 압승으로 개헌을 하고, 남북 연방제를 실현하기 전에, 우리의 자유를 전면 통제하기 전에 함께 어깨동무하고 일어서자. 한 뿌리로 연결된 대나무처럼 우리는 남이 아니라 하나임을 각성하여 자유세상을 회복하고, 자유와 행복을 함께 나누자. 피땀으로 지킨 자유의 가치를 기초로 영원히 무너지지 않을 자유대한민국의 성전(聖殿)을 만들고, 손수 만들고 지킨 자유가 강물처럼 흐르게 하자.

셋, 자유가 유린된 북한과 공산국에 자유화 운동을 전도하자.
북한을 비롯한 홍콩과 공산국의 국민은 지금도 인권유린을 당하고 있고 종교의 자유도 누리지 못합니다. 인간 우리에 갇혀 있는 그들이 공산권 탈출을 시도할 수 있도록 자유화 방법을 전도합시다. 자유는 하늘이 준 권리이고 스스로 찾아야 하는 보물이며, 자유의 침해는 곧 인권의 침해임을 전도합시다.

자유수호 정신으로 당당하게 함께 싸웁시다. 자유는 나만의 자유가 아니기에 정의롭고, 자유는 무한 발전을 추구하기에 풍요로우며, 자유는 하늘의 기운이기에 당당하고 영원합니다. 자유의 시원은 진리와 동급이며 자유는 진리를 펴는 수단이다. 그 자유를 수호하려는 정신은 위대하고 자유수호 정신은 하늘의 보호를 받습니다. 자유수호 정신으로 자유를 깨뜨리고 자유를 뺏으려는 공산화 세력들과 싸웁시다.

## 4. | 남북연합 자유화 운동으로 북한 동포를 구출하자.

자유화 운동의 1단계가 대한민국 공산화를 저지하고 위대한 대한민국 바로세우기라면, 2단계는 남북연합 자유화 운동으로 북한동포 구출하기다. 홍콩과 대만의 자유화 운동이 '하나의 중국'이라는 지배구조를 깨뜨리고 있다. '우한 폐렴'을 통해서 공산국은 사람이 사는 체제가 아님을 증명해 보였다. 이제 북녘으로도 자유화 운동을 펼쳐야 한다.

남북연합 자유화 운동은 남북공산연방제를 깨뜨리고, 현재의 자유통일 헌법을 무기로 한반도 전체를 자유체제로 통합구축하려는 프로젝트입니다. 남북연합 자유화 운동은 남북의 동포가 하나로 자유화 물결을 조성하기 위한 민간인(탈북자 동참) 주도의 시민운동입니다. 남북연합 자유화 운동은 3단계로 구분한다. 1단계는 좌파 정권의 알파와 오메가인 남북 연방제모순 알리기, 2단계 남북연합 자유화 운동으로 북한 동포 구하기, 3단계는 북한 붕괴 이후의 자유체제 정착 돕기 및 북한지역 새마을 운동 전개다.

### 1단계 - 남북연방제의 골격인 '우리민족끼리' 허구 깨기
우리민족끼리 민족공조는 남북연방제의 기저 전술이다. 자유수호 어깨 동무 연맹은 남북연합 자유화 공조 과업으로 남북연방제의 모순을 알리고 깨뜨리려고 한다. 북한이 주장하는 민족공조와 우리민족끼리 용어는 1980년대 말 1990년 초에 동유럽 공산권 국가들이 붕괴되고 소련이 해체되는 상황에서 북한이 체제유지와 대남적화통일전략으로 사용했다. 우리민족끼리는 2,000년 남북 정상회담에서 발표된 6.15 남북공동선언[6]에서 찾아볼 수 있다. 문재인 정권은 김대중과 노무현 정권의 남북 연방제 기조를 이어받아 북한이 주장하는 민족공조를 적극적으로 수용함으로써 국정의 전반적인 분야에서 북한을 우선하는 정책을 추진하고 있다.

문재인 정권을 집권 초기부터 움직인 설계도와 동력은 남북연방제다. 문재인 정권의 국정 파탄과 국정 농단 중심에는 남북공산연방제라는 밑그림이 있다. 판문점 선언은 공산연방제 밀약의 미팅이었고, 적폐청산은 공산연방제 반대세력을 쳐내는 도구였고, 군사 분야 합의는 공산연방제 추진의 최대 걸림돌인 한국군을 사장시키려는 군비축소다. 비례연동제 선거법 개정은 국회에 좌파 연합 알박기이며, 공수처는 남북연방제 추진을 위한 독재기구다. 고용과 시장을 파괴하는 소득주도 성장 정책 등은 남북 경제 수준을 평준화시키기 위한 수단이다. 남북연합 자유화 운동은 남북공산연방제의 모순과 추진하는 악령들을 타파하기 위한 대안 운동이다.

남북연방제는 주사파들의 문명퇴보와 반역 행위임을 전도하자. 용어혼란 전술에 능한 공산주의자들의 농간으로 연방제가 곧 공산화를 의미한다는 위험성을 다수가 모르고 있다. 남북연방제는 그 속셈은 공산연방제

---

6) '6.15 남북공동선언'에는 "남과 북은 나라의 통일문제를 그 주인인 우리민족끼리 서로 힘을 합쳐 자주적으로 해결해 나가기로 하였다."라고 되어 있다. 문재인 정권 출범 후 작년 '4.27 판문점 선언'에는 "남과 북은 우리 민족의 운명은 우리 스스로가 결정한다는 민족자주의 원칙을 확인하였으며" 라고 되어있다. 남과 북은 생명의 공동체이자 같은 민족임으로 힘을 합쳐서 외세를 배격하고 우리민족끼리 민족자주, 민족자결을 통해 통일하자는 것이 민족공조이고, 민족공조를 우리말로 풀면 우리민족끼리다.

다. 공산연방제는 천사와 악마의 연합이고, 공산연방제는 심장과 위를 연결하는 수술이다. 선량한 자유대한민국 국민을 깡패와 양아치 체제에 팔아넘기겠다는 악질 장사다. 남북연방제는 북한 노예체제 연장을 의미하고, 한국마저 노예체제로 끌려가는 반문명 퇴보적 행위다.

자유화 운동으로 자유대한민국 위기의 진원지인 연방제 추진을 저지하자. 6.15 남북공동선언문 제2항을 보면 '남과 북은 나라의 통일을 위한 남측의 연합 제안과 북측의 낮은 단계의 연방제 안이 서로 공통성이 있다고 인정하고 앞으로 이 방향에서 통일을 지향시켜 나가기로 하였다'라고 되어 있고, 2012년 8월 18일 당시 문재인 대통령 후보는 김대중 대통령 서거 3주기 추도식에서 '낮은 단계의 연방제는 정권교체를 통해 다음 정부 때 반드시 이루겠다'고 선언한 후 대선 공약으로 내세웠다. 2017년 4월 25일 대선후보 TV 토론에서 문재인 후보는 낮은 단계의 연방제는 우리가 주장하는 국가연합과 차이가 없다고 함으로써 낮은 단계 연방제 통일 방안을 추진 의지를 노출시켰고 과할 정도로 추진하고 있다.

주사파는 북한이 공산연방제 추진을 위해 오래전에 고용한 일꾼들이다. 체제가 다른 상태에서 연방제를 한다는 것은 양보의 문제가 아니다. 죽고 사는 문제다. 전쟁에서 지면 다시 싸울 수 있지만 체제 전쟁에서 지면 회복하기 어렵다. 체제가 다른 남북 예멘의 연방은 깨졌다. 다른 체제가 하나로 통일을 하려면 공산연방제가 아닌 자유흡수 통일을 해야 한다. 자유통일은 사람을 죽이지 않기 때문이다.

아직 헌법이 살아 있는 상태에서도 법을 무시하고 악행을 저지르는 주사파 아이들이 연방제가 되면 어떤 악마로 돌변할 것인지는 상상해 보라.

남북연합 자유화 운동은 국민이 주체가 되어 그동안 소수의 위정자가 추진한 남북연방제의 모순을 폭로하고, 자기들만의 권력 리그전을 깨뜨리며, 국민 중심의 국가 경영을 하자는 캠페인이다.

### 2단계 – 남북연합 자유화 운동으로 북한 동포 해방

남북 연방제가 한국을 공산화시키려는 남북 주사파들의 합작 공작이라면, 남북연합 자유화 운동은 자유체제를 한반도에 정착시키고 자유대한민국 중심으로 자유통일을 완수하기 위한 남북 자유 대연합 운동이다. 자유화 운동의 추진 세력은 자유우파와 자유진영과 세계 자유인들이다. 자유화 운동이 불길처럼 일어나 7천만이 하나로 합세하면 누구도 막지 못할 것이다. 탈북 박사1호 이애란 liberty Korea Post 대표는 자유화 통일은 이승만대통령이 건국한 자유민주주의 대한민국을 북한에도 세우는 것"이라고 정의했다.

남북연합 자유화 운동은 유엔 인권위원회와 연대하여 북한에 삐라와 달러 보내기 운동을 범세계적으로 확산하고, 북한 인구 중에 휴대폰을 소지한 600만 인구를 대상으로 심리전을 구사하며, 미군이 북한 핵 폐기를 위해 북한을 전역을 사찰할 때 정치수용소를 해방시키고, 자유의 가치를 점진적으로 심어줍시다. 남북연합 자유화 운동이 전개되면 북한의 지령을 받던 종북좌파 네트워크는 자연적으로 노출되고 붕괴될 것이다.

### 3단계 – 북한 정권 붕괴 이후 자유체제 적응 교육 및 부활 시스템 접목

독일 통일 이후에 가장 큰 문제는 동서독 간의 정서와 경제 수준 차이에서 오는 갈등 문제였다. 이 문화적 갈등은 국가와 공무원들이 해결하지 못한다. 북한 붕괴 이후에 북한 주민들이 자유체제를 이해하고 적응할 수 있도록 외부 민간단체가 인도하고 교육하며 지속적으로 지원하는 절차가 필요하다.

민간단체(자유수호 어깨동무 연맹)에서 서로의 문화적 차이점 이해, 생활용어 소통, 도량의 기준과 체계를 이해시키고, 공산체제에서 수동적으로 살던 생활 태도를 자유체제에 능동적으로 적응시키는 체험 훈련을 시켜야 한다. 자유화 통일이 되면 애국시민 단체와 자유수호 어깨동무 회원들이 북한 동포를 대상으로 헌신적인 지도를 해야 한다. 북한 정권이 붕괴되면 일정기간 질서유지를 위해 현지 이탈을 금하고 북한 부동산 거래 중지 조치를 내려야 한다.

북한 정권이 붕괴되면 종북 주사파는 잠복할 것이다. 종북 주사파는 현행 헌법과 국가 보안법으로 응징하고 법에 의해 정리하지 못하면 자유통일 이후에도 갈등을 유발하여 심각한 혼란과 무질서를 유도할 것이다. 자유우파와 자유 수호 어깨동무 연맹 회원은 미래 시국을 내다보고 북한 붕괴 이후에 일어날 일들을 예측하고 대책을 강구하며 세계 자유진영과 연대한 봉사 단체까지 준비해야 한다.

**남북연합 자유화 운동으로 북한 동포 구출**

1단계 – 남북연방제의 골격인 '우리민족끼리' 허구 깨기
2단계 – 남북연합 자유화 운동으로 북한 동포 해방
3단계 – 북한 정권 붕괴 이후 자유체제 적응 교육

# 5. 자유인과 자유수호 어깨동무 회원들의 5가지 사명

자유대한민국을 파괴하는 중심은 주사파와 종북 좌파, 김정은 찬양 무리, 민주화 이름으로 한국을 교묘하게 해체한 자들이다. 좌파독재 일당의 국가 찬탈은 선상난동으로 배를 납치하여 마약의 소굴로 끌고 가는 해적의 짓이었고, 종북좌파의 국가 파괴는 하이재킹으로 항공기를 납치하여 인질극을 벌이는 테러집단 소행에 비유할 수 있다. 민노총의 포로가 된 언노련은 진실을 외면하고 가짜뉴스 생산에 앞장을 서고, 극좌 전교조는 학생을 인질로 잡고 역사의 진실을 가리고 패배의식을 심어주고 있고, 귀족 노조는 자기 살을 잡아먹는 문어처럼 산업구조를 망가뜨리는 짓을 했고, 고급 관료와 임명직 기관장은 국가 파괴를 보면서도 감투를 주면 양심도 팔고 있다.

피를 흘려 지켜온 자유대한민국이 이대로 망하게 할 수는 없다. 자유수호 어깨동무 회원은 자유와 시장경제를 지키기 위하여 아래 사명을 실천하자.

하나, 우리는 자유를 뺏는 주적(敵)을 식별하고 투표로 징벌하자.

적(敵)은 잡초 같아서 뻗어갈 공간과 속아주는 사람이 있으면 죽지 않고 퍼져간다. 적들이 평화를 이야기 할수록 더 긴장해야 한다. 내부의 적들은 평화를 명분으로 무장을 해제했지만 이제는 소대가리 농락을 넘어 북한 정권 주적이 휘두르는 창검에 찔리고 있다. 우리에게는 주사파 일당이 적과 도모한 대남공작의 비밀까지 밝혀서 적들이 그동안 무슨 범죄를 저질

렀는지는 증명하고 응징할 사명이 있다. 남북 관계 개선을 이유로 군을 망가뜨린 과정을 기록하고 고발하여 훗날 징비의 교훈으로 삼아야 한다.

둘, 우리는 공산주의를 소멸시키고 자유와 시장경제를 지키자.

우리는 지금 좌로 기운 운동장이 아니라 자유라는 운동장 자체를 거의 뺏기고 있습니다. 이대로 가면 여행도 허가를 받아야 할지도 모른다. 우리는 공산화 위협으로부터 자유 체제를 지켜야 할 사명이 있다. 자유와 시장경제는 우리들의 생명이며 호흡이며 후손을 위한 최고의 선물이다. 우리 후손들이 저마다 자유롭게 일을 하고, 기여한 만큼 보상을 받는 그런 공정한 세상에 살게 할 사명이 우리에게 있다. 우리는 공산주의를 소멸시키고 온전한 자유를 찾아야 하는 임무가 있다. 세상에서 가장 합리적인 자유민주체제를 지키고 물려줄 고귀한 임무 수행을 위해서 우리의 힘으로 소수 위정자가 공산화로 가려는 망상을 폭로하고 몰아내야 한다.

셋, 대동단결로 한줌도 안 되는 공산 좀비들을 퇴치하자.

지금의 자유대한민국은 문어가 자기 몸통을 뜯어먹는 형국이다. 누가 보아도 국가 파괴행위다. 1천 여개의 종북 재야 단체들이 있다. 달의 주변에는 달무리가 있다. 비유하면 부역자들이다. 좌파 정권은 불순한 목적으로 국가를 파괴하고 있다. 자유대한민국 파괴세력을 쓰레기 치우듯 다 끌어 모으면 50만 정도로 추산한다. 결국 100대 1의 대결이다. 한 줌도 안 되는 세력이다.

자유우파 100만이 일어서면 하루 만에 주사파 정권을 종식시킬 수 있다. 용기와 희생정신 부족으로 서로 관망하고 있다. 더 지체하면 패배의식이 만연하여 반격할 힘을 잃는다. 정의와 진실과 양심이 다 죽고 묻히기 전에 나서서 싸워야 한다. 미국은 내정간섭의 올가미에 걸리지 않기 위해 문재인 정권이 붕괴되기 전에는 레짐 서류에 점하나도 찍지 못할 것이다. 문재인의 선거개입과 선거부정이 구체화 되고 있다. 자유수호 용기와 결기로 파괴세력을 정리하자.

넷, 공산화 세력들의 자유대한민국 파괴행위를 기록으로 남기자.

자유 대한 파괴세력의 주동자는 주사파 무리들이다. 그동안 공산주의자들은 자기신분을 감추면서 세계화와 민주화라는 이름으로 자유우파의 반공 프레임을 깼고, 새로운 세상이라는 언어로 약자를 선동하면서 환심을 샀다. 그들은 이중 언어로 위장평화를 선동했고, 거짓으로 실체를 혼란시키면서 표를 얻었고 진지를 강화해왔다.

해상 사고인 세월호 사고를 통치자의 잘못으로 선전선동 하여 자유민주 체제를 풍지 박산을 냈다. 사이비언론과 기회주의자 위정자와 특검 검찰과 헌재가 비겁하게 진실에 눈을 감고 서로 결탁하여 현직 대통령을 탄핵으로 몰아내고 주사파가 권력을 잡았다. 세계 역사에 거짓을 선동하여 권력을 잡은 일은 없었다.

다섯, 국방안보 관련 정보를 교류하고 안보 관련 역사 자료를 존안하자.

항복 수준의 군사합의는 북괴에게 군사주권을 맡기는 짓이고, 북한이 핵을 포기할 수 있는 구조가 아닌데, 핵 폐기를 언급한 것은 국민을 속인 사기극이다. 우리민족은 긴 역사적 국난에 시달리면서 안전의식이 유전자에 배어 있지만, 전쟁과 사화에 시달리면서 먼저 나서면 손해를 본다는 비겁한 에너지도 함께 갖고 있다. 자기만 일단 안전하면 온전한 것으로 착각한다. 2차 대전 당시, 이기적 보신주의자였던 유대인은 각개격파

당하여 600만이 죽었다. 75년의 월남은 항복을 선택하여 100만이 즉결 처형을 당했고 200만 이상이 보트피플로 떠돌다가 죽었다.

불던 바람이 고요해지면 태풍이 올 징조다. 바다 물결이 작은 파장을 일으키며 다가오면 쓰나미 징조다. 평화와 군사합의를 이유로 무장을 해제하고 안보의 문을 열어두면 북괴가 도발할 징조이고, 미군 군속들에게 무급 휴가를 예고하는 것은 미군철수도 강행하겠다는 징조다. 미군이 떠난 뒤에 월맹군은 베트콩과 함께 총공세를 펼쳐서 월남을 점령했다. 청와대를 점령한 주사파 일당들의 꿈은 대한민국 무단 점령이 아니겠는가?

전쟁이 나면 젊은이부터 피를 흘립니다. 원인은 결과로 이어지기에 사전에 사고 원인과 전쟁요인을 차단하면 사고와 전쟁을 막을 수 있다. 좌파 정권이 권력을 잡을 때마다 국가와 국민이 피폐해 졌다. 자세히 보면 공산화 세력의 마각과 위험한 행위의 본질이 보인다. 안보는 군인만의 영역이 아니다. 국민 모두가 동참하고 경계하며 요구해야 한다. 안보는 과학이 아니라 심리전이다. 하나라도 의심이 생기면 냉정하게 살피고 대비해야 한다. 대한민국 국민은 결정적인 순간에는 군이 국민을 위해서 싸울 것이라고 믿지만, 자유수호 어깨동무 회원이 안보지원의 중심이 되자. 대한민국이 이대로 공산화 되는 것을 좌시할 수는 없습니다. 이 책이 대한민국을 구하는데 기여하길 빈다.

2020년 2월 12일, 자유수호 어깨동무 연맹 동지 일동

# 자유화 운동 전개도

1. 자유대한민국 정상화
2. 우리 힘으로 위대한
   대한한국 부활
3. 자유화 통일 완성
4. 세계 정신문화 스승
   국가로 등극

자유
회복

자유화
운동 전개

1. 어깨동무 자유화 운동 전개
2. 남북 연합 자유화 운동
3. 자유화 운동 제3세계/
   공산국 전도

1. 자유 수호 어깨동무 연맹 조직
2. 애국 단체와 연대 및 단체 연맹
3. 253개 지역 위원장
   ➜ 캠페인 전국 확산

어깨동무
조직 결성
(추진 세력)
단체연맹,
남북 연합
세계연맹

4. 남북 자유화 운동 연맹
5. 자유화 세계 연맹

자유화 운동
(정신 무기와
도구 개발)

1. 자유와 자유화 운동 개념 정립
2. 자유화로 공산화 저지 정신무기 개발
3. 자유수호 어깨동무 사이버 광장 구축

부록으로 첨부하는 자료는 리박스쿨이 제공했습니다.
부록 1. 이승만 대통령 연보, 2. 이승만과 박정희 평가
　　　3. 박정희 대통령 연보

부록 1. 이승만 대통령 연보

# ［대한민국 건국 대통령
# 이승만 박사 [1875~1965년] ］

1920년 상해임시정부 초대대통령 이승만

| 1896 | 1907 | 1908 | 1910 | 1919 |
|---|---|---|---|---|
| 협성회보 주필 | 조지워싱턴 대학교 정치학 학사 | 하버드대학교 대학원 석사 | 프린스턴대학교 대학원국제 정치학 박사 | 상해 임시정부 초대대통령 |

| 1945 | 1948 | 1951 | 1952 | 1956 |
|---|---|---|---|---|
| 독립촉성 중앙협의회 총재 | 제헌 초대 국회 대한민국 의장 대통령 | 자유당 총재 | 제2대 대한민국 대통령 | 제3대 대한민국 대통령 |

자료출처: http://www.이승만기념관.com

| | |
|---|---|
| **탄생** | 1875년 황해도 평산군 마산면 능내동 출생<br>1877년 (2세) 서울 남대문 밖 염동으로 이주 |

아버지 이경선(가운데)과 아들 이승만(오른쪽)
배재학당 입학전 18세 모습(1893년)

| | |
|---|---|
| **청년시절** | 1895년 4.2 (20세) 배재학당 입학<br>1896년 서재필박사 아펜젤러와 협조하여 협성회 조직<br>1897년 배재학당 졸업생 대표로 〈한국의 독립〉영어연설함<br>1898년 한글 주간신문 〈협성회보〉발간, 주필이 됨<br>　　　　한국 최초의 일간지 〈매일신문〉 사장 및 주필<br>　　　　제1차 만민공동회 총대의원으로 뽑혀 가두연설<br>　　　　한글신문 〈제국신문〉을 창간하여 편집 및 논설 담당<br>　　　　만민공동회 대표로 활약 중 보부상들의 습격을 받음<br>1899년 박영효 일파의 고종폐위 음모에 가담혐의로 체포<br>　　　　종신형으로 한성감옥에 수감,감옥생활 중 기독교로 회심<br>　　　　청일전쟁을 다룬 〈청일전기〉 번역함 |

워싱턴 D. C.의 조지 워싱턴대를
이승만이 졸업할 무렵 (1907년 7월)

1904년 11월 미국에 밀사로 떠나기전 가족사진
오른쪽부터 박씨 부인, 이승만, 아들 태산
아버지 이경선 옹 (뒤에 서있는 소년은 조카), 맏누님

| | |
|---|---|
| **미국유학시절** | 1904년 〈독립정신〉 집필 탈고, 8. 9 특사로 출옥함<br>　　　　11.4 대한제국 독립보전 특사로 미국으로 출국<br>　　　　11.29 하와이 호놀룰루항 도착<br>　　　　(한인교회와 한인 이민자들 만남)<br>1905년 (30세) 조지워싱턴대학, 2학년에 입학<br>　　　　워싱턴 D.C. 커버넌트 장로교<br>　　　　햄린 목사로부터 세례 받음<br>1906년 (31세) 만국기독학생회 한국대표로 활동<br>1907년 (32세) 조지워싱턴대학 학부 졸업<br>　　　　9월 하버드대학 석사과정 입학<br>1908년 (33세) 콜로라도주 덴버에서 애국동지대표자 대회<br>　　　　　　　의장으로 선출됨<br>　　　　8월 하버드대학 석사 수료<br>　　　　프린스턴대학 박사과정 입학<br>1910년 (35세) 하버드대학 석사학위(M.A.)취득<br>　　　　미국 LA 내동신서판을 통해〈독립정신〉초판본 출간<br>　　　　대한인국민회 가입<br>　　　　프린스턴대학에서 박사학위(Ph.D.) 취득<br>　　　　- 논문 〈미국 영향하에 국제법상 중립론〉을<br>　　　　1912년 프린스턴대학 출판부에서 출판<br>　　　　6년 만의 귀국, 서울 도착 |

프린스턴 대학에서 박사과정 중
묵었던 기숙사 방(1909년)

1910년 6월,프린스턴 대학교에서
박사 학위(국제정치학) 기념 - 동양최초 -

| | |
|---|---|
| **귀국활동** | 1911년 서울 YMCA 한국인 총무, 청년 학감(교장)에 취임<br>　　　　(36세) 전국 순회 개성한영서원에서<br>　　　　개최된 제2회 전국 기독학생환영회 참석<br>　　　　8월 일제는 〈105인 사건〉을 일으켜 기독교인 탄압 |

일제의 탄압을 피해 이승만이 서울을 떠나기에 앞서
서울YMCA 간부들과 함께 찍은 송별모임 사진(1912년)

<table>
<tr><td rowspan="20" style="writing-mode: vertical">망 명 미 국 에 서 독 립 운 동</td><td>

1912년(37세) 감리교 평신도회의에서 국제 기독교 감리회
　　　　　　　한국 평신도 대표로 선출 도미
　　　　　　　뉴저지에서 우드로 윌슨을 만나 한국의 독립지원 호소
　　　　　　　12.5 부친 이경선 옹 별세
</td></tr>
</table>

1912년(37세) 감리교 평신도회의에서 국제 기독교 감리회
　　　　　　　한국 평신도 대표로 선출 도미
　　　　　　　뉴저지에서 우드로 윌슨을 만나 한국의 독립지원 호소
　　　　　　　12.5 부친 이경선 옹 별세

1913년(38세) 하와이 도착, 망명생활 시작
　　　　　　　2월~3월 〈한국교회 핍박〉 집필, 4월 발간
　　　　　　　8월 하와이 한인기숙학교 교장직 수락
　　　　　　　〈한인중앙학원〉으로 이름변경

이승만이 한정정부의 〈집정관총재〉로 선출된 다음
호놀룰루의 〈한인기독학원〉에서 개최된
이승만 대통령 취임 축하행사

1918년(43세) 미국 대통령 우드로 윌슨 〈민족자결주의〉공표
　　　　　　　정한경, 민찬호와 함께 파리평화회의 대표로 선출
1919년(44세) 파리 평화회의 참석위해 출발
　　　　　　　러시아 노령 임시정부 국무경으로 추대
　　　　　　　상해 임시정부에서 국무총리로 추대
　　　　　　　서울, 한성 임시정부의 집정관총재로 추대
　　　　　　　워싱턴 대한공화국 본부 설치
　　　　　　　세계 주요 각국 원수에게 독립선포공문 발송
　　　　　　　8.15 하와이에서 〈대한독립혈전기〉 발간
　　　　　　　9.6 상해 임시정부 의정원 임시대통령으로 선출

스위스 제네바 국제연맹본부(The League of Nations)
앞에 선 이승만 (1933년 1월)

1920년(45세) 상해 임시정부 임시대통령 부임을 위해 출항
　　　　　　　상해 임시정부 대통령 취임. 5개월간 집무
1921년(46세) 긴급한 외교 및 재정상 이유로 상해를 떠남
　　　　　　　호놀룰루항에 도착
　　　　　　　7.21 〈대한동지회〉 조직
　　　　　　　8.27 워싱턴 군비축소회의에 상해 임정 전권대사로참석
　　　　　　　〈한국독립청원서〉 제출
1925년(50세) 상해 임시정부, 이승만 임시대통령 면직 가결

1934년 이승만&프란체스카 도너 결혼

1932년(57세) 국제연맹에 독립을 탄원할
　　　　　　　대한민국임시정부 전권대사에 임명됨
1933년(58세) 한국 대표로 제네바 국제연맹에 참석
　　　　　　　소련방문- 공산주의 실상 목격
　　　　　　　일본의 만주침략을 통렬하게 반박함
　　　　　　　제네바 드 룻시호텔 식당에서 프란체스카 도너 만남
1934년 1934.10월 뉴욕에서 결혼

미주 대한민국 임시정부 승인 후원회
모임 기념 (1944년 1월 23일)

1935년(60세) 부인과 함께 호놀룰루 돌아와 독립운동
1938년 호놀룰루 릴리하에 〈한인기독교회〉 예배당 건물 낙성
1939년 워싱턴 D.C.에 한국위원회 활동 위해 하와이를 떠남
1941년(66세) 〈일본내막기:Japan inside out〉 뉴욕에서 출간
1942년(67세) 임시정부 승인과 무기지원획득 목표,한미협회 창설
　　　　　　　6.7 〈미국의 소리,VOA〉 방송으로 고국동포 투쟁 격려
1944년(69세) 루즈벨트 대통령에게 임시정부 승인 요청

헌법 공포서를 읽는 이승만 국회의장 (1948년7월17일)

1948년 8월15일 대한민국 건국

| | |
|---|---|
| **해방** | 1945년 (70세) 얄타회담에서 한국을 소련에 넘기기로 한 밀약<br>　　　폭로, 미 국무부와 충돌<br>　　　8.15 일본 식민지로부터 해방<br>　　　10.16 귀국 담화방송<br>　　　10.21 좌익세력이 방문, 인민공화국 주석 취임요청<br>　　　10.25 조선독립촉성 중앙협의회 총재직 맡음 |

**건국대한민국**

1946년 (71세) 신탁통치 찬성하는 공산주의자들을
　　　　매국노로 규정, 결별 선언
　　2.25 미 군정청 자문기구 민주의원 의장으로 선출
　　10.28 모스크바 3상회의 결정 취소하는 성명발표
　　12.2 독립정부 수립을 UN에 호소하기 위해 미국 방문
　　12.12 소련의 한국통일 정부 수립 허용치 않을 것이
　　확실하므로 남한만이라도 단독정부 수립 주장

1947년 (72세) 좌우합작 주장하는 하지 장군과 협조포기 선언
　　미 군정이 가택연금함
　　9.16 독립정부 수립을 위해 남한만이라도 총선거 주장
　　소련의 진의 파악한 미국이 동조
　　11.14 유엔총회에서 한반도 자유선거 실시 결정

1948년 5.10 (73세)최초 자유총선거 실시, 동대문구에서 당선
　　5.30 제헌의회 의장이 됨
　　7.20 국회에서 대통령에 당선(186명 출석, 180표 득표)
　　8.15 대한민국 정부수립 선포식
　　8.26 한미상호방위원조 협정 체결
　　11.6 여수 순천 반란사건 발생. 국가위기 수습책 발표
　　12.12 파리 유엔총회 마지막 날, 대한민국 승인 통과됨

1949년 (74세) 쓰시마(대마도)반환요구 기자회견
　　1.9 반민특위의 친일파 처벌에 신중해야 한다고 담화
　　11.26 북한 괴뢰정부 해체후 총선거 주장

1950년 1.24 (75세) 국회의 내각책임제 개헌안 반대
　　3.10 농지개혁법 개정법 공포
　　4.5 농지분배 예정통지서 발송 시작
　　6.25 남침전쟁 발발
　　6.26 동경 맥아더 장군에게 무기지원 즉각 요청
　　7.14 맥아더 유엔사령관에게 한국군 작전지휘권 위임
　　9.28 유엔과 상의없이 국군에 38선 이북 진격을 명함
　　9.29 전황 호전으로 서울로 귀환
　　12.29 평양 시찰

1951년(76세) 38선 정전 결사반대 선언
　　　　　　휴전 조건으로 중공군 철수, 북한 무장해제,
　　　　　　유엔감시하의 북한 총선거 요구

1952년(77세) 일본 어선의 침범을 막기 위한 평화선 선포
　　　　　　직선제를 통한 대통령 당선

1953년(78세) 일본에서 요시다 총리와 회담
　　　　　　국무회의서 해양주권선 수호 언명
　　　　　　휴전 반대, 국군 단독 북진 성명
　　　　　　미 정부에 휴전 수락거부 통보
　　　　　　27,000명의 반공포로 석방
　　　　　　한미공동성명
　　　　　　(한미상호방위조약 체결, 미국은 경제 군사 원조 약속)

1954년(79세) 독도에 영토표시 설치
　　　　　　미국 방문, 상하의원 합동회의 연설
　　　　　　유엔본부 연설, 일본 반성촉구 재침략 의도 비난

1955년(80세) 기술자 해외파견안 재가
　　　　　　국군 40개 사단 확보의 필요성 역설

1956년(81세) 정부기구축소 조속 실천 시달
　　　　　　일본의 공산국가들에 대한 타협정책에 경고
　　　　　　국회 연설에서 판사의 월권행위에 유감표명
　　　　　　자유당전당대회에서 대통령 후보 지명, 불출마 서한 전달
　　　　　　전국 각지에서 이 대통령 3선 출마 호소 궐기대회
　　　　　　(자유당, 국민회, 애련, 노동조합 등이 주최)
　　　　　　이승만 재출마를 요구하는 대한노총의 정치파업
　　　　　　덜레스 미 국무장관 방한, 이 대통령과 통일방안 협의
　　　　　　공보실 통해 재출마 결의 담화
　　　　　　휴전협정 조속 폐기 촉구 담화
　　　　　　이승만(자유당)의 대통령 당선. 부통령은 장면(민주당)
　　　　　　3대 대통령에 취임
　　　　　　첫 국무회의에서 군비 증강과 경제 부흥 강조
　　　　　　유엔가입을 적극 추진하도록 임병직 대사에게 훈령
　　　　　　기자회견에서 야당의 지나친 반정부적 태도를 비난
　　　　　　대통령령으로 10월 1일을 국군의 날로 공포

1957년 (82세) 휴전협정 폐기와 군비강화 강조
　　　　국회의장 이기붕의 장남 이강석을 양자로 맞음
　　　　미국과 서방측의 중동문제 치중에 경고
　　　　유도탄 도입 등을 포함한 군사력 증강 역설
　　　　공산주의의 위협을 경고
　　　　로이터 기자회견서 한국군 군비 현대화 재강조
　　　　서방측이 소련과 군비축소 타협에 이르는 것은
　　　　자살 행위라고 경고
　　　　기자회견에서 북한의 남침 위험성을 경고
　　　　휴전 4주년을 맞아 휴전협정은 무효라고 선언
　　　　미국이 한국군을 감축하려면 현대장비 지원을 주장
　　　　공산군의 재 남침 기도에 대하여 경고
　　　　한국에 대한 미국의 경제원조 삭감에 경고
　　　　한글전용을 국무회의에서 지시

1958년 (83세) 이북동포에게 메시지
　　　　일본에 대한 경계심을 강조
　　　　유엔군 철수 불가 성명
　　　　외신 기자와의 서면회견에서 국군 감축에 반대하고
　　　　장비 현대화를 강조,원자력 연구 지시
　　　　UN군 철수 불가, 국가보안법의 필요성을 언명

1959년 (84세) 북한동포들에게 방송을 통해 위로
　　　　국가재산의 효율적 운영 지시
　　　　외신기자와의 면담에서 일본에게 문화재 반환을 요구
　　　　남북통일을 위한 미국의 결단 촉구
　　　　UPI 기자의 서면질문에 북진통일 강조

1960년 (85세) 대통령선거에서 4선 확정
　　　　4.19 발생으로 대통령직 사임, 정.부통령선거 재실시 약속
　　　　이화장으로 은퇴한 후 하와이로 휴가차 출국

1965년 7월19일 (90세) 하와이에서 소천
　　　　7월27일 국립서울현충원(국립묘지)에 안장

건

국

대

한

민

국

# 이승만 대통령 어록
## "뭉치면 살고 흩어지면 죽는다"(1945. 10. 16 귀국 후)

나라를 한 번 잃으면 다시 찾기가 얼마나 어려운지를 우리 국민들은
잘 알아야 하며, 두 번 다시 종의 멍에를 매지 말아야 한다.
이것이 내가 우리 국민들에게 주는 유언이다.

1. 항상 표를 더 얻어서 선거에서 승리하기를 갈망하는 정치인들은
공산주의자들과 협상을 시작합니다. 그러나 그 결과는 끔찍한 대가를
지불하게 됩니다. 나는 공산주의와 민주주의 간의 투쟁에 있어서는
중립이라는 것이 존재하지 않는다고 봅니다. 우리가 가진 모든 것과
우리 전부를 자유와 정의를 위해 바쳐야 합니다. 「이승만 대통령의 미국 여행이야기」

2. 한국은 자유민주국가인 만큼 언론자유는 완전히 보장되어야 한다.
우리는 솔직한 비판을 두려워하지 않는다.
언론 자유는 대한민국이 수립된 기본정신의 하나인 동시에 본인이 친히
존경하는 원칙이다. (1952. 6. 27)

3. 민주정체의 요소는 개인의 근본적 자유를 보호하는 것입니다.
국민이나 정부는 항상 주의해서 개인의 언론과 집회와 종교와 사상 등
자유를 극력 보호하는 것입니다. (1948. 8. 15)

4. 공산분자와 협동을 이루지 못하고는 통일이 될 수 없다, 하는 이가 있다면
이는 곧 집에 불 놓는 자와 함께 일하라는 말과 같으니 불 놓는 사람이 주의主義를
그치기 전에는 합동할 수 없으며, 그들이 그 주의를 고집할 동안에는
평안히 살수 없는 터이다. (1946. 3. 4)

5. 나는 항상 우리 민족의 자유를 얻고자 애써 왔으며 어떻게 하면
자유롭게 여러 나라 사람들과 함께 살아갈 수 있을까를 생각하고
오늘까지 싸워온 것입니다. (1945. 10. 20)

# 박정희 대통령 어록

6. 자주와 민주를 지향한 민족적 이념이 없는 곳에서는 결코 진정한 자유민주주의는 꽃피지 않는 법이다.
   자유민주주의는 건전한 민족주의의 바탕 위에서 존재해야 한다. 〈1963.9.23 제5대 대통령방송연설〉

7. 앞으로 누가 대통령이 되든, 오늘날 우리 야당과 같은 반대를 위한 반대의 고질이
   고쳐지지 않는 한 야당으로부터 오히려 독재자라고 불리는 대통령이 진짜 국민 여러분을 위한
   대통령이라고 나는 생각한다. 〈국민투표 실시에 즈음한 특별담화문 (1969.10.10) 〉

8. 인권, 민주 모두 다 좋은 말이오. 그러나 참다운 인권과 민주는 굶주림으로부터의 해방에서 나옵니다.
   당장 배고파 죽어가는 국민들 앞에서 말장난을 해서는 안 됩니다. 인권이나 민주는 경제가 해결되면
   저절로 해결 됩니다. 두고 보시오. 모든 결실은 나보다 오래사는 세대에게 돌아갈 것입니다.

9. 언론의 자유를 보장한다는 것과 언론의 무책임한 자유, 왜곡된 자유, 과잉된 자유를 방치한다는 것은
   스스로 구분되어야 한다.

10. 어떤 사람은 자기가 대통령에 당선되면 큰 잔치를 베풀고 금시 국민을 호강시켜 줄 것같이 말하고
    있지만, 그것은 다 하루 잘 먹고 아흐레는 굶어도 좋다는 생각을 하는 사람들의 말이다.
    〈1963년 9월23일〉 정견발표

11. 오늘날 우리에게 다가오는 여러 가지 위험은 비단 38선 북쪽에서 오는 공산당과 해안이나 산악지대를
    침투하는 무장간첩만이 아닙니다. 국제 상품시장에 있어서 치열한 경쟁도 중대한 위협인 것입니다.
    〈1967년 11월30일 수출의 날 치사〉

# 세계 유명인이 보는
# 외교의 神 이승만 대통령 평가

〈제2차 세계대전 이후 대륙을 휩쓴 공산화 불길, 휴전선에서 막아내다〉

이승만은 정말 하늘이 내려준 천재다. 그를 어떻게 해서든 미국에 붙잡아 둬야 했다.  —존 F 케네디—

이승만은 결단성 있고 타협할 줄 모르는 당대의 영웅적인 항일 투사, 그는 대한민국 보다 크다.—더글라스 맥아더—

이승만이야 말로 과거에도 위대했고, 지금도 위대한 인물이다. 그는 한국이 배출한 세계적인 위인 중의 하나이다.
—올리버 R.애비슨—

국가가 한 사람에 의해 어떻게 설계되고 어떻게 탄생되고, 어떤 운명으로 흘러가는지
이승만이 보여 줬다. 나 또한 중국을 그렇게 만들 것이다. —등소평—

이승만 한 사람 때문에 전 유럽과 중국 대륙을 집어 삼키던 붉은 혁명이 아시아의 한 작은 나라에서 멈췄다.
—스탈린—

백범도 나에게 달려와 통일을 얘기했다 그런데 이승만 그 자만은 독자노선을 선택했다.
그 한 사람이 대한민국이라는 나라에 모든 정통성을 다 부여했다. 책상에 앉아 책만 볼 줄 아는 샌님같은
인간이 국가를 세우고 미국을 움직였다. —김일성—

# 세계 유명인이 보는 박정희 대통령 평가

박정희가 없었으면 한국은 공산주의자들에게 흡수당했을 것이나, 그가 있었기에 공산주의자들의
마지노선을 지켜낼 수가 있었다. —아이젠하워(제34대 미국 대통령)

한국의 박정희 같은 지도자는 내가 일찍이 본 적이 없다. —린든 존스 (제36대 미국 대통령)

박정희는 근대화의 성공을 통해서 대폭 창출된 중산층에 의하여, 한국 민주주의의 토대를 구축한 사람이다.
그야말로 한국 민주주의 바이런에 가장 크게 기여한 사람이다. —오버 홀트 (카터 제39대 미국통령 수석비서관)

민주화랑 것은 산업화가 끝나야 가능한 일이고 ,자유란 것은 그 나라의 수준에 맞게 제한되어야 한다.
그럼에도 불구하고 이를 가지고 독재라고 매도하는 것은 말이 되지 않는다.
박정희는 누가 봐도 세계가 본받고 싶어 하는 모델이며,
세계 최빈국의 나라를 불과 20년 만에 세계적인 경제 국가로 성장시켰다.—엘빈 토플러(제3의 물결 저자)

박정희 대통령에 관한 책이 있으면 한국어든 다른 언어로 쓰였든 모두 구해 달라. 박정희는 나의 롤모델이다.
—블라디미르 푸틴(러시아 대통령)

1965년 12월까지 7년간 주 중 대사를 지낸 황병태에게 기회만 있으면 ,한국의 경제개발 노하우에 대한 조언을
요청했다. 새마을운동과 경제개발 5개년 계획 등 한국의 발전 모델에 대한 전수를 원했고,각 성장과
인민 대표들에게 특별 교육 수강을 지시하면서, 러시아와 중국 등 초강대국의 롤모델이 박정희였음을 밝혔다.
—장쩌민(중국 전 주석)

박정희의 경제개발정책은 러시아뿐만 아니라 중국의 경제개발의 훌륭한 모델이다. —원자바오 (중국주석)

박정희가 없었다면 오늘날의 한국도 없다. 박정희는 헌신적이었고, 개인적으로 청렴했으며 열심히 일했다.
그는 국가에 일생을 바친 리더였다. —에즈라 보겔(하버드대 교수)

# [ 대한민국 부국강병 박정희 대통령 (1917~1979) ]

**1967년 대한민국 제6대 대통령 박정희**

1917.11 구미 상모동 출생 (1979.10.26 서거)

부모-아버지: 박성빈, 어머니: 백남의

배우자: 육영수(1925.11.29 ~ 1974. 8.15)

자녀-아들: 박지만 딸: 박근혜, 박근령

1926.04 구미공립보통학교 입학(1932. 3 졸업)

1932.04 대구사범학교 입학(1937. 3 심상과 졸업)

1937.04 문경공립보통학교 교사

1940.04 만주신경군관학교 2기생 입학(1942. 3 예과 과정 수석 졸업)

1942.04 일본육군사관학교(57기) 특전 입학(1944. 3 졸업)

1946.09 조선경비사관학교(육사 전신) 2기생 입학(1946. 12 졸업)

1950.07 육군본부 전투정보과장

1955.07 제5사단장

| | |
|---|---|
| **1961년** | 05. 16 5.16혁명<br>05. 19 군사혁명위원회를 국가재건최고회의로 개칭<br>06. 06 국가재건 비상조치법 공포<br>07. 01 한국전력 발족(한국전력공사로 개칭: 1982. 1. 1)<br>07. 03 박정희 소장 국가재건 최고회의 의장 취임<br>07. 03 반공법 공포<br>08. 19 섬진강수력발전소(섬진강댐) 재기공(준공: 1965. 12. 20)<br>09. 21 춘천수력발전소(춘천댐) 기공(준공: 1965. 2. 10)<br>11. 24 전원개발5개년 계획 발표 |
| **1962년** | 01. 13 제1차 경제개발5개년계획 발표(1962~1966)<br>03. 01 의암댐 착공(준공: 1967. 8. 1)<br>03. 19 원자력연구소 원자로에 첫 점화<br>03. 24 박정희 국가재건최고회의 의장 대통령 권한 대행<br>10. 12 국민투표법 공포<br>11. 28 라디오 첫 수출<br>12. 17 헌법개정안 국민투표 실시 |
| **1963년** | 제3공화국 출범, 제1차 경제개발5개년계획 실시<br>02. 01 장충체육관 개관<br>03. 12 울산정유공장 착공식(준공: 1964. 5. 7)<br>04. 17 근로자의 날 제정에 관한 법률 공포<br>09. 17 가족계획사업 추진<br>10. 17 박정희후보 제5대 대통령으로 당선<br>12. 17 제5대 대통령 취임 및 국회 개원<br>12. 21 서독 광부 1진(123명) 파견 |
| **1964년** | 06. 03 한일회담 반대 시위로 서울에 비상 계엄령 선포<br>04. 00 쌍용시멘트 영월공장 준공(기공: 1962. 9. 7)<br>07. 19 식량증산7개년계획 발표(1965~1971)<br>08. 00 한국수출산업공단 설립<br>(서울디지털, 부평, 주안, 남동, 북평국가산업 단지 관리)<br>11. 30 수출1억불 달성 / 제1회 수출의 날 제정 (기념식: 12. 5) |
| **1965년** | 01. 25 제2한강교(현 양화대교) 준공(착공 : 1962. 6. 20)<br>03. 12 서울 구로지역 수출산업공업단지 착공(준공 : 1974. 11. 5)<br>03. 22 단일변동환율제 단행, 첫날 환율을 1달러당 256원53전으로 결정<br>04. 03 초음속 F-5제트 전투기 도입<br>06. 22 한일협정 정식 조인<br>09. 15 6-6-4학제 1966학년도부터 실시 발표 |
| **1966년** | 01. 19 한남대교 착공(준공 : 1969. 12. 25)<br>02. 25 한미간 파월 증파조건 합의록 서명(브라운 각서)<br>03. 06 대일청구권자금 제1차년도 9천5백93만3천달러 국회통과<br>07. 29 제2차 경제개발5개년계획 발표(1967~1971)<br>10. 24 필리핀에서 월남참전 7개국 정상회담<br>11. 16 국립중앙박물관 착공(준공 : 1972. 8. 25)<br>12. 17 아시아개발은행 가입 |
| **1967년** | 1967년 수계별 산림복구종합계획 (1967~1976)<br>1967년 제2차 경제개발5개년계획 (1967~1971)<br>02. 20 여수 제2정유공장 기공(준공 : 1969. 6. 3)<br>04. 15 소양강다목적댐 기공 (준공 : 1973. 10. 15)<br>05. 03 제6대 대통령 선거(취임 : 1967. 7. 1)<br>10. 01 국립묘지 현충탑 건립<br>10. 03 포항종합제철 공업단지 기공식(준공 : 1973. 7. 3) |
| **1968년** | 04. 01 향토 예비군 창설(대전)<br>04. 27 충무공 이순신 장군 동상 제막(세종로)<br>05. 27 주민등록법 개정<br>06. 13 공군레이다방공망 준공<br>09. 12 경부고속도로 전 노선 확정, 포항항 건설(1968~1973)<br>12. 05 국민교육헌장 선포 |

소장 박정희 5.16혁명 (1961년5월16일)

휘호를 쓰시는 모습 (1966년)

박정희 제5대 대통령 취임식 (1963년12월17일)

한국 원자력연구소 시찰 (1968년)

박정희 대통령 지방장관회의 참석연설 (1964년)

육영수 여사 전남 한해(가뭄) 지구 방문 1968년

가족들과 신년 기념촬영 1963년
(박정희 대통령, 가운데 영식 박지만, 좌측 영애 박근혜
우측 영애 박근령,영부인 육영수 여사)

부산 화력발전소3,4호기 21만KW 준공식
테이프컷팅 (1969년)

낙동강 계통 상수도 확장 공사기 공식 참석 기념 연설(1966년)

박정희 제7대 대통령 취임식 (1971년)

남산화재 이재민수용소 시찰(1966년)

박정희 대통령 가족사진 (1971년)

| | |
|---|---|
| 1969년 | 02. 10 고등학교기관 확충계획 발표<br>05. 03 호남화력발전소 1, 2호기 기공(준공: 1972. 10)<br>05. 06 제3차 경제개발5개년계획 발표<br>06. 04 부산화력발전소 3, 4호기 준공(기공: 1967. 6. 19)<br>09. 12 중앙, 태백, 영동선 등 산업선 전철화 기공<br>10. 17 3선 개헌안 및 박정희대통령에 대한 신임 국민투표 실시 |
| 1970년 | 1970년 수출 10억달러 달성<br>03. 22 장기종합교육계획시안 마련 -1986년까지 단계적 실시<br>　　　　의무교육 9년으로 연장,교육세 신설<br>04. 22 새마을운동 제창<br>07. 01 우편번호제 실시<br>07. 07 경부고속도로 준공(서울~부산 428km, 기공: 1968. 2. 1)<br>08. 15 남산 1호 터널 개통(착공: 1969년)<br>11. 19 세종대왕기념관 기공(준공: 1973. 10)<br>12. 04 남산 2호 터널 개통(착공: 1969년) |
| 1971년 | 1971년 새마을노래 1~3절 작사 작곡(4절 1972. 5. 18작사)<br>02. 06 한국군 현대화와 주한 미군 감축에 합의<br>02. 09 제3차 경제개발5개년계획 확정 발표<br>03. 24 내집 앞 쓸기 운동 제창<br>03. 31 병기공장(M16소총) 건설에 관한 한미간 계약 체결<br>04. 12 서울지하철1호선 기공(개통: 1974. 8. 15)<br>09. 22 남북 첫 전화 개통<br>12. 06 국가비상사태 선언<br>11. 14 박격포 고사포 등 중화기의 국내생산계획 추진 발표<br>12. 10 전국에서 첫 민방공훈련 실시 |
| 1972년 | 01. 10 남해고속도로 착공(개통: 1973. 11. 14)<br>04. 30 국방과학연구소 60, 81밀리 박격포 개발 착수<br>06. 30 경인지구 예비군 고사포부대 배치 완료<br>07. 04 남북공동성명 발표<br>10. 17 비상계엄령 선포(해제: 1972. 12. 13)<br>11. 21 유신헌법안 국민투표<br>12. 27 제8대 대통령 취임 및 유신헌법 공포 |
| 1973년 | 1973년 서울-평양 직통전화 개통<br>01. 30 중화학공업화 정책 육성 선언<br>03. 25 현대울산조선소 기공(제1호선 진수: 1974. 2. 15)<br>03. 26 중화학공업의 기반을 확충하기 위해<br>　　　　5개 대단위공업단지 조성 계획<br>06. 01 서울, 부산에서 처음으로 가격표시제 실시<br>10. 05 구미전자공업 1단지 조성 완료<br>12. 24 국민복지연금법 제정 |
| 1974년 | 1974년 쌀 자급자족 달성<br>01. 08 긴급조치 1호(개헌논의 금지),2호(비상군법회의 설치)선포<br>01. 14 긴급소치 3호 선포(국민생활안정 추구)<br>01. 18 남북한 불가침 협정 체결 제의<br>04. 03 긴급조치4호 선포(민청학련 관련 활동 금지 등)<br>07. 16 선평화 후통일 정책 재천명<br>08. 08 한국근로복지공사 설립<br>08. 15 육영수 여사 서거 (48세) |
| 1975년 | 02. 01 대단위농업개발사업계획 발표(경주, 삽교천, 계화도등)<br>02. 12 유신헌법 찬반 국민투표 실시<br>04. 08 긴급조치 7호 선포(고려대에 휴교령)<br>05. 13 긴급조치 9호 선포(국가안전 공공 질서 수호)<br>06. 30 전투상비군부대 창설<br>07. 25 민방위기본법 제정 (민방위대 발대식: 1975. 9. 22)<br>09. 01 국회의사당 준공<br>09. 02 전국 중앙 학도호국단 발단식<br>11. 20 서정쇄신 추진(부조리 척결) |

| | |
|---|---|
| **1976년** | 01. 19 근로자 재산 형성 저축제 실시<br>05. 20 국비 유학제도 신설<br>05. 31 전국에서 첫 반상회 실시<br>07. 23 공단 근로자를 위해 야간중학 개설 지시<br>10. 02 반월 신공업도시 건설 발표(기공 : 1977. 3. 30) |
| **1977년** | 1977년 쌀4,000만섬 수확<br>1977년 제4차 경제개발 5개년계획(1977년 ~ 1981년)<br>07. 01 부가가치세 시행<br>08. 30 국방과학연구소 8인치 곡사포 고폭탄 개발<br>12. 17 구마고속도로 준공(기공 : 1976. 6. 24)<br>12. 22 수출100억달러 기념식 |
| **1978년** | 02. 20 종합행정정보망 구성키 위해 행정전산화 10개년계획 마련<br>04. 01 국민체조 보급<br>05. 01 남산 3호터널 개통(착공: 1977년)<br>06. 03 충주다목적댐 기공(준공: 1985.10)<br>12. 27 제 9대 대통령 취임<br>09. 26 국산장거리 지대지유도탄, 중거리유도탄,<br>　　　　다연발로케트 시험발사에 성공(세계 7번째)<br>11. 07 한미연합사령부 발족 |
| **1979년** | 제2차 치산녹화 10개년 계획<br>1979년 공산댐(팔공산 소재) 기공(준공: 1981년)<br>1979년 수출진흥회의 개최(1차 1966. 3 ~ 177차 1979. 9)<br>04. 18 잠실체육관 건립<br>10. 00 삼랑진양수발전소 기공(준공: 1986. 4)<br>10. 12 국제올림픽대회 서울 유치 언명(제60회 전국체전 치사에서)<br>10. 26 삽교천 방조제 준공(착공: 1977년)<br>10. 26 박정희 대통령 서거 (62세) |

새마을 시찰(1972년)

제9대 대통령 취임식
국민의례 (1978년)

신안 앞바다 보물시찰(1977년)

육영수 여사 영결식(1974년)

모심기 행사참석 (1978년)

경인고속도로에서 통일로 간
고속도로 준공식(1978년)

박정희 대통령 영결식 (1979년)

박정희 대통령 영애 박근혜
제18대 대통령 취임식 (2013년)

# 자유의 어깨동무 행진곡

# 마무리 글
- 자유화 운동으로 자유대한민국을 지킵시다.


지금의 자유 대한민국은 산산이 분해되어 시간이 멈춘 시계와 같습니다. 주사파 일당이 권력의 상부 구조를 장악하고 기존 자유민주체제를 다 붕괴시킨 상태입니다. 공산주의에 미친 난폭한 운전자는 푸른 신호등 체계를 붉게 바꾸어 혼선을 주고, 70년 닦아온 자유민주 도로를 훼손시켜 온전한 곳이 하나도 없습니다. 자유화 세력이 공산화 세력에게 밀려서 6.25 전쟁 때의 최후의 낙동강 전선을 연상시키고 있습니다. 공산화되기 전에 인천상륙작전에 버금가는 자유화 운동으로 전세를 역전시켜 공산화를 패퇴시켜야 합니다.

자유화 운동으로 국운(國運)을 회복하고 상승시킵시다. 좌파 정권의 무능과 무법과 독재로 대한민국이 극심한 정체단계를 거쳐 무한지옥으로 추락하고 있습니다. 사상과 이념 전쟁은 총성(銃聲) 없이 진행되는 잔인한 게임입니다. 지면 죽거나 노예가 되기 때문입니다. 지금의 자유대한민국은 자유와 반자유, 자유화 세력과 공산화 세력 간의 전쟁 상태입니다. 사상(思想) 전쟁에 지면 전쟁도 치루지 못하고 그냥 노예가 됩니다. 자유민주체제를 지키느냐? 먹히느냐? 의 갈림길에 놓였습니다. 자유수호 어깨동무 동지님들이 자유화 운동에 앞장을 서서 좌파정권 폭정을 멈추게 합시다.

자유화 캠페인으로 자유체제를 수호합시다. 자유화 운동은 좌파 정권이 무너뜨린 대한민국을 자유의 가치로 정상화시키자는 선언이며, 반국가 세력을 자유의 가치로 제압하는 시민운동입니다. 우리부터 자유는 생명체의 본성이고 인간 최고의 이상임을 깨닫고, 고등학생도 이해할 수 있도록 설계한 〈자유화 운동론〉을 널리 전도합시다. 종북주사파가 30년 이상 투자한 민주화(공산화) 운동의 모순과 허상을 자유가치로 깨뜨려 그들이 인류의 자유문명 본대로 합류하게 하는 계기를 만듭시다.

자유화 전쟁으로 선배님들이 피 흘려 지켜온 자유대한민국을 지킵시다. 좌파 정권은 다수의 자유를 제거하고 소수가 다수를 지배하는 공산지옥으로 가려고 권력을 사유화하고 독재를 자행하며 비리 수사를 덮고 있습니다. 이런 몽매한 도박을 하는 공산화 세력을 이기려면 자유화 운동도 전쟁 차원으로 승화시켜야 합니다. 자유화 전쟁은 자유체제가 이길 수밖에 없도록 자유와 자유화의 개념을 정확히 전파하고, 자유시민의 목소리를 귀담아 들으며, 시민단체끼리 정교한 연대를 해야 합니다. 자유화 운동으로 위기의 자유대한민국을 구하고, 위대한 자유대한민국의 새로운 역사를 씁시다.

2020년 2월 22일

박찬주·박필규·김기현·유해순·정병욱

# 자유화 운동

초판 1쇄 발행 | 2020년 2월 22일

지은이 | 박찬주·박필규·김기현·유해순·정병욱
펴낸이 | 배경태

기   획 | 배경태
편   집 | 한복전
디자인 | 이주연

펴낸 곳 | 제일법규
주   소 | 서울시 마포구 공덕동 463 현대하이엘 1728호

전   화 | 02-3471-8080
팩   스 | 02-6008-1965
이메일 : goodfc4u@hanmail.net

ISBN 978-89-5621-084-1 13320